PEGGY PICKERING LARSON · MERVIN W. LARSON

INSEKTENSTAATEN

PEGGY PICKERING LARSON
MERVIN W. LARSON

INSEKTENSTAATEN

Aus dem Leben der Wespen, Bienen, Ameisen und Termiten

Aus dem Amerikanischen übersetzt von

Prof. Dr. Wolfgang Schwenke
Institut für angewandte Zoologie, München

Mit 33 Abbildungen

VERLAG PAUL PAREY
HAMBURG UND BERLIN

Die Originalausgabe des Werkes erschien unter dem Titel

LIVES OF SOCIAL INSECTS

im Verlag The World Publishing Company, New York

Die Abbildungen im Text zeichnete Erich Diller

ISBN 3 490 03618 2

Printed in Germany by C. Beckers Buchdruckerei, Uelzen. Umschlag- und Einbandgestaltung: Jan Buchholz und Reni Hinsch, Hamburg.

Gewidmet

Corinne und Mike Larson, Marguerite Pickering,

und in Erinnerung an Leo Pickering

Vorwort des Übersetzers

Die Zahl der wissenschaftlichen Veröffentlichungen über staatenbildende Insekten ist heute kaum noch übersehbar. Auch populärwissenschaftliche und belletristische Abhandlungen vor allem über Ameisen, Hummeln und Bienen liegen bereits zahlreich vor. Woran es jedoch auf diesem Gebiet bisher fehlte, war eine kurze, alle Gruppen der staatenbildenden Insekten vereinende Gesamtdarstellung, die den neuesten Stand der Forschung wissenschaftlich einwandfrei wiedergibt und ihn zugleich in leicht verständlicher und lebendiger Form allen naturliebenden Lesern zugänglich macht.

Die schwere Aufgabe, ein solches Buch zu schreiben, hat das in Nordamerika bekannte Zoologen-Ehepaar Peggy *und* Mervin Larson *in hervorragender Weise gelöst. In ihren „Lives of social insects" verstehen sie es meisterhaft, komplizierte Zusammenhänge leicht begreiflich und interessant wiederzugeben. Sie regen den Leser durch ihre Fragestellungen sowie Hinweise auf die noch zahlreichen ungelösten Probleme zum Nachdenken an und führen ihn tief hinein in eines der größten Wunder der Natur; denn als solches ist das Staatenleben der Insekten ohne Zweifel anzusehen.*

Die Vorzüge dieses Buches, das im englischen Sprachbereich schnell eine weite Verbreitung fand, bestimmten mich, der Bitte des Verlages, es in die deutsche Sprache zu übersetzen, gern nachzukommen.

Im Gegensatz zur englischen Originalausgabe, die mit Photos ausgestattet ist, habe ich im Einvernehmen mit der Verlagsbuchhandlung Paul Parey *sowie mit Zustimmung der Eheleute* Larson *und ihres Verlegers einer Illustrierung mit Zeichnungen den Vorzug gegeben, weil Zeichnungen die Merkmale der Gestalt und Lebensweise der staatenbildenden Insekten deutlicher und instruktiver als Photos wiederzugeben vermögen. Die Zeichnungen fertigte Herr* Erich Diller *(Zoologische Staatssammlung München) dankenswerterweise nach meinen Anweisungen an.*

Das dem Originalwerk beigefügte Sachregister schien mir

vom Charakter des Werkes her entbehrlich. Dagegen habe ich eine Auswahl neuerer wissenschaftlicher Bücher über staatenbildende Insekten aufgenommen, die dem interessierten Leser die Möglichkeit bieten sollen, tiefer in die Materie einzudringen.

Wolfgang Schwenke

INHALT

TEIL 1 · DIE WESPEN

TEIL 2 · DIE BIENEN

TEIL 3 · DIE AMEISEN

TEIL 4 · DIE TERMITEN

Einleitung: Staatenbildende Insekten

Wespennester, Bienenstöcke, Ameisenhügel und Termitenbauten haben seit jeher den Menschen fasziniert und ihn dazu angeregt, die Wespen, Bienen, Ameisen und Termiten mit sich selbst zu vergleichen. Und in der Tat gibt es eine merkwürdige Übereinstimmung zwischen jenen Insekten und dem Menschen: beide haben als einzige Gruppen der Lebewesen Staaten als Formen des Zusammenlebens entwickelt. In besonderem Maße fühlt sich der Biologe von den staatenbildenden Insekten angezogen, jedoch nicht, weil sie ihn an uns Menschen erinnern, sondern weil ihre ureigenste Lebens- und Verhaltensweise sein höchstes Interesse erregt. Nach seiner Auffassung verbaut sich der Mensch den Zugang zum Verständnis der Tiersozietäten, wenn er sie durch seine vermenschlichende Brille betrachtet.

Unter einer Tiersozietät oder -vergesellschaftung versteht man ein auf sozialen Bindungen beruhendes Zusammenleben von Tieren. Ihre höchste Vollendung erreichen die Tiersozietäten eigenartigerweise nicht bei den höheren Tieren wie etwa bei den Sippengesellschaften der Paviane, sondern bei viel niedriger stehenden Formen, den Insekten. Es gibt Tausende von Insektenarten, welche die höchste Form der Vergesellschaftung, den Tierstaat, entwickelt haben. So groß ihre Zahl auch ist, sind sie jedoch andererseits wieder eng umgrenzt: sie gehören alle zu nur vier Insektengruppen, den Wespen, Bienen, Ameisen und Termiten. Wenn man das Wort „Staaten" hört, hat man unwillkürlich unsere menschlichen Gesellschaftsformen vor Augen. Doch als der Mensch im Verlauf der vergangenen 500 000 bis 1 Million Jahre die ersten Stufen gesellschaftlichen Zusammenlebens entwickelte, gab es bereits seit undenklichen Zeiten, man rechnet etwa seit 100 Millionen Jahren, Ameisenstaaten und seit noch viel längerer Zeit Termitenstaaten.

Menschenstaat und Insektenstaat sind sich nur oberflächlich ähnlich. Bei näherer Betrachtung erkennt man, daß sie auf ganz verschiedenen Fundamenten ruhen. Die nur mit ihren Instinkten und einem geringen Lernvermögen ausgestatteten Insekten brauchten gewaltige Zeiten, um ihren Körperbau, ihre Instinkte und ihre sozialen Lebensformen zu entwickeln. Sie übertragen das Modell ihrer Gesellschaftsform auf dem Wege der Vererbung unverändert von einer Generation auf die andere; das Modell ist ihnen also eingeboren. Der Mensch dagegen hat im Zusammenhang mit seiner sozialen Lebensweise Kulturen geschaffen, die nichts

Starres sind, sondern von Generation zu Generation verändert und verbessert werden können. Die Gesellschaftsformen des Menschen werden kulturell, die der Insekten genetisch weitergegeben. Das macht aber die Insektenstaaten nicht weniger interessant, denn ihre Organisations- und Regulationsfaktoren bilden hochkomplizierte Systeme, die der Mensch erst jetzt langsam zu begreifen beginnt.

Der Begriff des Insektenstaates wird verschieden ausgelegt. Man sollte diese Bezeichnung aber nur dann verwenden, wenn es sich um eine Gemeinschaft handelt, in der mehrere Generationen einer Insektenart zusammenleben, – die Jungen nicht von ihren Müttern, sondern von Ammentieren aufgezogen werden – und eine Arbeitsteilung herrscht. Insektenstaaten fußen in der Hauptsache darauf, daß die Mütter oder in manchen Fällen beide Eltern mit ihren Kindern zusammenleben. Die Kinder beteiligen sich dabei an der Aufzucht weiterer Kinder, die gewöhnlich von einer einzigen Königin-Mutter hervorgebracht werden.

Man findet unter den Insekten alle Übergänge von den einzeln (solitär) lebenden Arten über solche, die halbsoziale Lebensformen entwickelten, bis hin zu den vollsozialen, den Staatenbildnern. Die große Mehrheit der Insektenarten lebt solitär. Sie gehen nur zur Paarungszeit mit den Artgenossen des anderen Geschlechts eine kurz dauernde Gemeinschaft ein. Es gibt sogar zahlreiche Insektenarten, bei denen die weiblichen Tiere zum Hervorbringen von Nachkommen nicht einmal dieser Paarungsgemeinschaft bedürfen. Sie erzeugen aus unbefruchteten Eiern ihre Nachkommen (Jungfernzeugung oder Parthenogenese). Bei anderen Arten sorgen die Weibchen und zum Teil auch die Männchen auf mannigfaltige Weise für ihre Nachkommen (Brutfürsorge), ohne mit diesen in Kontakt zu bleiben. Schließlich aber gibt es Insekten, die mit ihren Jungen mehr oder weniger lange Zeit zusammenleben; das sind die halbsozialen und sozialen Arten.

Einige Ohrwürmer zum Beispiel, jene flachen, am Hinterende mit großen Zangen bewehrten Insekten, die wir oft auf unseren Blumenbeeten finden, haben eine halbsoziale Lebensform erreicht. Das Ohrwurm-Weibchen bewacht seine Eier in einer kleinen Erdhöhle und nimmt sie sogar in den Mund, offenbar um ihre Verpilzung zu verhüten. Nach dem Schlüpfen der jungen Ohrwürmer bleibt es mit diesen noch eine Zeit lang zusammen und übernimmt ihren Schutz.

Auch Ambrosia-Käfer führen eine halbsoziale Lebensweise. Hier bohrt das Weibchen in das Holz eines Baumstammes einen senkrechten Gang und legt entlang diesem in kleinen Nischen einzeln seine Eier ab. Zugleich züchtet es an den Gangwänden auf einem Belag von Holzspänen und

Kot einen Pilzrasen. Ein solches Verhalten finden wir auch bei staatenbildenden Insekten wieder. Bei einigen dieser Käferarten weiden die Larven den Pilzrasen ab, bei anderen werden sie vom Mutterkäfer mit dem Pilz gefüttert. Die Mutter bleibt bei ihren Jungen bis diese erwachsen sind; dann löst sich die Gemeinschaft auf.

Ein drittes Beispiel halbsozialer Insekten bilden die Embien, etwa 1 cm große, langgestreckte Tiere, die in den warmen Gebieten der Erde unter Steinen, Rinde und anderen Verstecken vorkommen und dort Pflanzenabfälle verzehren. Sie leben kolonieweise in seidenartigen Gespinströhren, die sie mit Hilfe ihrer Vorderbein-Spinndrüsen herstellen. Hierin unterscheiden sie sich von den Spinnen, deren Spinndrüsen am Hinterleib sitzen sowie von den Larven der Wespen, Bienen und einiger Ameisen, welche Seidenfäden in Mundhöhlen-Drüsen erzeugen. Das von einer Embien-Kolonie geschaffene Labyrinth von Gespinströhren gewährt den Einwohnern nicht nur Schutz vor Feinden, sondern ermöglicht ihnen auch bis zu einem gewissen Grade die Temperatur und Feuchtigkeit darin zu regeln. In ihren Röhren bewegen sich die Embien sowohl vorwie rückwärts gleich behende fort. Die Weibchen legen ihre Eier in Form kleiner Häufchen ab und beschützen sie sowie auch später für kurze Zeit die Larven. Schließlich spinnen die Larven ihre eigenen kleinen Röhren, die von den größeren abzweigen.

In den folgenden Kapiteln werden wir die Vielfalt der von den staatenbildenden Insekten entwickelten Lebensformen kennenlernen. Wir werden sehen, daß im Insektenstaat nicht nur für die Jungen gesorgt wird, sondern die Jungen ihrerseits wieder für ihre Geschwister sorgen, die nach ihnen von der gemeinsamen Königin-Mutter hervorgebracht wurden. Die Arbeitsteilung, die bereits hierin zum Ausdruck kommt, geht aber noch weiter. Sie beruht darauf, daß Körperbau und Leistungen der Angehörigen eines Staates verschieden sind. Man nennt Gruppen gleichen Körperbaues und gleicher Tätigkeit „Kasten“. An der Spitze des Staates steht die Kaste der Geschlechtstiere, deren Aufgabe die Fortpflanzung ist. Ihre Zahl ist gering gegenüber der umfangreichen Kaste der Arbeiter, deren Geschlechtsorgane rückgebildet sind. Sie lassen sich wieder – je nach ihrer speziellen Aufgabe – in eine Reihe von Unterkasten gliedern. Bei vielen Ameisenarten fungieren große spezialisierte Arbeiter als Soldaten. Die Termiten haben sogar eine besonders gestaltete Soldaten-Kaste entwickelt.

Man findet in einem engeren Lebensraum meist mehrere Insektenarten gesellig beisammen. Das hat aber mit einer halbsozialen oder gar sozialen (staatenbildenden) Lebensweise nichts zu tun. Derartige Insekten-Ansammlungen können aus vielerlei Gründen entstehen. Besonders oft ist es die gleiche Nahrungsquelle, die verschiedene Insektenarten zusammenführt. Andere Gründe sind das Aufsuchen gleicher Überwinterungsstellen oder der Wandertrieb. Allen diesen Ansammlungen fehlt der Aufbau aus Generationsfolgen und die Arbeitsteilung.

Den ersten Teil unserer Einleitungs-Überschrift, das Wort „staatenbildend“ haben wir nunmehr in seiner Bedeutung kennengelernt. Uns bleibt jetzt noch, den Inhalt des zweiten Teiles, „Insekten“, etwas näher zu betrachten. Hier stellt sich zunächst die Frage, wo im System der Tiere denn die Insekten stehen. Wie alle Lebewesen sind auch die Tiere in Kategorien eingeteilt. Jede Kategorie vereinigt die Tiere eines bestimmten Ähnlichkeitsgrades in sich. Die oberste, umfassendste Kategorie ist der Stamm (Phylum). Die Insekten sind ein Teil des Stammes der Gliederfüßler (Arthropoda), dem unter anderen auch die Krebse, Spinnen und Milben angehören. Der Stamm wird – wiederum nach dem Grad der Ähnlichkeit der in ihm vereinigten Tiere – in Klassen unterteilt. Innerhalb des Stammes der Arthropoden bilden die Insekten eine eigene Klasse (Insecta). Die Klasse gliedert sich weiter in Ordnungen. Die Wespen, Bienen und Ameisen gehören alle zur Ordnung der Hautflügler (Hymenoptera), während die Termiten als einzige Gruppe der staatenbildenden Insekten eine eigene Ordnung, Isoptera, bilden. Jede Ordnung wird weiter in Familien, die Familie in Gattungen und die Gattung (Genus) schließlich in Arten (Species) unterteilt. Zu einer Art werden jene Tiere zusammengefaßt, die sich in allen wesentlichen Merkmalen des Körperbaues und der Leistungen gleichen und untereinander fruchtbar fortpflanzen können. Zur Benennung einer Art dienen zwei Namen: der Gattungsname, der mit einem großen Buchstaben beginnt und der Artname, der nur kleine Buchstaben enthält, also zum Beispiel *Apis mellifera*, die Honigbiene. Beide, Gattungs- und Artname, sind ebenso wie auch die Namen aller anderen Kategorien der lateinischen Sprache entnommen oder latinisiert, damit sie von den Wissenschaftlern aller Nationen und Sprachen verstanden werden. Gattungs- und Artnamen werden gewöhnlich in Kursivschrift, die Namen aller höheren Kategorien in Normalschrift gedruckt. Diese Praktik soll auch im folgenden angewandt werden.

Mensch und Insekt bewohnen zwar zusammen die Erde, aber ihre Welt ist voneinander grundverschieden. Beide unterscheiden sich nicht nur äußerst stark in der Körpergröße, sondern auch im Sinnesbereich. Das Insekt lebt in einer von seinen Sinnesorganen abgesteckten Welt, in die der Mensch mit seinen Sinnen nur flüchtige Einblicke gewinnen kann.

Innerhalb der zwei Ordnungen der Termiten und Hautflügler, denen alle staatenbildenden Insekten angehören, finden wir die für das Insekt typische Dreiteilung des Körpers in Kopf, Brust (Thorax) und Hinterleib (Abdomen) sehr deutlich ausgeprägt (Abb. 1). Der Kopf trägt die beiden Fühler (Antennen), der Thorax die drei Beinpaare sowie bei den geflügelten Formen die zwei Flügelpaare. Die Insekten haben ihr Skelett nach außen gekehrt. Es bildet einen den ganzen Körper umgebenden Panzer, der zum größten Teil aus Chitin, einer erhärtenden Eiweißsubstanz, besteht. Damit das Insekt sich nun bewegen kann, unterbrechen dünnhäutige Stellen den Panzer und wirken als Scharniere. Die Muskeln sind im Körperinneren am Chitinpanzer angeheftet.

Ein von der Mund- zur Afteröffnung durch den Körper verlaufender Schlauch bildet das Verdauungssystem. Es läßt drei Abteilungen unterscheiden: den Vorder-, Mittel- und Enddarm. Im Vorderdarm befindet sich der Kropf, der – wie wir noch sehen werden – bei den staatenbildenden Insekten von großer Bedeutung ist. Das Kreislaufsystem ist denkbar einfach: ein schlauchförmiges, nach vorn offenes Herz pumpt das farblose Blut frei in die Leibeshöhle und saugt es durch seitliche, verschließbare Spalten von dort wieder auf. Das Atmungssystem wird von einem Netz von Luftröhren (Tracheen) gebildet, dessen Hauptstämme an den Körperseiten nach außen münden. Das Nervensystem schließlich besteht aus dem Gehirn sowie zwei parallelen Nervensträngen an der Bauchseite (Bauchmark), die zahlreiche Abzweigungen in alle Körperteile entsenden.

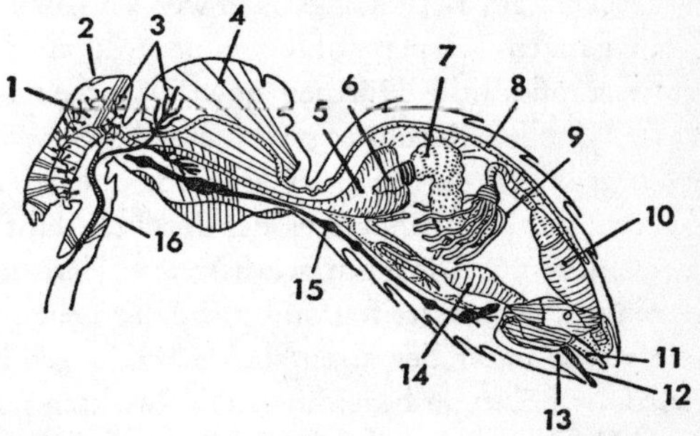

Abb. 1. Schema der Insektenorganisation. Schnitt durch eine Arbeiterin der Honigbiene. 1. Futtersaftdrüse; 2. Ocellus (Punktauge); 3. Speicheldrüsen; 4. Muskulatur; 5. Kropf; 6. Proventrikel (Vormagen); 7. Magen; 8. Rücken-(Blut-)Gefäß; 9. Malpighi-Gefäße (Nieren); 10. Enddarm; 11. Stachelscheide; 12. Stachel; 13. Stachelkammer; 14. Giftdrüse; 15. Bauchmark (Nervensystem); 16. Speichelkanal. Die Facettenaugen, Fühler, Beine sowie die Atmungs- und Geschlechtsorgane sind weggelassen. Nach WEBER.

Das Auge des fertig entwickelten Insekts ist ein Komplexauge, so genannt, weil es einen Komplex weniger bis sehr vieler Einzelaugen oder Punktaugen (Ommatidien) bildet. Jedes dieser Punktaugen registriert die Lichtstärke nur eines einzigen punktförmigen Objektes, so daß das vom

Insektengehirn wahrgenommene Bild ein Mosaik aus vielen verschieden hellen Lichtpunkten ist. Die Insekten sehen somit nicht so klare Bilder ihrer Umwelt wie die Wirbeltiere; doch reagieren ihre Augen sehr empfindlich auf Bewegungen, und das ist wichtig für sie. Manche Arten besitzen zusätzlich drei einzelne Punktaugen (Ocellen) auf dem Scheitel; andere haben weder Komplex- noch Punktaugen: sie sind blind.

Der Geschmackssinn hat bei den Insekten seinen Hauptsitz in den Mundgliedmaßen. Wespen, Bienen und Ameisen können darüber hinaus auch mit ihren Fühlern, Bienen sogar mit den Füßen schmecken. Dagegen ist der Geruchssinn der Insekten ausnahmslos in den gegliederten Fühlern untergebracht. Berührungsreize werden sowohl von den Fühlern als auch vom ganzen Körper aufgenommen, durch dessen harten Panzer berührungsempfindliche Härchen oder Dörnchen ragen oder der an ungepanzerten Stellen Berührungs-Sinneszellen trägt. Unsere Kenntnis über das Hörvermögen der Insekten ist noch unbefriedigend.

Der dicke Chitinpanzer der Insekten läßt eine Ausdehnung des Körpers nicht zu. Die noch wachsenden Tiere müssen daher diesen Panzer sprengen, ihn abstreifen und mit einer neuen größeren Haut vertauschen, die zuvor unter der alten starren Haut gebildet wurde. Dieser Vorgang wird als Häutung bezeichnet. Die Insekten machen eine verschiedene Anzahl Häutungen durch, ehe sie das erwachsene (adulte) Stadium erreichen. Im Verlauf der Häutungen verändern sie auch ihre Gestalt. Man spricht daher von einer Verwandlung (Metabolie). Sie läßt zwei Grundtypen unterscheiden. Am häufigsten kommt die vollständige Verwandlung (Holometabolie) vor. Sie verläuft über vier Stadien: Ei, Larve, Puppe, fertiges Insekt. Die bekanntesten Beispiele hierfür sind die Schmetterlinge. Unter den staatenbildenden Insekten gehören die Wespen, Bienen und Ameisen diesem Entwicklungstyp an. Im Gegensatz dazu weist die unvollständige Verwandlung (Hemimetabolie) nur drei Stadien auf: Ei, Nymphe, fertiges Insekt; es fehlt also das Puppenstadium. Bei diesem Typ ist die Nymphe dem fertigen Tier in der Körpergestalt bereits sehr ähnlich. Der wesentliche Unterschied besteht nur in der Größe. Unter den staatenbildenden Insekten entwickeln sich nur die Termiten hemimetabol.

Die Welt der staatenbildenden Insekten ist eine Welt, die von ihren Bewohnern geschmeckt, gerochen, gefühlt und manchmal – nicht immer – gesehen wird; sie ist eine Welt, in der zu Fuß oder im Fluge Reisen gemacht und Lasten getragen werden – in der ein Bewohner heute als weiße fußlose Made und wenige Tage später als sechsbeiniges geflügeltes Wesen lebt –, eine Welt, in der die Fortpflanzung ein Vorrecht weniger und die Arbeit Pflicht der großen geschlechtslosen Mehrheit des Volkes ist.

TEIL 1 · DIE WESPEN

I

Hornissen

Ein bekannter Satz lautet: „Stich nicht in ein Wespennest!" Der Mensch geht den Wespen wegen ihrer schmerzhaften und oft auch gefährlichen Stiche aus dem Wege. Vor den Hornissen fürchtet er sich geradezu.

Innerhalb der Familie der Wespen (Vespidae) heben sich einige Arten durch besondere Körpergröße heraus: die Hornissen. In Europa handelt es sich dabei um nur eine Art der Gattung *Vespa (V. crabro)*. In Nordamerika zum Beispiel kommen außer der eingeschleppten europäischen Hornisse noch einige andere Hornissenarten der Gattung *Dolichovespula* vor. Alle Hornissenarten leben zu mehreren tausend Tieren in Nestern, die sie aus einer selbst hergestellten papierähnlichen Masse aufbauen. In unseren gemäßigten Breiten wird der Hornissenstaat im Frühjahr gegründet, wenn die im vorangegangenen Herbst befruchtete Königin aus der Winterstarre erwacht und mit der Anlage eines Nestes beginnt, in das sie ihre ersten Eier legt.

Der Anfang des Nestes besteht aus einem festen Stiel, der bei unserer europäischen Hornisse meist an der Decke eines hohlen Baumes (Abb. 2) oder am Balken eines Dachstuhles angeheftet wird und von dort herabhängt. Am Ende des Stiels beginnt die Königin mit dem Bau der ersten Zelle. Diese hat eine hexagonale Form und sieht damit der Zelle einer Bienenwabe sehr ähnlich. Jedoch baut die Hornisse aus Papier, das sie aus kleinen abgebissenen Holzsplittern und Speichel gewinnt, während die Honigbiene ihre Zellen aus Wachs modelliert, den ihr Körper ausscheidet. Ein weiterer Unterschied besteht darin, daß die Zellen der Biene horizontal liegen, diejenigen der Hornisse und der meisten anderen staatenbildenden Wespen dagegen nach unten hängen. Sobald die erste Zelle fertig ist, baut die Königin an deren Seite eine zweite Zelle. Das geht so fort, bis eine mit Zellen besetzte Scheibe entstanden ist. In weitem Abstand um diese Scheibe

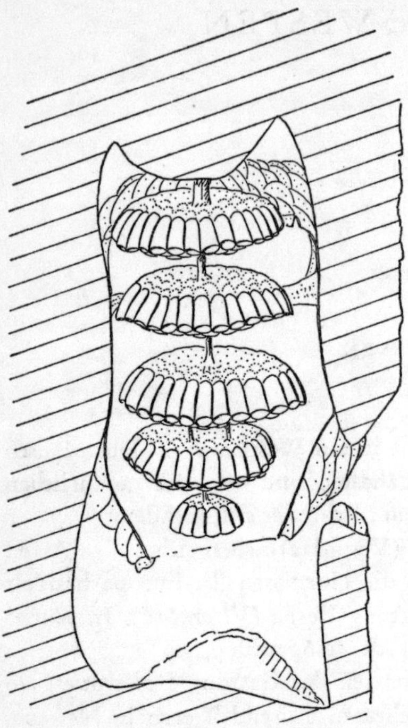

Abb. 2. Schnitt durch ein Hornissennest in einer Baumhöhle. Rechts ist der von den Hornissen mit Papiermasse verengte Eingang in die Baumhöhle. Unterhalb der letzten, kleinen Wabe befindet sich der Eingang in das Hornissennest. Unter dieser weiten Öffnung liegt ein großer Abfallhaufen. Im mittleren Nestteil dient die Holzwand zugleich als Nestwand. Nach KEMPER/DÖHRING, verändert.

herum konstruiert sodann die Königin eine kugelige Papierwand, die sie über der Scheibe am Aufhängestiel befestigt. Am unteren Pol der Papierkugel läßt sie eine Öffnung zum Aus- und Einfliegen. Zur Erhöhung der Festigkeit wird die Wandung meist durch weitere Papierlagen verstärkt.

Einem inneren Zwang zur Eile gehorchend, beginnt die Hornissenkönigin mit der Eiablage bevor noch die erste Zelle ganz fertig ist. In jede neu begonnene Zelle legt sie eines ihrer milchig-weißen Eier und klebt es an die Zellwand. Einige Tage später schlüpft daraus die Hornissenlarve. Sie hat noch keinerlei Ähnlichkeit mit ihrer geflügelten, großäugigen und buntgefärbten Mutter, denn Hornissen entwickeln sich wie alle Wespen in Form einer vollständigen Verwandlung. Die dem Ei entschlüpfte Larve ist eine weiße Made, deren einziger Lebensinhalt im Essen und Wachsen besteht.

Die Bürde, den immer größer werdenden Hunger der Jungen zu stillen, hat die nestgründende Königin zu tragen. Die Nahrungsfolge bei den Hornissen ist gerade umgekehrt wie bei uns Menschen: die Hornissenkinder verlangen nach herzhaften Fleischmahlzeiten, während die erwachsenen Tiere sich ausschließlich von süßen Säften ernähren. Die Hornissenkönigin geht daher auf die Jagd nach Insekten. Hat sie ein Beutetier erwischt, zermalmt sie es mit ihren großen Kieferzangen (Mandibeln) und trägt es zum Nest. Zuweilen schneidet sie auch nur eine Portion davon ab und holt den Rest später. Sofern die Larven noch sehr klein sind, kaut die Königin die Beute zu einer breiigen Masse und leckt den flüssigen Teil auf. Ein wenig behält sie davon für den Eigenbedarf; doch besteht ihre Nahrung – wie die aller erwachsenen Wespen – ganz überwiegend aus Nektar, Honigtau und ähnlichen süßen Säften. Den größten Teil des Fleischsaftes erhalten die jungen Larven. Sobald sie aber etwas älter sind, bilden Fleischstückchen ihre Hauptnahrung. Für die erwachsenen Hornissen sind die energiereichen süßen Säfte die geeignetste Nahrung. Die Larven dagegen benötigen zum Wachstum vor allem Eiweiß, und das liefert ihnen das Insektenfleisch. Neben der Jagd, der Larvenfütterung und der Eiablage arbeitet die Königin ständig weiter an ihrem Nest. Insbesondere muß sie die Zellwände laufend verlängern, damit die schnell wachsenden Larven Platz darin finden.

Eigenartigerweise ist im Hornissennest ebenso wie in den Nestern der anderen staatenbildenden Wespen das Obere nach unten gekehrt, denn die jungen Hornissen verbringen ihre Zeit auf dem Kopf stehend oder vielmehr an ihrem Hinterende hängend. Was sind das für seltsame Babys, die in Papierwiegen ruhen und in dauernder Gefahr schweben, aus ihrem Bett herauszufallen! Während ihrer ersten Lebenstage halten sie sich dadurch in ihrer Zelle fest, daß sie einen klebrigen Schleim ausscheiden. Später bewahren sie sich vor dem Herausfallen, indem sie ihren immer größer werdenden Körper gegen die Zellwände pressen.

Ist die Larve ausgewachsen, fängt sie an, sich einen Kokon zu spinnen, in welchem sie ihr Puppenstadium verbringt. Dieser Kokon besteht aus einem sehr langen Seidenfaden, einer Ausscheidung besonderer Spinndrüsen am Kopf der Larve. Ein Teil des Kokons wird in Form eines Deckels gesponnen, der genau auf die Zellöffnung paßt und die Hornissenlarve von der Außenwelt abschließt. Der fertige Kokon kann die Larve entweder vollständig umhüllen oder auch ihr Hinterende freilassen.

Es zeugt von einer verblüffenden Wirtschaftlichkeit, daß die Hornissenlarve trotz ihrer großen Ernährungsleistung während ihrer gesamten Entwicklungszeit keinerlei Abfallprodukte, die ja ihre Zelle verschmutzen könnten, ausscheidet. Man kann bei der erwachsenen Larve die während der Entwicklung angehäuften Stoffwechsel-Abfälle als dunklen Fleck durch die helle Haut schimmern sehen. Erst wenn die Larve sich zum Puppenstadium häutet, werden die Abfälle ausgeschieden. Diese Ausscheidung, Meconium genannt, trocknet sehr schnell am Zellboden an.

Innerhalb der seidenen Umhüllung liegt nun die Hornissenpuppe. Man bezeichnet die Puppe der Insekten oft als Ruhestadium; doch ist sie nichts weniger als dies. Gerade in der Puppe ist alles in Bewegung. Das Körpergewebe der Larve wird eingeschmolzen und zum Körpergewebe der adulten Hornisse umgebaut. In zumeist weniger als zwei Wochen ist der Umwandlungsprozeß vollzogen. Die junge Hornisse schneidet mit ihren Mandibeln den Kokon sowie den Zelldeckel auf und kriecht ins Freie. Aus der wurmähnlichen Made ist ein geflügeltes, sehr bewegliches Mitglied des Hornissenstaates geworden.

Alle Hornissen der ersten Brut gehören der Arbeiterinnen-Kaste an. Es sind fortpflanzungsunfähige Weibchen, die sich äußerlich von ihrer Mutter nur durch geringere Körpergröße unterscheiden. Sie verrichten alle Arbeiten im Nest mit Ausnahme der Eiablage, die sie der Königin überlassen. Arbeiterinnen können zwar unter besonderen Umständen, zum Beispiel wenn die Königin stirbt, Eier erzeugen; da sie jedoch nicht kopuliert haben, sind diese Eier unbefruchtet und entwickeln sich ausschließlich zu männlichen Hornissen.

Auf einen Teil der Arbeiterinnen entfällt nunmehr die Pflicht, nicht nur für sich selbst, sondern auch für die Königin, die Larven und die übrigen Arbeiterinnen Nahrung herbeizuholen. Diese Furagiere verlassen das Nest, suchen nach süßen Substanzen, füllen damit ihren Kropf und kehren zum Nest zurück, wo sie den süßen Brei oder Saft hochwürgen und – Mund bei Mund – an andere Arbeiterinnen und an die Königin weitergeben. In gleicher Weise verfahren sie mit den für die Larven bestimmten Fleischsäften und -bröckchen. Die Furagiere müssen somit dauernd ihre Beute wechseln, um den Larven und Alttieren gleichermaßen gerecht zu werden. Die immer hungrigen Larven haben ein Mittel entwickelt, um so schnell wie möglich versorgt zu werden: sie scheiden aus ihrem Mund kleine Sekret-Tröpfchen ab, die sie zum Teil zum Einspeicheln der ihnen gereichten Fleischbröckchen verwenden, zum anderen Teil aber den fütternden Arbeiterinnen anbieten, die sie gierig auflecken. Offensichtlich sind diese Larvensekrete für die Arbeiterinnen eine Delikatesse. Man nennt eine derartige Fütterung auf Gegenseitigkeit Trophallaxis.

Unter den Arbeiterinnen eines Hornissenstaates entwickelt sich eine – allerdings ziemlich grobe – Arbeitsteilung. Während die älteren Tiere Holzbrei zum Nestbau sowie Nahrung herbeiholen, verwenden die jüngeren den Holzbrei zur Erweiterung des Nestes und verteilen die Nahrung weiter. Auch schützen sie das Nest vor Eindringlingen.

Die Königin, frei von allen Haushaltspflichten, kann sich nunmehr ganz der Eiproduktion widmen. Die Folge ist eine rasche Zunahme der Volkstärke, die zu einer ebenso raschen Erweiterung des Nestbaues durch die Arbeiterinnen führt. Auf diese Weise beginnt schon bald nach dem Schlüpfen der ersten Arbeiterinnen das charakteristische große ovale Papiernest der Hornissen Gestalt zu gewinnen (Abb. 2).

Hat der Mensch vielleicht von den Hornissen oder anderen Wespenarten gelernt, Papier herzustellen? Das ist eine sehr interessante Frage. Schon lange bevor Menschen mit Hilfe von Steinen Bilder und Symbole in andere Steine meißelten, stellten die Wespen ihr dauerhaftes Papier her. Als Rohstoff zur Bereitung des Papiers verwenden sie Holzfasern ganz verschiedenen Ursprungs: von verrottetem oder von der Witterung angegriffenem Holz, von abgestorbenen einjährigen Pflanzen, von lebenden Sträuchern und sogar von Zeitungen, Kartons und anderen Papiererzeugnissen des Menschen. Jedoch sammelt keine Wespenart wahllos diese Rohstoffe; vielmehr ist jede Art auf ein ganz bestimmtes Material spezialisiert.

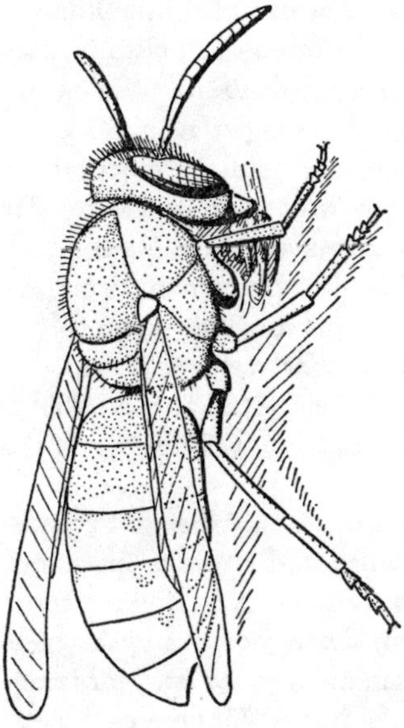

Abb. 3. Hornisse, an einem senkrechten Brett Holzfasern abraspelnd.

Eine Holzfasern sammelnde Hornisse setzt sich parallel zum Faserverlauf auf das Material und reißt, indem sie rückwärts läuft, mit ihren zangenähnlichen Mandibeln ein Faserstück heraus (Abb. 3). Sie bewahrt es zunächst in der Mundhöhle auf, bis noch weitere Holzsplitter dazugekommen sind. Dann speichelt sie das Material ein und kaut es so lange, bis daraus ein gummiartiges Kügelchen entsteht.

Im Nest wird das Baumaterial von der Sammlerin an eine Bau-Arbeiterin übergeben. Diese heftet es an der Baustelle zunächst mit einem Biß an das vorhandene Papier an und zieht es danach im Rückwärtsschreiten zu einem Band aus, das sie an der Kante des alten Papiers festklebt. Bei wiederholtem Entlanglaufen befestigt sie das Ansatzstück immer fester und walzt es gleichzeitig zu noch größerer Breite aus. Das fertige Ansatzstück, das schnell erhärtet, kann bis zu 1 cm breit und über 3 cm lang sein.

Nicht ganz unähnlich unseren Frauen lieben es die weiblichen Hornissen, ihre Wohnung oft umzugestalten. Fortwährend sind sie mit der Erweiterung der Nestwand beschäftigt, um Raum für die Vergrößerung des Volkes zu gewinnen. Häufig beseitigen sie auch Zellen, die nach wiederholter Verwendung unbrauchbar wurden. Das dabei anfallende Papier zerkauen sie stets wieder zu Brei, den sie erneut zum Bau verwenden.

Dieses doppelt oder zuweilen gar dreifach gekaute Papier ist stärker als das aus dem Originalmaterial hergestellte. Überhaupt wechselt die Stärke des Wespenpapiers erheblich je nach Wespenart, Verwendungszweck, Zahl der Umarbeitungen und anderen Faktoren. Auch die Farbe des Papiers ist in Abhängigkeit von der Herkunft des Rohstoffes verschieden. Man findet gelbbraune, gelbe, graue, braune, fast weiße und zuweilen auch mehrfarbige Nester.

Schauen wir uns einmal näher an, wie das von der Hornissenkönigin ganz allein gebaute Gründungsnest, das eine erstaunliche Leistung darstellt, von den immer zahlreicher werdenden „Arbeitstöchtern" Zug um Zug vergrößert wird. Zunächst erweitern sie die von der Königin angefertigte kleine Wabe und beginnen danach mit der Anlage einer neuen Wabe unterhalb der ersten. Zu diesem Zweck wird von der Mitte der oberen Wabe als Fortsetzung des Nestaufhängers ein Stiel nach unten gebaut. An seinem Ende, in einigen Zentimetern Entfernung von der oberen Wabe, wird die zweite Wabe errichtet. Auf dieselbe Weise folgen dann in etwa gleichem Abstand parallel zueinander weitere Waben. Im gleichen Maße wie das Nest sich vergrößert und sein Gewicht sich erhöht, werden zusätzlich zum zentralen Hauptaufhänger von Wabe zu Wabe Stützverbindungen errichtet.

Hand in Hand mit dem Wabenbau verläuft die entsprechende Erweiterung der Nestwand. Je mehr das Nest an Länge und Umfang zunimmt, desto dicker wird die Wand. Sie besteht beim fertigen Nest unserer europäischen Hornisse meist aus 3 bis 4 Schichten, deren jede aus dachziegelartig übereinanderliegenden Einzelteilen zusammengesetzt ist. Nordamerikanische Hornissen haben sogar bis zu 15schichtige Wände, deren Bausteine kugelschalenförmig sind. Eine solcherart aus mehreren Schichten aufgebaute Nestwand bietet einen ausgezeichneten Schutz vor Temperaturschwankungen. Wird die Nesttemperatur im Sommer dennoch einmal zu hoch, treten Arbeiterinnen in Aktion, die durch Schwirren mit den Flügeln einen Luftstrom erzeugen. Zugleich bringen andere Tiere in ihrem Mund kleine Wassertröpfchen zum Nest und benetzen damit die Waben und Wände. Die Verdunstung des Wassers in Verbindung mit der Luftbewegung führt dann zu rascher Abkühlung.

Die Hornissen benutzen zur Aufzucht der Larven ihre Zellen mehrmals. Kaum wird eine Zelle von einer fertig gewordenen Hornisse verlassen, legt die Königin schon wieder ein Ei hinein. Wenn im Verlauf des Sommers das Nest immer mehr an Länge zunimmt, wird es für die Arbeiterinnen immer unbequemer, die am weitesten von dem unten befindlichen Nesteingang entfernten oberen Waben zu erreichen. Zu dieser Zeit sind die Zellen der oberen Waben auch bereits mehrere Male verwendet worden und zeigen deutliche Abnutzungsmerkmale, in erster Linie eine erhebliche Verkürzung ihres Innenraumes durch die sich anhäufenden Larvenausscheidungen (Meconien). Sie werden daher aufgegeben. Die Arbeiterinnen bauen sie entweder ab und verwenden die Papiermasse erneut zum Bau oder sie mauern den unbenutzbaren Zellkomplex einfach mit Papiermasse zu.

Sobald der Hornissenstaat seine maximale Größe erreicht hat und der Herbst nähergerückt ist, werden plötzlich übernormal große Zellen gebaut. In ihnen wachsen neue Königinnen heran. Zugleich entwickeln sich auch Männchen in einem Teil dieser Riesenzellen oder häufig auch in Zellen von Normalgröße. Die Königinnen-Zellen werden von den Arbeiterinnen entweder als gesonderte Wabe im untersten Teil des Nestes gebaut oder an der Peripherie der Arbeiterinnen-Waben angefügt. Oft werden beide Verfahren im selben Nest angewandt. Das Auftreten von fortpflanzungsfähigen Weibchen (Königinnen) und Männchen kennzeichnet den Höhe- und zugleich Endpunkt der Entwicklung des Hornissenstaates.

Wenn ein Geschlechtstier, eine Königin oder ein Männchen, fertig entwickelt ist und seine Zelle verlassen hat, fliegt es unverzüglich ins Freie, sucht sich ein Tier des anderen Geschlechts und kopuliert mit ihm. Die junge Königin besitzt in ihrem Abdomen einen Vorratsbehälter, die sogenannte Spermatheca, in welchem sie die bei der Kopulation empfangeden Samenfäden (Spermien) aufbewahrt. Die Spermien bleiben in diesem Behälter lebensfähig, bis sie im kommenden Jahr zur Befruchtung der Eier benötigt werden. In unseren gemäßigten Breiten sind allein die begatteten Hornissen-Königinnen dazu bestimmt, den herannahenden Winter zu überleben. Sie suchen sich einen geschützten Platz, meist im Boden, fallen bei sinkenden Temperaturen in Winterstarre und wachen bei steigender Temperatur im folgenden Frühjahr wieder auf.

Die Gründerin des Hornissenstaates und Mutter der im Spätsommer schlüpfenden neuen Königinnen hat sich bei ihrer schweren Nestbautätigkeit und anschließend bei ihrer pausenlosen Eiproduktion im Sommer im buchstäblichen Sinne verbraucht. Jetzt, wo die jungen Königinnen schlüpfen, stirbt sie. Zurück läßt sie ein großes Nest, in dem sich nur noch einige spät entwickelte Männchen sowie eine rapide schwindende Zahl aktiver Arbeiterinnen befinden. Von ihrer Königin verlassen, versuchen diese Arbeiterinnen nunmehr Eier abzulegen. Sie stellen sich dabei recht unbeholfen an. Oft machen sie ihre Arbeit selbst zunichte, indem sie mehrere Eier in eine Zelle hineinlegen. Aber auch mit den Eiern, die zur Entwicklung gelangen, ist dem Hornissenstaat nicht mehr gedient; denn diese Eier sind unbefruchtet, und aus unbefruchteten Eiern entstehen ausschließlich nutzlose Männchen.

Zuweilen scheint die überlebenden Arbeiterinnen eine Müdigkeit zu überfallen. Sie lassen in ihren Bemühungen, die restlichen Larven großzuziehen, nach oder schleppen sie sogar zum Nestausgang und lassen sie fallen. Es kommt auch vor, daß sie sie aufessen. Wenn es kälter wird, sterben schließlich die letzten Angehörigen des einstmals so blühenden Staates ab.

Das Seltsame am Leben der Hornissen und auch der anderen staatenbildenden Wespen liegt darin, daß diese Insekten eine so hohe soziale Organisation aufweisen, daß sie es mit ihrem winzigen Gehirn zur Errichtung von Staatsgebilden mit Tausenden von Einwohnern bringen, und daß sie zur Herstellung eines baufähigen Materials, zur Konstruktion großer und komplizierter Bauten sowie zu einer Arbeitsteilung imstande sind, die dem Gemeinwohl dienen.

II

Staatenbildende Wespen

Wenn man gemeinhin von „Wespen" spricht, so meint man damit die bekannten unliebsamen Besucher unserer Kaffeetische, Obstbäume und Weinspaliere. Es handelt sich dabei in Europa um zwei Arten der Gattung *Paravespula:* die gemeine Wespe *(P. vulgaris)* und die deutsche Wespe *(P. germanica)* (Abb. 4). Daneben leben noch mehrere ähnlich aussehende Arten der Gattungen *Vespula, Paravespula, Dolichovespula* und *Pseudovespula* in Wald und Feld, ohne den Menschen in seinen Häusern und Gärten zu belästigen. Gemeinsam mit der Gattung *Vespa,* als deren europäischen Vertreter wir bereits die Hornisse kennenlernten, gehören alle diese Gattungen zur Unterfamilie Vespinae, die mit einigen anderen Unterfamilien, deren Angehörige kleiner und schlanker als die Vespinen sind, die große Familie der Faltenwespen, Vespidae, bilden. Ihren Namen hat diese Familie erhalten, weil sie ihre Flügel in mehreren Längsfalten zusammenlegt.

In ihrer Lebensweise stimmen die beiden *Paravespula*-Arten, die gemeine und die deutsche Wespe, die wir hier zunächst betrachten wollen, mit den Hornissen weitgehend überein. Jedoch besteht ein wesentlicher Unterschied darin, daß die *Paravespula*-Arten von Natur aus Erdnister sind. Ihre Königin dringt in den Erdgang einer Maus oder eines anderen erdbewohnenden Säugetiers so tief ein, bis es ganz dunkel ist, und beginnt dort mit dem Bau eines Nest-Aufhängebandes, ausgehend von einer Wurzel oder einem Stein in der Decke des Erdganges. Das Gründungsnest ist demjenigen der Hornisse sehr ähnlich: auch die Erdwespe baut eine kleine Wabe und um sie herum eine ballonförmige Papierwandung.

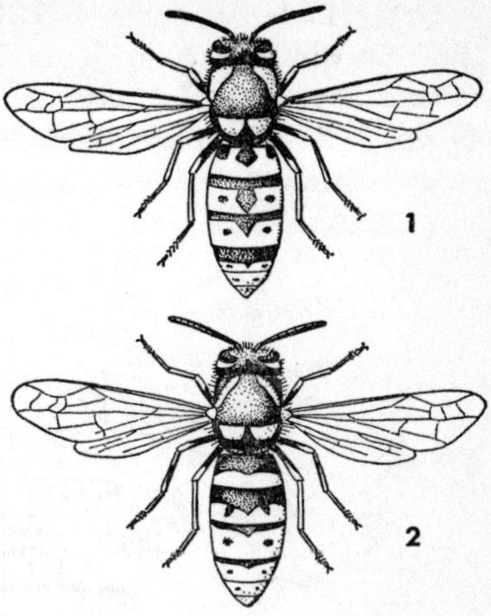

Abb. 4. Die zwei häufigsten einheimischen Arten der Faltenwespen: 1. *Vespa germanica*, deutsche Wespe; 2. *Vespa vulgaris*, gemeine Wespe; Vergrößerung ca. zweifach.

Sofern das Gründungsnest nicht zufällig in einer größeren Erdhöhle angelegt wurde, muß der Erdgang während des Wachstums des Wespenstaates zu einer Höhle erweitert werden. Bei zu hartem Boden transportieren die Arbeiterinnen Wasser im Mund oder Kropf in den unterirdischen Gang und benetzen damit die trockenen Erdwände. Dann beißen sie aus dem weichgewordenen Erdreich kleine Brocken heraus. Entweder verwenden sie diese Erde zum Ausfüllen oder Einengen unerwünschter Zugänge zur Höhle, oder sie tragen sie zur Erdoberfläche und lagern sie dort ab. Auch Steine werden, so weit möglich, hinausgetragen. Sind sie zum Tragen zu schwer, werden sie den Erdgang hinaufgewälzt. Ist auch das nicht möglich, wird der Stein durch Untergraben versenkt oder das Nest um ihn herumgebaut.

Wie bei den Hornissen erweitern auch die Wespen-Arbeiterinnen die von der Königin begonnene Wabe und bauen parallel darunter im Laufe der nächsten Wochen und Monate weitere Waben. In der Nestkonstruktion gibt es aber gegenüber den Hornissen einige Abweichungen. So bauen die Wespen Stützverbindungen nicht nur zwischen den Waben, sondern auch zwischen dem Nest und der Erdhöhlenwand. Das Leben unter der Erde gewährt den Wespen weitgehend Schutz vor Temperaturschwankungen und Feinden. Wahrscheinlich als Folge hiervon ist das von den Wespen erzeugte Papier leichter und weniger fest als das der Hornissen.

Gegen Ende des Sommers erreicht der Wespenstaat den Höhepunkt seiner Entwicklung (Abb. 5). Der Durchmesser des Nestes kann dann 30 cm und mehr betragen. Vom Frühjahr bis Herbst gerechnet, kann der Staat bis zu 25 000 Bewohner umfassen; jedoch leben wahrscheinlich nie mehr als 5000 Individuen gleichzeitig in ihm.

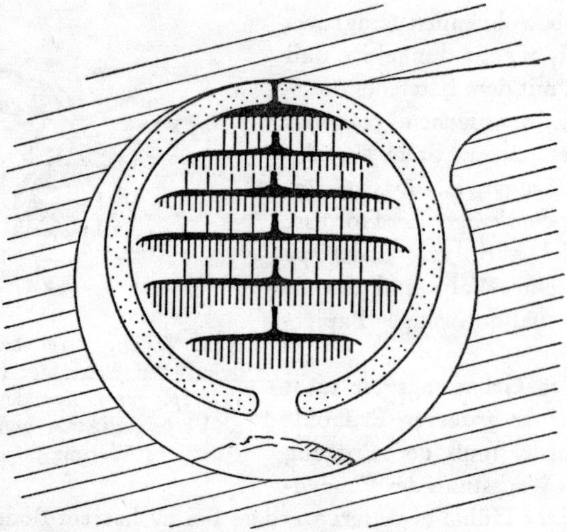

Abb. 5. Schematischer Schnitt durch ein *Paravespula*-Erdnest. Rechts oben der Eingang in die Erdhöhle, unten in der Mitte der Eingang in das Wespennest. Unter dem Eingang ein Abfallhaufen. Die meisten Waben sind außer durch die mittlere Hauptsäule durch dünne Nebensäulen gestützt. Nach KEMPER/DÖHRING, verändert.

Alle staatenbildenden Wespen gehören innerhalb der Ordnung der Hautflügler (Hymenoptera) zur Familie der Faltenwespen (Vespidae), die sich wieder in mehrere Unterfamilien gliedert. Von einer dieser Unterfamilien, den Vespinae, lernten wir die Hornissen (Gattungen *Vespa* und *Dolichovespula)* sowie die Erdwespen (Gattung *Paravespula)* etwas näher kennen. Eine zweite Unterfamilie bilden die Polystinae, denen nach neuerer Auffassung auch die früher als eigene Unterfamilie betrachtete Gattungsgruppe der Polybiini angehören.

Die Polybiinen sind in den tropischen Gebieten des südlichen Nordamerika sowie von Mittelamerika weit verbreitet und in einigen Arten auch in Asien und Afrika vertreten. Da sie in den Tropen leben, kennen sie keine kältere Jahreszeit. Während die Hornissen und Erdwespen der gemäßigten Klimazone einsömmrige Staaten bilden, die im Herbst zugrunde gehen und ihre Arterhaltung ganz den einzeln überwinternden Königinnen übertragen, geht das Staatenleben der Polybiinen ohne Unterbrechung weiter. Es müssen daher bei dauernd wachsender Volksstärke von Zeit zu Zeit junge Königinnen, begleitet von einer Gruppe Arbeiterinnen, den alten Staat verlassen, um einen neuen Staat zu gründen. Durch die Mitnahme von Arbeiterinnen bleiben diesen Königinnen viele Gefahren erspart, deren sich die einzelnen nestgründenden Königinnen in den gemäßigten Breiten gegenübersehen. Im Gegensatz zu den meisten Wespenarten in kühleren Regionen haben die tropischen Wespen nicht selten auch mehrere bis zahlreiche Königinnen im selben Nestbau.

Die Gruppe der Polybiinen umfaßt sehr viele und sehr verschiedenartige Formen, angefangen von solchen, die nur eine einzige kleine Wabe ohne Schutzhülle anfertigen bis hinauf zu jenen, die sehr große Nester, ähnlich denen der Hornissen und Erdwespen, bauen. Doch besteht in der Architektur zwischen dem Polybiinen- und dem Vespinen-Nest ein grundlegender Unterschied. Bei den Vespinen werden die Waben vom Nestrand – mit Ausnahme von Stützbalken – nicht berührt, so daß zwischen Wand und Waben allseitig ein Hohlraum bestehen bleibt. Die Polybiinen dagegen schließen ihre Nestwand eng an die Peripherie der Wabe an und lassen als Verkehrsweg in der Mitte jeder Wabe eine Öffnung frei.

Eine der interessantesten Vertreterinnen der Polybiinen ist *Brachygastra (Nectarina) lecheguana,* die Honigwespe, deren Heimat die neuweltlichen Tropen vom Süden Brasiliens bis zum südlichsten Texas sind. Diese Wespe speichert ebenso wie die Honigbiene in ihrem Nest Honigvorräte. Alle adulten Wespen leben in erster Linie von süßen Pflanzensäften, die sie zum Nest tragen und dort anderen Arbeiterinnen übergeben. Die Säfte werden zum Teil weiterverfüttert, zum anderen Teil in leeren Zellen gespeichert, wofür sie zunächst eingedickt werden müssen; denn die Vorratszellen hängen mit ihrer Öffnung, die nicht mit einem Deckel verschlossen sind, nach unten. Auch einige *Polistes*-Arten speichern Honig in ihren Nestern.

Über die Honigwespen ist noch so wenig bekannt, daß man nicht einmal genau weiß, für welchen Zweck der Honig gespeichert wird. Die verbreitetste Meinung geht dahin, daß er den adulten Wespen helfen soll, ungünstige Zeiten besser zu überstehen wie z. B. Trockenzeiten, in denen die Nahrung knapp wird. Einige Wissenschaftler glauben, daß der Honig, gemischt mit Pollen, zur Larvenfütterung dient. Andere meinen dagegen, daß die Larven wie diejenigen anderer staatenbildender Faltenwespen vornehmlich von Fleisch leben. Doch ist eine Larvenernährung mit Honig nicht von der Hand zu weisen. So versehen die solitär lebenden Arten der Unterfamilie Masarinae ihre einzeln angelegten röhrenförmigen Zellen mit einem Pollen-Honig-Gemisch als Vorrat für die künftige Larve, und auch die Honigbiene verwendet ja Pollen und Honig zur Fütterung ihrer Larven. Eine Art der Verwendung des Wespen-Honigs jedoch ist sicher bekannt: die durch den Menschen. In jenen tropischen Gebieten, wo Süßigkeiten schwer oder gar nicht zu haben sind, holt sich die einheimische Bevölkerung die Nester von den Bäumen, um in den Genuß des Honigs zu kommen.

Bei den Honigwespen werden neue Staaten dadurch gegründet, daß sich Schwärme, die mehrere Königinnen enthalten können, aus dem Staatsverband lösen. Sie bauen das für die Polybiinen typische Nest, in welchem die Waben ringsum bis an die Nestwand reichen und dessen Wandung nur aus einer Papierlage besteht. Jedoch kommt es häufig vor, daß die Honigwespe zusätzliche Waben von nur einem Teil des Nestrandes aus senkrecht nach innen bauen, welche die gegenüberliegende Wand nicht erreichen. Hier gibt es dann außer dem zentralen Verkehrsweg noch begrenzte seitliche Wege an der Wand entlang. Die Honigwespen bilden Dauerstaaten mit mehreren Königinnen und bis zu 15 000 Arbeiterinnen.

Eine andere Unterfamilie, die der Polystinae, hat in den nördlichen Breiten ihre bekanntesten Vertreter in der Gattung *Polistes*. In Mitteleuropa leben nur vier, in Nordamerika dagegen sehr viel mehr *Polistes*-Arten. Sie alle bauen kleine freie Waben mit Vorliebe in Dörfern oder in Randbezirken größerer Ortschaften unter Dachrinnen, Vordächern und ähnlichen geschützten Stellen. Im Zusammenhang mit dieser Bindung an menschliche Siedlungen wählen die Königinnen zur Überwinterung oft Verstecke in den Häusern, so daß nicht selten an warmen Tagen im Frühjahr plötzlich Wespen in den Zimmern erscheinen und einen Weg ins Freie suchen.

Der Gattungsname *Polistes* kommt aus dem Griechischen und bedeutet „Gründer einer Stadt". Jedoch handelt es sich bei ihren Gründungen im besten Falle um ein kleines „Dorf" verglichen mit den großen volkreichen Siedlungen der Hornissen und anderer Vespinen. Die *Polistes*-Arten zeigen in der Bau- und Lebensweise erhebliche Unterschiede zu den Faltenwespen. Die begattete *Polistes*-Königin baut nach der Überwinterung eine kleine Wabe, die von den nachfolgenden Arbeiterinnen erweitert wird. In unseren Breiten wächst das *Polistes*-Nest niemals über diese eine Wabe hinaus, die frei an einem Gegenstand angeheftet ist und nicht von einer Schutzhülle aus Papier umgeben wird (Abb. 6).

Bei Betrachtung der Staats-Organisation fällt zunächst auf, daß die Arbeiterinnen nach Größe und Gestalt ihrer Königin sehr ähneln, und daß auch die Tätigkeitsbereiche beider weniger scharf abgegrenzt sind als bei den Vespinen. Weiterhin kommt es vor, daß *Polistes*-Königinnen gewissermaßen ihre Staaten wechseln: eine von einem anderen Nest kommende Königin vertreibt die angestammte Königin und setzt sich an ihre Stelle. Am seltsamsten aber ist, daß bei *Polistes* oft mehrere Königinnen zusammen einen Staat begründen. So kann zum Beispiel bei der nordamerikanischen *Polistes annularis* das Gründungsnest sowohl von einer einzelnen Königin als auch in Zusammenarbeit von mehreren Königinnen gebaut werden. Manche einzeln arbeitende Königinnen brechen sogar die Tätigkeit an ihrer im Bau befindlichen Wabe ab, überlassen die darin sitzenden Larven ihrem Schicksal und schließen sich der Errichtung eines Mehr-Königinnen-Staates an.

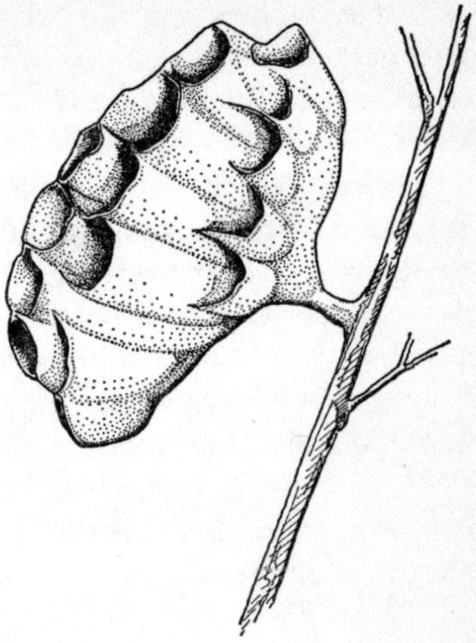

Abb. 6. Nest einer *Polistes*-Art. Am Rande: noch im Bau befindliche Zellen. Die fertigen Zellen sind mit Eiern oder Larven besetzt; sie bleiben unverdeckelt.

Ein ähnliches Verhalten wurde auch bei der europäischen *Polistes gallicus* beobachtet. Im nördlicheren Teil ihres Verbreitungsgebietes wird der Staat von einer einzelnen Königin gegründet. Mit zunehmender südlicher Breite wird jedoch die Tendenz zum Mehr-Königinnen-Staat immer deutlicher. Die nähere Betrachtung zeigt aber, daß innerhalb der Gruppe der nestgründenden Königinnen eine davon binnen kurzem die Herrschaft übernimmt. Sie beschränkt sich immer mehr auf die Eiablage, während die nebengeordneten Königinnen in ihrer Eiproduktion nachlassen und sich in zunehmendem Maße an der Erfüllung der den Arbeiterinnen auferlegten Pflichten beteiligen. Schließlich ist die Eiproduzentin zur Königin schlechthin geworden. Ihre Nebenköniginnen fügen sich als befruchtete Arbeiterinnen in das Staatengefüge ein und unterscheiden sich dadurch von den später erscheinenden regulären Arbeiterinnen, die ja unfruchtbar sind.

Man weiß nicht genau wie die Vorherrschaft der einen Königin über die anderen zustande kommt. Es wurde beobachtet, daß in einigen Fällen eine der Königinnen die von den anderen Königinnen abgelegten Eier zerstörte. Wahrscheinlich wirkt hierbei aber auch ein psychischer Faktor mit, der innerhalb der sozialen Hierarchie zu einem psychischen Effekt, eben dem Nachlassen der Eiablage bei den nebengeordneten Weibchen, führt.

Einige Versuche mit *P. gallicus* zeigten, daß unter den Königinnen eine Herrschafts-Stufenfolge ähnlich der bekannten „Hackordnung" der Hühner besteht. Dieser Stufenfolge entspricht eine solche in der Ausbildung des Eierstockes, der bei der Herrscherin am stärksten und bei den Nebenköniginnen – je nach Rang – zunehmend schwächer entwickelt ist. Entfernt man die herrschende Königin, wird ihre Stelle von der ranghöchsten Nebenkönigin eingenommen. Die Herrscherin bzw. Eiproduzentin verlangt und erhält wahrscheinlich auch am häufigsten Nahrung, wodurch sich wiederum ihre Eierstöcke stärker entwickeln können. Vermutlich nimmt auch der Faktor Gebrauch/Nichtgebrauch einen Einfluß auf die Größe des Eierstockes der Königinnen.

Aber noch eine weitere interessante Beobachtung hat man bei *P. gallicus* gemacht und zwar in ihrem südlichsten Verbreitungsgebiet am Rande der Sahara. Hier bildet sie neue Staaten dadurch, daß eine Königin mit einer Gruppe von Arbeiterinnen das Nest verläßt. Somit hat *P. gallicus* je nach den klimatischen Verhältnissen drei Arten der Staatengründung: im mittleren Europa durch eine einzelne überwinterte Königin, im südlichen Europa durch mehrere überwinterte Königinnen sowie in Nordafrika durch „Nestableger", bestehend aus je einer Königin und einigen Arbeiterinnen. Die in den Tropen beheimateten *Polistes*-Arten haben danach wahrscheinlich alle die gleiche Art der Nestgründung wie *P. gallicus* in Nordafrika. Erwähnt wurde bereits, daß die große tropische Faltenwespengruppe der Polybiinen ebenfalls ihre Staaten durch Ableger begründen.

Man nimmt an, daß die Urheimat der staatenbildenden Faltenwespen in den Tropen liegt. Hier konnten bei optimalen Klima- und Ernährungsbedingungen die Nachkommen in konstanter Folge erzeugt und herangezogen werden. Unter diesen Verhältnissen besaß der typische Wespenstaat wahrscheinlich mehrere Königinnen, deren Aufgabe die Eiproduktion und die Gründung neuer Ableger-Staaten war. Einige Arten konnten dann im Laufe der Entwicklung auch kühlere Gebiete besiedeln. Das hier auftauchende große Problem: der lebensfeindliche Winter, lösten sie dadurch, daß sie die Staaten zu Beginn der kalten Jahreszeit absterben ließen und die Arterhaltung einzelnen begatteten Königinnen übertrugen, die den Winter in einem Starrezustand überdauern.

Warum versucht bei diesen Arten die im Spätsommer entstandene und begattete Königin nicht sogleich einen neuen Staat zu gründen, so wie es ihre Verwandten in den Tropen tun? Das kalte Wetter kann es nicht sein, das sie daran hindert, denn viele Königinnen suchen ihren Überwinterungsort schon im frühen Herbst auf, bevor es kälter wird. Ist in ihrem Funktionsplan eine Ruhepause oder ein Kälteeinfluß oder ein anderer mit der Überwinterung zusammenhängender Faktor eingebaut, der den Körper der Königin erst nach der Überwinterung reif zum Nestbau und zur Eiablage macht? Wir kennen derartige Ruhepausen bei vielen Lebewesen, darunter auch bei den Pflanzensamen. Wenn aber die staatenbildenden Wespen aus den Tropen stammen, wo Ruhepausen unnötig sind, wie entwickelte sich dann diese Eigentümlichkeit in unseren Breiten? Wir ersehen bereits hieraus, was für alle staatenbildenden Insekten gilt, daß nämlich unsere bisherigen Erkenntnisse ebenso viele neue Fragen aufwerfen wie sie beantworten können.

III

Vom Einzelgänger zum Staat

Nur die beiden bisher betrachteten Unterfamilien Vespinae und Polystinae der Familie Vespidae, Faltenwespen, sind staatenbildend. Alle anderen Faltenwespen und darüber hinaus alle anderen Wespen sind solitär, also einzeln lebend.

Nun wird die Bezeichnung „Wespe“ allerdings für sehr verschiedenartige Gruppen von Hautflüglern verwendet. Da sind zunächst die Blatt- und Holzwespen, deren Larven sich von Blättern bzw. Holz ernähren. Ihre adulten Formen unterscheiden sich von allen anderen Hautflüglern dadurch, daß ihr Hinterleib in breiter Front dem Hinterrand der Brust ansitzt und sie somit keine „Wespentaille“ haben. Sie sind einzeln lebend, enthalten zahlreiche Kulturpflanzen-Schädlinge und sollen uns hier nicht weiter interessieren. Alle übrigen Hautflügler besitzen eine Wespentaille, jene stielartige Verengung zwischen der Brust und dem Hinterleib, auch wenn dieser Stiel manchmal, wie zum Beispiel bei Hummeln, nicht sehr deutlich ist. Wir können diese sehr vielgestaltige Gruppe der mit einer Wespentaille versehenen Hautflügler in zwei Untergruppen aufgliedern. Die eine, besonders artenreiche Untergruppe umfaßt die Terebrantia, so benannt nach dem Legebohrer (terebra), mit dem die Weibchen ihre Eier ablegen. Sie leben überwiegend als Parasiten in anderen Insekten (mehrere Familien Schlupfwespen) oder in Pflanzen (Familie Gallwespen). Auch sie sollen uns hier nicht weiter beschäftigen. Die andere Untergruppe sind die Aculeata, bei denen das Weibchen den Legeapparat zu einem Giftstachel (aculea) umgewandelt hat, der als Waffe oder zum Lähmen der Beute dient. Die Eier verlassen hier den mütterlichen Körper durch die Geschlechtsöffnung. Zu dieser Gruppe gehören neben mehreren solitären Wespenfamilien die bereits betrachteten staatenbildenden Faltenwespen sowie auch die Bienen, Hummeln und Ameisen.

Wenn unser Hauptinteresse auch den staatenbildenden Insekten gilt, so kann uns doch ein Blick auf einige solitäre Wespenarten vielleicht den Weg zeigen, auf dem es den Staatenbildnern gelungen ist, eine so komplizierte und interessante Entwicklungsstufe zu erreichen.

Seltsam und vielfältig sind die Mittel, die von den Tieren benutzt werden, um ihre Jungen mit Nahrung zu versorgen. Eines der ungewöhnlichsten Mittel ist die von einer Gruppe solitärer Wespen entwickelte Methode. Sie lähmen ein Insekt oder eine Spinne mit einem Stich und legen darauf ein Ei ab. Die aus dem Ei schlüpfende Wespenlarve ernährt sich von der Beute, die ihr als lebende Fleischkonserve dient. Schließlich stirbt das Beutetier ab, jedoch nicht eher als die Wespenlarve es zum größten Teil aufgegessen und sich selbst unterdessen fertig entwickelt hat. Auf diese Weise versorgt das Wespenweibchen seine Jungen, die es nie zu Gesicht bekommt, für die ganze Dauer der Entwicklung mit frischer Nahrung. Das Wespenmännchen ist an dieser Brutfürsorge nicht beteiligt. Es besitzt keinen Giftstachel, da dieser sich ja aus dem weiblichen Legebohrer entwickelte. Der ganze Lebenszweck des Männchens erschöpft sich in der Begattung des Weibchens.

Die Art und Weise wie diese solitären Wespen ihre Brutfürsorge betreiben, kann uns Hinweise auf ihre Stellung in der Stammesentwicklung (Evolution) geben. Die unterste Stufe nehmen solche Arten ein, deren Weibchen einfach das Beutetier, zum Beispiel eine Käferlarve auf dem Erdboden, ansticht, sein Ei darauf ablegt und die Beute am Fundort beläßt, ohne sich um den Schutz der künftigen Wespenlarve zu kümmern.

Bereits eine Stufe höher stehen Wespen, die ihre gelähmte Beute an eine geschützte Stelle wie zum Beispiel in eine Höhle oder einen Rindenspalt tragen und erst dort ihr Ei daran ablegen. Zu dieser Gruppe gehören die Spinnenwespen, Pompilidae, die auf Spinnen als Beutetiere spezialisiert sind. Besonders auffallende Vertreter dieser Familie sind die in Nordamerika beheimateten „Tarantelhabichte“ der Gattung *Pepsis,* die bis zu

4 cm lang werden. Die bekannteste Art hat einen stahlblau und schwarz gefärbten Körper und große rote Flügel. Diese Wespen lähmen die furchterregenden Tarantel-Spinnen, die ohne ihre sehr langen Beine bis 5 cm Länge erreichen. Die Tarantel-Weibchen werden erst etwa im 10. Lebensjahr geschlechtsreif und bis zu 25 Jahren alt. Der Tarantelhabicht schleppt die große gelähmte Spinne in einen Erdhohlraum und legt sein Ei darauf ab.

Eine weitere Stufe höher stehen die als Grabwespen bekannten Arten, die selbst erst eine Erdhöhle bauen und dann auf Beutefang ausfliegen. Hierher gehören einige Arten der Gattung *Ammophila,* die einen 2 bis 3 cm langen Gang schräg in die Erde graben. Nach getaner Arbeit umfliegt das Weibchen den Eingang einige Male, um sich die Stelle einzuprägen. Dann sucht es ein Beutetier, meist eine Raupe, lähmt es (Abb. 7), transportiert es zu seinem Erdgang, legt ein Ei darauf und verschließt den Eingang mit Erde. Nicht genug damit, nimmt es einen kleinen Kieselstein in die Mandibeln und stampft damit die Erdoberfläche fest. Dieser von zahlreichen Beobachtern bestätigte Gebrauch eines Werkzeugs durch ein Insekt ist höchst bemerkenswert. Die in der Erdhöhle schließlich entstandene Wespe muß sich zur Erdoberfläche hindurchgraben.

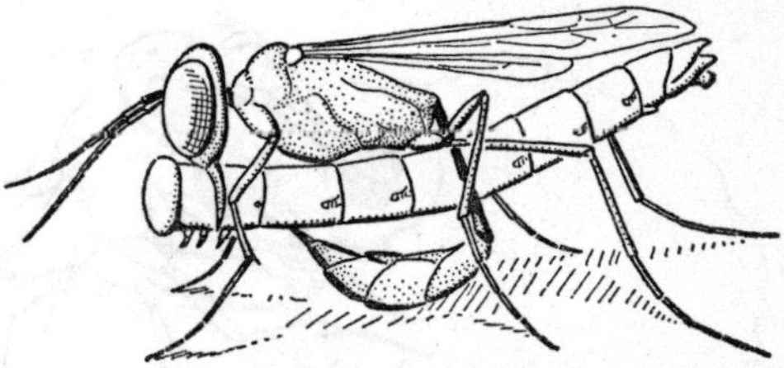

Abb. 7. Grabwespe der Gattung *Ammophila* bei der Lähmung einer Spanner-Raupe. Die Wespe hat ihre Beute mit den Mandibeln umklammert und hochgehoben und sticht sie von unten her in das Nervenzentrum (Bauchmark).

Zuweilen sieht man an Häuserwänden winzig kleine Lehmbehälter sitzen, die wie Verzierungen des Putzes aussehen. Es sind die Lehmzellen einer solitären Wespe, in denen sich ihre Larven entwickeln. Die weibliche Wespe sammelt an geeigneten Stellen kleine Lehmklümpchen, trägt sie zur Hauswand und modelliert daraus mit Hilfe der Mandibeln und der Füße eine röhrenförmige Zelle. Dann fliegt sie auf Beutefang. Bald kommt sie mit einer gelähmten Spinne zurück, schiebt sie in die Lehmzelle und legt ein Ei darauf. Doch begnügt sie sich nicht mit diesem einen Beutetier. Sie lähmt noch weitere Spinnen und stopft sie mit in die Lehmzelle. Dann verschließt sie die Zelle mit einem Lehmdeckel. Ihrer heranwachsenden Larve steht damit eine ganze Folge von Mahlzeiten zur Verfügung. Diese Darbietung mehrerer Beutetiere zur Ernährung einer Larve bedeutet bereits eine Annäherung an das Fütterungsverhalten der staatenbildenden Wespen, die ihren Larven täglich Nahrung bringen. Anschließend baut die Lehmwespe neben der bereits vorhandenen Zelle oder auch woanders noch weitere Lehmzellen.

Eine andere mit Lehm bauende Wespe gehört der Gattung *Eumenes* an und wird Töpferwespe genannt, weil sie winzige Tonvasen mit bauchigem Grund, engerem Hals und übergreifendem Rand formt. Diese Miniaturvasen, in denen sich die Larven der Wespe entwickeln, werden einzeln an Äste und Zweige angeklebt und mit zahlreichen kleinen Raupen als Larvennahrung angefüllt. Das gegenüber den Lehmwespen Neue liegt

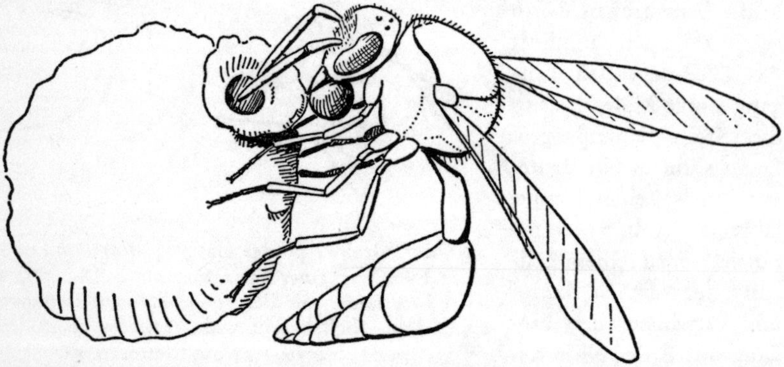

Abb. 8. Eine Töpferwespe der Gattung *Eumenes* hat eine Lehmkugel herbeigeschleppt, um damit ihre „Vasen-Zelle" zu verschließen. Sie hält die Lehmkugel zwischen ihren Mandibeln und tastet gerade mit den Fühlern die Öffnung ihrer bauchigen Lehmzelle ab.

darin, daß das *Eumenes*-Weibchen sein Ei gleich zu Anfang in die Lehmvase legt noch ehe das erste Beutetier eingetragen ist. Das bedeutet einen weiteren Schritt in Richtung auf die staatenbildenden Wespen. Einige Arten befestigen ihr Ei an einem Aufhängeband, vielleicht um es davor zu bewahren, von den Beutetieren zerdrückt zu werden. Auch die Töpferwespen mörteln ihre Zellen anschließend zu (Abb. 8).

Bei den soeben betrachteten Wespen bestand die Brutfürsorge in einer reinen Nahrungsdeponierung an zumeist geschützten Orten. Es gibt jedoch einige solitäre Wespenarten, die sich den staatenbildenden Formen noch weiter nähern, indem sie ihre Jungen füttern. Bei ihnen ist also bereits der Kontakt zwischen Mutter und Kindern hergestellt.

Es war oben von einer *Ammophila*-Art die Rede, die für ihre Larven

Beutetiere in Erdhöhlen deponiert. Einige andere Arten derselben Gattung bleiben bei den Erdhöhlen und betreuen die darin heranwachsenden Larven. Nach einer gewissen Zeit, wenn zu erwarten ist, daß die aus dem Ei geschlüpfte Larve ihre erste Nahrung aufgezehrt hat, öffnet die Mutter die Höhle und gibt der Larve ein neues Beutetier. Von nun an öffnet sie die Höhle jeden Tag und holt, falls nötig, neue Beute. Sie betreut auf diese Weise drei Höhlen, also drei Larven zugleich. Das ist um so erstaunlicher, als diese Höhlen zu verschiedenen Zeiten angelegt und mit einem Ei versehen wurden und demgemäß verschieden weit entwickelte Larven mit unterschiedlichen Nahrungsbedürfnissen enthalten.

Eine abermals weitergehende mütterliche Fürsorge finden wir bei der Wespe *Synagris cornuta.* Sie schleppt nicht nur täglich neue Beute herbei, sondern zerlegt sie und füttert ihre Larven mit kleinen Fleischbrocken ganz so, wie es die staatenbildenden Wespen tun.

In Afrika gibt es eine Wespengattung, *Belonogaster,* deren Weibchen eine Wabe bauen, die derjenigen einer *Polistes*-Königin sehr ähnelt. Auch sie besteht aus einer Papiermasse, und das *Belonogaster*-Weibchen legt ein Ei in jede dieser Zellen. Die heranwachsenden Larven werden mit zerkleinerten Beutetieren gefüttert, und wenn die jungen Wespen schlüpfen, bleiben sie eine Zeitlang mit ihrer Mutter zusammen auf dem Nest. Im Gegensatz zu *Polistes* und anderen Staatenbildnern sind diese Jungtiere aber ausnahmslos fruchtbare Weibchen und Männchen und nicht unfruchtbare Arbeiterinnen eines Gemeinwesens. Jedoch ist auch bei ihnen bereits eine grobe Arbeitsteilung erkennbar: die jüngsten Weibchen füttern Larven, die etwas älteren holen Beute und die ältesten beschäftigen sich vorwiegend mit der Eiablage. Und auch hier scheiden Larven aus Munddrüsen Tröpfchen aus, die ihre Betreuerinnen auflecken. Nach alledem haben wir hier die direkte Vorstufe des Staatenlebens vor uns: die Gründungs-Mutter lebt lange genug, daß ihre Lebensdauer sich mit derjenigen ihrer Kinder überschneidet –, die Jungen bleiben bei ihrer Mutter und gehen eine gewisse Arbeitsteilung ein –, die Weibchen füttern nicht nur die eigenen, sondern auch andere Larven, wobei auch bereits eine Trophallaxis, also gegenseitige Fütterung, besteht.

Von hier aus ist nur ein kleiner Schritt bis zu den staatenbildenden *Polistes*-Arten. Er besteht darin, daß bei *Polistes* unfruchtbare Weibchen entstehen, die eine Arbeiterinnen-Kaste bilden. Ihr Aussehen ähnelt bei *Polistes* noch sehr dem der Königin, und auch im Verhalten zeigen beide keine deutlichen Unterschiede. Erst bei der Hornisse und den anderen Vespinen tritt zwischen der Königin und den Arbeiterinnen sowohl körperlich als auch verhaltensmäßig eine deutliche Kluft auf.

Es gibt buchstäblich tausende solitär lebender Wespenarten, die insgesamt betrachtet eine lückenlose Stufenfolge zur Staatenbildung hin erkennen lassen. Angefangen bei Arten, die ihr Ei auf eine gelähmte Beute ablegen und beide am Fundort sich selbst überlassen – über solche, die für ihre Larven Zellen bauen und sie mit Proviant versehen oder gar füttern – bis hin zu jenen, die in selbstkonstruierten Papiernestern leben und mit Ausnahme einer Arbeiter-Kaste schon alle Merkmale der Staatenbildung zeigen, führt ein langer und verschlungener Weg. Wahrscheinlich sind die hier soeben dargestellten Entwicklungsstufen in der genannten Reihenfolge nicht völlig identisch mit dem Weg, den die Entwicklung der Vorfahren unserer staatenbildenden Wespen wirklich nahm. Gleichwohl geben sie uns einen Eindruck davon, wie dieser Weg ausgesehen haben könnte.

Innerhalb der Evolution der staatenbildenden Wespen gibt es aber noch einen Schritt, der uns besonders interessiert. Vom menschlichen Standpunkt aus würden wir sagen, es ist ein Schritt zurück; vom Standpunkt der Wespen aus handelt es sich dagegen um eine einfache erfolgreiche Anpassung an gegebene Umweltverhältnisse. Und zwar sind einige Wespenarten zu Parasiten geworden, die ihre Jungen von den Arbeiterinnen einer anderen Wespenart aufziehen lassen. Sie haben sich so sehr an ihr Schmarotzerleben angepaßt, daß sie gar keine eigenen Arbeiterinnen mehr besitzen. Ihr Volk besteht nur mehr aus fruchtbaren Weibchen und Männchen. Die Wirtswespen sind stets nahe Verwandte der Schmarotzerwespen. So parasitiert zum Beispiel in Mitteleuropa *Vespula austriaca* bei *V. rufa*. Die Königin der Schmarotzerart dringt in das Nest der Wirtsart ein und legt ihre Eier in deren Zellen ab. Ihre Larven werden von den arglosen Arbeiterinnen des Wirtsstaates aufgezogen. Man kennt die Vorgänge, die sich im Wirtsnest abspielen, nicht genau; jedenfalls dauert es nicht lange, bis aus den Zellen nur noch wenige Arbeiterinnen und Männchen des Wirtsvolkes und um so mehr Weibchen und Männchen der Parasitenwespe schlüpfen. Offenbar wird die angestammte Königin von der Parasitenkönigin getötet. Mit ihrem Tod reißt auch der Zustrom an angestammten Arbeiterinnen ab. Schließlich besteht die Bevölkerung nur mehr aus Weibchen und Männchen der Schmarotzerwespe. Diese verlassen das Nest und kopulieren. Die befruchteten Weibchen begeben sich nach ihrer Überwinterung von neuem auf die Suche nach einem Nest ihrer Wirtsart, das sie zu ihrem eigenen machen können.

IV

Ein Staat für einen Sommer

Worin liegen eigentlich für die Wespe die Vorteile eines Gemeinschaftslebens? Der Zusammenschluß zu Staaten ermöglicht es den Wespen, Energie zu sparen und ihre Leistungen zu erhöhen. Die Eiproduktion ist auf wenige Individuen im Nest beschränkt, wodurch sich alle übrigen Weibchen als Arbeiterinnen anderen Aufgaben widmen können. Hinzu kommt, daß die Arbeiterinnen die geringste Nahrungsmenge und die kürzeste Entwicklungszeit aller Kasten benötigen und damit am „billigsten herstellbar" sind. Es können also bei gleichem Energieaufwand viel mehr Arbeiterinnen als Königinnen produziert werden. Durch Beschränkung der Eiablege-Tätigkeit auf wenige aufwendig lebende Mitglieder sowie der Entwicklung solcher Mitglieder auf eine kurze Zeitspanne wird ein maximaler Spareffekt erreicht. Ähnlich ist das zahlen- und zeitmäßig eng begrenzte Auftreten der Männchen zu beurteilen. Diese werden im Sommer, meist Ende Juli, Anfang August erzeugt, wenn sie gebraucht werden. Ihre Lebensdauer beträgt im Falle, daß sie zur Kopulation gelangen, nur wenige Tage, sonst einige Wochen, so daß sie dem Staat nicht lange zur Last fallen. Des weiteren verschafft das Leben im Staatenverband allen Bewohnern einen größeren Schutz. Um wieviel besser sind die von stachelbewehrten Arbeiterinnen umgebenen Larven der staatenbildenden Wespen geschützt als die ganz allein auf sich gestellten Larven der solitären Arten!

Das Endergebnis aller dieser Vorteile des Staatenlebens besteht in einer starken Zunahme der Individuenzahl und damit auch der Zahl der Königinnen. Je zahlreicher aber die Königinnen sind, um so besser ist die Existenz der Wespenart gesichert. Unter diesem Gesichtspunkt betrachtet, ist die Tätigkeit der staatenbildenden Wespen zweifellos höchst erfolgreich. Das Vorteilhafte an ihrer Lebensweise erkennen die Wespen natürlich selbst nicht. Warum leben sie dann aber auf diese Weise oder mit anderen Worten: wodurch werden diese Individuen zu einem Staatswesen? Niemand kann diese Frage heute sicher beantworten; doch könnte eine der Ursachen die ... Gefräßigkeit sein!

Die Trophallaxis oder gegenseitige Fütterung unter Nestangehörigen wurde bereits erwähnt. Bei den Wespen besteht sie in der Aufnahme eines von den Larven ausgeschiedenen Saftes durch ihre Ammen, die Arbeiterinnen. Der Saft wird von Lippendrüsen der Larven hergestellt. Das sind dieselben Drüsen, die den verpuppungsreifen Larven den Seidenfaden zum Spinnen des Puppenkokons liefern sowie bei den adulten Wespen wiederum einen Sekretsaft, wahrscheinlich zur Verdauung, produzieren. Die Larve scheidet einen Tropfen des Saftes aus, sobald ihr von einer Arbeiterin ein Nahrungsbrocken angeboten wird. Es sieht so aus, als sei die Arbeiterin ganz begierig darauf, denn zuweilen stößt und zwickt sie die Larve so lange, bis sie einen Tropfen der begehrten Flüssigkeit erhält, obwohl sie in diesem Augenblick keinen Gegenwert dafür zu bieten hat. Ja, es wird sogar berichtet, daß Larven, die nicht schnell genug Saft erzeugen, von den Arbeiterinnen am Kopf gepackt, ein Stück aus ihrer Zelle herausgezogen und wieder unsanft zurückgestoßen wurden.

Man nimmt an, daß der Larvensaft süß ist und daher von den erwachsenen Wespen als Genußmittel begehrt wird. Eine sich hierauf stützende Hypothese sieht in dieser Verteilung eines Genußmittels eine der Ursachen für den Zusammenschluß der Wespen-Individuen zu einem Staatengebilde. Nach einer anderen Auffassung aber wird die larvale Ausscheidung gar nicht von den Arbeiterinnen begehrt, sondern einfach entfernt, um das Nest sauber zu halten. Das Auflecken der Tröpfchen wäre danach eine hygienische Maßnahme. Für diese Meinung würden Versuche sprechen, die man bei einer *Vespula*-Art anstellte. Hier zeigten adulte Wespen an Larvensaft, der ihnen unabhängig von den Larven gereicht wurde, kein Interesse. Allerdings könnte dieses Ergebnis darauf beruhen, daß der Larvensaft nur für Arbeiterinnen eines bestimmten Lebensalters von Bedeutung ist, die Versuchstiere jedoch bereits über dieses Alter hinaus waren bzw. es noch nicht erreicht hatten.

Daß die Trophallaxis nicht bei allen Staatenbildnern von Bedeutung ist, zeigen einige staatenbildende Bienenarten. Sie haben überhaupt keinen Kontakt mit ihren Larven, die – mit Nahrung wohlversorgt – sich in verschlossenen Zellen entwickeln. Wir sind uns also noch nicht einmal über die Grundfaktoren, die eine Masse von oft vielen tausend Individuen zu einem Staat verbinden, einigermaßen im klaren.

In den gemäßigten Breiten kommt im Laufe des Jahres der Zeitpunkt, an dem der Wespenstaat zusammenbricht. Es wurde bereits bei der Hornisse erwähnt, daß zum Sommerende, wenn der Staat gewissermaßen seine Früchte in Form der Königinnen und Männchen hervorgebracht hat, das Verhalten der Arbeiterinnen sich oft ändert. Sie lassen die Larven einfach verhungern oder fressen sie gar auf. Worauf das beruht, ist noch nicht geklärt. Möglicherweise tritt gegen Ende des Sommers ein allgemeiner

Mangel an Beuteinsekten ein, der es den Arbeiterinnen unmöglich macht, die Larven ausreichend zu versorgen, woraufhin die Larven wieder nicht mehr imstande sind, die verlangten süßen Sekrete zu erzeugen. Als Folge des Alterns oder des Todes der Königin vermindert sich oder erlischt zu diesem Zeitpunkt auch der stabilisierende Einfluß, den die Königin in psychologischer und physiologischer Hinsicht auf das Volk ausübt. Diese Veränderung könnte sehr wohl an der Auflösung des Staatsgefüges beteiligt sein. Ebenso möglich erscheint es, daß die Arbeiterinnen infolge veränderter Nahrung oder herabgesetzter Umgebungstemperatur oder noch anderen Faktoren nicht mehr in der Lage sind, gewisse Verdauungssekrete herzustellen, die von den Larven direkt oder als Bestandteil der Fleischnahrung benötigt werden. Der Mangel an solchen Sekreten oder die Änderung ihrer Zusammensetzung könnten zum Tode oder zu anormaler Entwicklung der Larven führen. Wir werden später bei anderen staatenbildenden Insekten sehen, daß Sekrete, die durch Trophallaxis innerhalb der Gemeinschaft weitergereicht werden, eine wichtige Rolle bei der Regulierung des Staatsgefüges spielen. Es ist wahrscheinlich, daß der gleiche Effekt auch für die Wespen zutrifft.

Wir sahen, daß erst mit der Entstehung von Arbeiterinnen die Wespen zu voll staatenbildenden Insekten wurden. Hierin liegt ein weiteres Rätsel. Wie entstand diese Kaste? Warum sind die von einem fruchtbaren Weibchen, der Königin, hervorgebrachten weiblichen Nachkommen nicht auch echte fruchtbare Weibchen? Man könnte die Ursache in einer unzureichenden Ernährung suchen. Wenn die Königin das Gründungsnest baut, ist sie außerordentlich stark beschäftigt. Sie muß nicht nur in zunehmendem Maße Beutetiere eintragen, um damit die Larven zu füttern, sondern auch Eier produzieren, die Zellwände laufend vergrößern (da ja die Eier bereits in die noch nicht fertigen Zellen abgelegt werden), die Nestwand erweitern und schließlich sich selbst mit Nahrung versorgen. Es wäre daher nicht überraschend, wenn die erste Brut unterernährt bliebe und aus ihr Weibchen mit unterentwickelten Fortpflanzungsorganen hervorgehen würden.

Diese Überlegung erscheint in bezug auf die erste Brut einleuchtend. Sobald aber aus ihr die ersten Arbeiterinnen hervorgegangen sind, übernehmen diese den Nestbau und die Nahrungsversorgung der Brut. Es besteht kein Grund zu der Annahme, daß sie die Larven hungern ließen. Trotzdem entstehen auch weiterhin bis in den Spätsommer hinein nur unterentwickelte Arbeiterinnen. Vielleicht führt die Abgabe von Larvensekreten zur Entstehung dieser Kaste? Wie erwähnt, werden die Larven von den Arbeiterinnen zu häufigen Sekretabgaben veranlaßt und müssen dabei vielleicht auch einen wesentlichen Teil der erhaltenen Nährstoffe wieder an die älteren Nestbewohner zurückgeben. Es wäre möglich, daß ein so starker Nährstoffentzug eine Unterernährung der Larven zur Folge haben und die Entstehung normal entwickelter Weibchen verhindern könnte. Wieso entwickeln sich dann aber im Spätsommer plötzlich aus einem Teil der Larven fruchtbare Weibchen, also Königinnen? Sicher ist, daß zu diesem Zeitpunkt viel mehr Arbeiterinnen als Larven im Nest vorhanden sind und man eigentlich erwarten müßte, daß die Larven jetzt durch zu hohe Sekretabgaben besonders stark geschwächt würden. Wird vielleicht zu dieser Zeit das Angebot an Nektar und anderen süßen Stoffen außerhalb des Nestes so reichlich, daß die Arbeiterinnen das süße Larvensekret nicht mehr oder nur noch in geringerem Maße benötigen? Vielleicht gibt ein reiches Angebot der Natur an kohlenhydratreicher Nahrung im Wespenstaat das Zeichen zur Erzeugung von Sexualformen.

Bei den Vespinen werden gegen Sommerende übergroße Königin-Zellen gebaut. Die Größe dieser Zellen könnte die Arbeiterinnen dazu bestimmen, die darin heranwachsenden Larven öfter oder mit einer abweichenden Nahrung zu füttern. Jedoch kommen anormal große Zellen nur bei einigen der am höchsten entwickelten Wespenarten vor. In *Polistes*-Nestern gibt es sie nicht. Wodurch wird aber bei den Vespinen-Arbeiterinnen der Trieb ausgelöst, plötzlich größere Zellen zu bauen?

Auch noch an einige andere Faktoren wäre im Zusammenhang mit der Kastenbildung zu denken. So könnten von den Arbeiterinnen der Larvennahrung Sekrete beigemischt werden, die darüber bestimmen, ob Arbeiterinnen oder Königinnen entstehen. Weiterhin haben Experimente gezeigt, daß aus den Larven Königinnen wurden, wenn man die fütternden Arbeiterinnen Tag und Nacht warm hielt. Dagegen hatte die Temperatur auf die Larven selbst keinen gestaltenden Einfluß. Es mag daher sein, daß auch im Freiland die Temperatur über die Sekretbildung der Arbeiterinnen Einfluß auf die Kastenbildung nimmt.

Bisher haben wir einen anderen wichtigen, wenn auch kurzlebigen Bestandteil des Staatsgefüges der Wespen nur ungenügend berücksichtigt: die Männchen. Sie entwickeln sich aus unbefruchteten Eiern, während hingegen die Arbeiterinnen und Königinnen befruchteten Eiern entstammen. Wenn im Spätsommer die junge Königin begattet wird, füllt sich ihr Spermienbehälter mit Samenfäden, die für ihre gesamte nächstjährige Eiablage ausreichen. Während der Eiablage entscheidet die Königin darüber, ob ein Ei befruchtet wird und sich zu einem Weibchen entwickelt oder unbefruchtet bleibt und ein Männchen ergibt. Im ersten Fall führt sie dem Ei aus ihrem Sammelbehälter Spermien zu, im zweiten Fall nicht.

Die Arbeiterinnen werden nicht begattet, können jedoch unter besonderen Umständen, wenn zum Beispiel die Königin stirbt, Eier ablegen. Aus solchen unbefruchteten Eiern gehen nur Männchen hervor. Normalerweise entstehen die Männchen jedoch aus den unbefruchtet bleibenden Eiern der Königin, die diese zu einer bestimmten Zeit ablegt, dann nämlich, wenn sich auch die neuen Königinnen entwickeln. Es ist interessant und zugleich weiter verwirrend, daß bei Wespenarten, welche große Königinnenzellen bauen, die Männchen entweder in einem Teil dieser oder in normal großen Zellen oder auch in beiden zugleich entstehen. Die Entwicklung von Königinnen und Männchen bildet den Höhepunkt des Staatenlebens der Wespen, zumindest in den gemäßigten Klimaregionen. Wie wir sahen, ist die Erklärung für die Entstehung von Königinnen wohl in einer besonders zubereiteten Larvennahrung zu suchen. Wie die Männchen entstehen, ist bekannt, nämlich aus unbefruchteten Eiern. Was die Königin aber dazu veranlaßt, gerade zu diesem Zeitpunkt unbefruchtete Eier abzulegen, wissen wir noch nicht.

Insgesamt betrachtet, ist also noch relativ wenig über die Wespen bekannt. Man weiß zwar im allgemeinen wie sie leben, aber nicht warum sie so leben. Die Wespenarten der gemäßigten Breiten waren bisher am häufigsten Gegenstand von Untersuchungen, einfach, weil es dort die meisten Entomologen gibt. Obgleich die Wespen wahrscheinlich aus tropischen Gebieten stammen und in den Tropen heute viele und besonders interessante Arten leben, wissen wir über diese bisher sehr wenig.

Ganz sicher sind Wespen nicht gerade die einfachsten Studienobjekte. Es ist für den Entomologen leichter, Fruchtfliegen zu züchten, mit im Wasser lebenden Mückenlarven zu experimentieren oder die an einem Kadaver lebenden Aaskäfer zu untersuchen als herauszufinden, was in der Dunkelheit eines Hornissennestes oder gar eines unterirdischen Wespenstaates vor sich geht.

Zeit, Geduld, Scharfsinn und eine Portion Mut sind zum Studium der Wespen notwendig. Mut muß man haben, weil die Wespen natürlich zum Schutz ihrer Nester den Beobachter angreifen. Vielleicht war es ein Wespenforscher, der aus Erfahrung den Satz prägte: „Stich nicht in ein Wespennest!“ Und das ist genau der Satz, von dem wir bei unserer Betrachtung der Wespen ausgingen.

TEIL 2 · DIE BIENEN

V

Der Weg zum sozialen Leben

Gott versprach den Kindern Israels ein „Land, wo Milch und Honig fließt“. Eine der tiefsten und weitreichendsten Verheißungen wurde damit an den Namen eines Insektenprodukts, des Honigs, geknüpft. Die große Wertschätzung, die der Honig und die ihn erzeugenden Bienen schon in frühen Zeiten genossen, geht bereits daraus hervor, daß von ihnen an mehreren Stellen der Bibel die Rede ist. Spricht man von „Bienen“, meint man im allgemeinen die staatenbildenden Honigbienen. Es gibt nur vier Arten staatenbildender, Honig erzeugender Bienen, von denen wiederum nur zwei Arten vom Menschen domestiziert wurden. Die Welt ist aber voll von Bienen; es sind mehrere tausend Arten bekannt. Die große Mehrheit davon lebt – ebenso wie wir das bei den Wespen sahen – solitär. Einige Arten haben es zu halbsozialer Lebensweise gebracht und nur sehr wenige zur Staatenbildung.

Die Bienen (Apidae) sind nahe verwandt mit den Sphecidae, einer Familie solitärer Wespen. Es wird angenommen, daß am Stammbaum der Hymenopteren beide Zweige, Apiden und Spheciden, zu einem Ast zusammenlaufen, mit anderen Worten, daß beide Familien gemeinsame Vorfahren gehabt haben.

Der grundlegende Unterschied zwischen den Wespen und den Bienen besteht darin, daß die Bienen durchwegs reine Vegetarier sind. Die Wespen – von wenigen Ausnahmen abgesehen – füttern ihre Jungen mit Beutetieren, die sie entweder lähmen und deponieren oder töten und dann zerlegen und einspeicheln. Die adulten Wespen lecken Blütennektar oder süße Säfte verschiedener Herkunft und vervollständigen diese Diät durch Fleischsäfte von ihren Beutetieren. Bienen aller Arten dagegen – solitäre, halbsoziale und staatenbildende – leben völlig von Nektar und Blütenstaub (Pollen). In Anpassung an diese Lebensweise hat ihr Körper verschiedene Spezialeinrichtungen entwickelt. Zu ihnen gehört die Umwandlung der Mundwerkzeuge in eine lange zungenähnliche Saugrinne (Proboscis), mit deren Hilfe die Biene Nektar vom Grund tiefer Blüten heraufholen kann. Weiterhin besitzt sie zahlreiche, zuweilen verästelte, Körperhaare, die zum Auffangen und Festhalten des Blütenstaubs dienen. Nicht selten haben Bienen auch besondere Einrichtungen an den Beinen oder am Hinterleib zum Transport größerer Mengen Blütenstaub. Und schließlich entwickelten sie hochkomplizierte Verhaltensweisen, die sie befähigen, den Blütenstaub und den Nektar zu verwerten und darauf ihre Arterhaltung zu gründen.

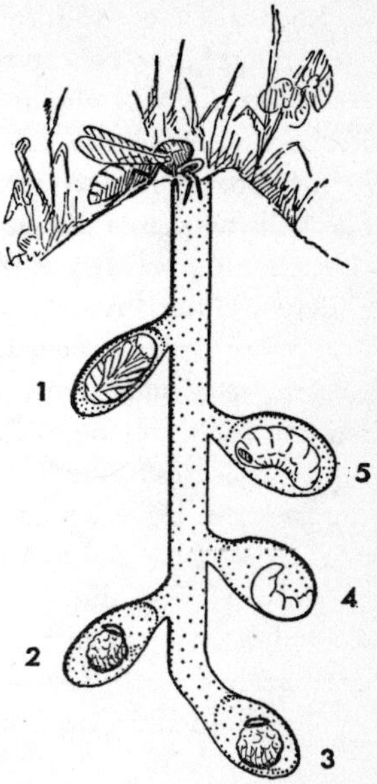

Abb. 9. Bau einer Erdbiene der Gattung *Andrena*. 1. Puppe; 2. u. 3. Pollenkugeln mit je einem Ei; 4. u. 5. Larven in verschiedenen Entwicklungsstadien. Sobald die aus den Eiern geschlüpften Larven den Pollenvorrat verzehrt haben, werden sie in ihrer offen bleibenden Erdzelle bis zur Verpuppung von ihrer Mutter gefüttert. Nach KRAEPELIN aus HESSE-DOFLEIN.

Wir können bei den solitären Bienen in ähnlicher Weise wie bei den solitären Wespen eine Stufenfolge zum sozialen Leben erkennen. Bei den primitivsten Solitärbienen kopuliert das Weibchen, baut einige Zellen, versieht sie mit Nahrung, legt je ein Ei hinein, verschließt sie und verläßt den Ort. Sie lernt ihre Nachkommen nicht kennen. In den meisten Fällen ist sie bereits tot, wenn ihre Nachkommen aus den Zellen schlüpfen.

Jedoch besteht zwischen jenen Wespen und Bienen, die in der soeben skizzierten Art der Brutfürsorge übereinstimmen, ein wichtiger Unterschied. Die Zellen werden von den Wespen mit Fleisch, also mit gelähmten Spinnen und Insekten, von den Bienen dagegen mit einer Mischung aus Pollen und Nektar versehen. Die Bienen formen zu diesem Zweck kleine Kugeln aus Pollen und befeuchten sie mit Nektar. Der Pollen enthält das für das Wachstum notwendige Eiweiß. Ist die Larve in der Zelle erwachsen, verpuppt sie sich und schlüpft wenig später als adulte Biene, oder aber sie verharrt in einem Vorpuppenstadium bis zum folgenden Frühjahr, um sich erst dann zu verpuppen. Welche der beiden Möglichkeiten sie verwirklicht, hängt von der Art und der Jahreszeit ab.

Ebenso wie die solitären Wespen wählen auch die solitären Bienen für die Anlage ihrer Nester sehr verschiedene artspezifische Orte und schöpfen dabei die Vielfalt ihrer Umgebung aus. Viele Bienenarten höhlen im Erdboden eine Reihe von Zellen aus, in denen sich ihre Jungen entwikkeln (Abb. 9). Andere arbeiten nicht in, sondern mit der Erde: sie formen oberirdische Zellen aus Bodenpartikeln unter Zuhilfenahme von Speichel. Diese Zellen werden einzeln oder in Gruppen an Felsen, Mauern und anderen Unterlagen angeheftet. Man bezeichnet Arten, die auf solche Weise ihre Zellen bauen, als Maurerbienen.

Andere Bienenarten machen Gebrauch von bereits vorhandenen Spalten und Hohlräumen in Pflanzen, Mauern oder Hölzern. Einige benutzen sogar ein leeres Schneckenhaus als Zelle. Sie deponieren darin einen Nahrungsvorrat, legen ein Ei dazu und verschließen die Öffnung des Schnekkenhauses. Eine Artengruppe, die ihre Nester in hohle Pflanzenstengel hineinbaut, sind die Blattschneider-Bienen. Mit großer Kunstfertigkeit schneidet diese Biene mit ihren Mandibeln gleichmäßig geformte ovale oder kreisrunde Stücke aus Laub- oder Blütenblättern und fliegt damit zu dem hohlen Stengel, in dessen Wand sie bereits ein Eingangsloch geschnitten hat. Aus mehreren Blattabschnitten baut sie nun innerhalb des Stengelhohlraumes eine fingerhutförmige Zelle, die mit Nahrung und einem Ei versehen wird. Sodann fügt sie noch weitere gleichartige Zellen dazu, ehe sie die Stengelöffnung mit Blattabschnitten verschließt (Abb. 10). Nach getaner Arbeit verläßt sie den Ort.

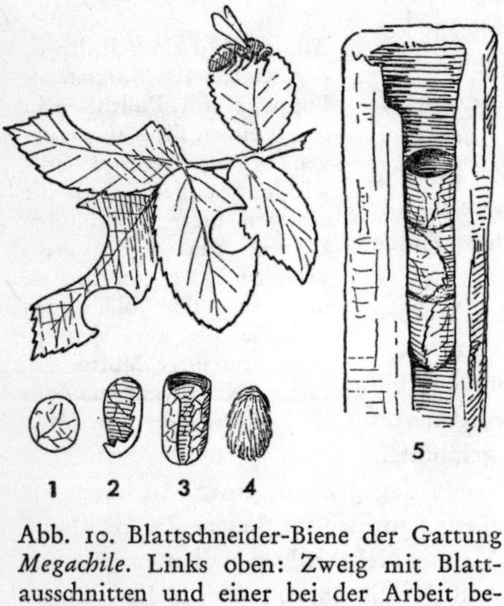

Abb. 10. Blattschneider-Biene der Gattung *Megachile*. Links oben: Zweig mit Blattausschnitten und einer bei der Arbeit befindlichen Blattschneider-Biene; 1. aus einem Blatt geschnittenes Deckelstück einer Zelle; 2. Seitenstück; 3. fertige Zelle; 4. Puppenkokon; 5. im Bau befindliches, aus 3 Zellen bestehendes Nest in hohlem Pflanzenstengel.

Das Bauhandwerk ist unter den solitären Bienen weit verbreitet. Außer den erwähnten Höhlengräbern und Maurern gibt es auch noch Zimmerer. Man bezeichnet als Zimmerer-Bienen solche Arten, welche Gänge ins Holz fressen und darin Zellen für ihre Larven unterbringen. Zu dieser Gruppe gehören einige der größten Bienenarten, die 2 bis 3 cm Länge erreichen können und oft wegen ihrer plumpen Gestalt mit Hummeln verwechselt werden. Hat das Weibchen einer Zimmerer-Biene einen Tunnel in das Holz getrieben, legt es eine Nahrungskugel und ein Ei an das Tunnelende. Dann trennt es diesen hinteren Teil des Tunnels mit einer Wand aus Holzspänen ab, wobei es wahrscheinlich auch Harzausscheidungen des Baumes mit zum Bau der Trennwand verwendet. Nunmehr deponiert es erneut eine Nahrungskugel und ein Ei am Gang-Ende und zieht eine zweite Trennwand. Das wiederholt sich so oft, bis der Tunnel in eine Folge von Zellen aufgeteilt ist. Danach verschließt die Zimmerer-Biene den Eingang und überläßt das Nest seinem Schicksal. Wenn die jungen Bienen in ihren Zellen geschlüpft sind, müssen sie sich durch die Trennwände hindurch ins Freie beißen.

Für die Grab-, Maurer- und Zimmerer-Tätigkeit der Bienen ist nicht wie beim Menschen das männliche Geschlecht zuständig, sondern ausschließlich das weibliche. Da nur die Weibchen Eier ablegen, fühlen auch nur sie instinktiv die Notwendigkeit, dafür Nester herzustellen. Die Männchen haben die alleinige Aufgabe, die Weibchen zu begatten. Ist dies geschehen, spielen sie keine Rolle mehr für die Existenz der Art und sterben ab. Aus den Eiern aber, die das Weibchen ablegt, entwickeln sich junge Weibchen und Männchen als ein Glied der unendlichen Kette von Generationen, aus denen die Art besteht.

Manche Solitärbienen haben die eigenartige Tendenz, ihre Zellen möglichst in der Nähe der Zellen anderer Artgenossen anzulegen. So bauen die Weibchen einiger Maurer-Bienen ihre Zellen oft so dicht beieinander, daß an einer Mauer umfangreiche Zellanhäufungen entstehen. Auch erdnistende Bienen können ihre Einzelhöhlen so dicht zusammenlegen, daß das Bild einer unterirdischen Siedlung entsteht. Man glaubt auf den ersten Blick eine staatenbildende Art vor sich zu haben, deren Arbeiterinnen eifrig bei der gemeinsamen Bauarbeit sind. Die Gründe dieser engen Nachbarschaft sind nicht sicher bekannt. Manchmal mag es an geeigneten Nistplätzen mangeln, so daß die Bienen zum Zusammenrücken ihrer Zellen gezwungen sind. Oft müssen aber andere Gründe vorliegen. Vielleicht kehren die Weibchen nach ihrer Überwinterung zu jener Niststelle zurück, in der sie geboren wurden? Nach einer anderen Auffassung soll es der Körperduft sein, der die Individuen gegenseitig anlockt. Wir aber fragen uns unabhängig von allen wissenschaftlichen Erklärungen, ob hierin nicht vielleicht schon der Schimmer einer sozialen Lebensweise zum Ausdruck kommt.

Unter den solitären Bienen, die derartige Anhäufungen oder Aggregationen bilden, befinden sich auch Arten der Unterfamilie Halictinae der Familie Halictidae. Die Halictinen sind besonders interessant, weil man hier im Prinzip alle Entwicklungsstufen von der solitären Lebensweise bis zur Staatenbildung in ein- und derselben Unterfamilie findet. Da gibt es zunächst Halictinen, die in Aggregationen der soeben genannten Form leben. Ihre Vereinigung ist nur scheinbar. In Wirklichkeit gleicht jede ihrer Zellen einer Insel in einem inselreichen Meer. Andere Arten sind bereits einen Schritt weitergegangen, indem mehrere Weibchen zusammen eine Höhle bauen, in der sie unabhängig voneinander ihre Zellen unterbringen. Der gemeinsame Höhlenbau bedeutet zweifellos eine Arbeitsersparnis. Die nächsthöhere Stufe haben einige Halictinen-Arten erklommen, die nicht nur eine gemeinsame Höhle anfertigen, sondern auch innerhalb dieser bei der Anlage und Versorgung der Zellen zusammenarbeiten. Sie organisieren sogar einen Wächterdienst: eines der Weibchen steht jeweils im Eingang der Höhle Wache und zwar derart, daß ihr Kopf gerade die Öffnung abschließt. Das schreckt andere Insekten ab, die es auf das Nest abgesehen haben. Sobald eine Artgenossin die Höhle betreten oder verlassen will, bewegt sich die Wächterin ein Stück zurück und gibt die Öffnung frei. Auf diese Weise genießt das Nest einen wirksamen Schutz, der so lange anhält bis alle Zellen fertig gebaut und mit Nahrung sowie Eiern versehen sind.

Bei der Halictine *Augochloropsis sparsilis* können sogar einige Weibchen während des ganzen Sommers bei der gemeinsamen Höhle bleiben und sie bewachen, nachdem zuvor eine Arbeitsteilung zwischen Eier legenden, Zellen bauenden, Nahrung holenden und die Larven fütternden Weibchen praktiziert worden war. Allerdings handelte es sich dabei um eine Aufteilung von Arbeiten innerhalb adulter Bienen, die nicht von derselben Mutter zu stammen brauchen. Das ist zur Beurteilung der Lebensweise dieser Bienenart wichtig. Bei einer echten Staatenbildung sind ja, wie wir bereits feststellten, alle Bewohner Kinder derselben Mutter. Der von dieser Halictinen-Art beschrittene Weg in Richtung zum sozialen Leben unterscheidet sich somit wesentlich von dem der staatenbildenden Insekten.

Halictus malachurus schließlich hat die oberste Stufe, die Staatenbildung, wirklich erreicht. Das Weibchen dieser europäischen Art beginnt im Frühjahr, nach der Überwinterung, mit dem Nestbau in einer bereits vorhandenen oder erst von ihm gegrabenen Höhle. Manchmal finden sich auch zwei oder drei Weibchen zum gemeinsamen Höhlenbau zusammen. Anschließend gräbt aber jedes Weibchen seine eigenen Zellen innerhalb der Höhle in die Erde und versieht sie mit Nahrung aus Pollen und

Nektar sowie mit je einem Ei. Bis hierher stimmt ihre Lebensweise noch mit den solitär lebenden Halictinen überein. Neu und entscheidend anders ist nun aber, daß das Weibchen sich auch dann noch im Nest befindet, wenn die jungen Bienen schlüpfen. Diese sind ausnahmslos Weibchen, aber etwas anders als ihre Mutter gefärbt; auch sind sie größer. Man hat sie deshalb früher, als man den Zusammenhang noch nicht kannte, als Angehörige einer anderen Gattung betrachtet. Ein weiterer Unterschied zu ihrer Mutter ist jedoch viel wichtiger: sie sind geschlechtlich unterentwickelt und können daher nicht begattet werden. Zur Zeit ihres Schlüpfens sind auch gar keine Männchen da, von denen sie begattet werden könnten. Es handelt sich bei diesen jungen Weibchen also um eine eigene Kaste, um Arbeiterinnen, die neue Zellen bauen und sie versorgen, während ihre Mutter sich auf die Eiablage beschränkt. Was schließlich dabei herauskommt, ist ein sehr kleiner „Staat“, der manchmal nur aus der Königin und wenigen Dutzend Larven und Arbeiterinnen besteht. Gegen Ende des Sommers legt die Königin Eier, die sich zum Teil zu Männchen, zum anderen Teil zu neuen Königinnen entwickeln. Sobald sie geschlüpft sind, schwärmen sie aus und kopulieren paarweise, in der Regel mit Partnern aus anderen Nestern. Die befruchteten Königinnen suchen sich ein Überwinterungsversteck. Die alte Königin sowie die Männchen und Arbeiterinnen sterben im Herbst ab.

Ein eigenartiges Nebengleis der Staatenbildung repräsentiert die neuweltliche Halictine *Lasioglossum marginatum,* die in Gebieten mit milden Wintern lebt und deren Staaten in der Regel mehrere Jahre alt werden. Die nestgründende Königin legt bis zu vier Jahre hintereinander nur solche Eier ab, aus denen Weibchen hervorgehen und zwar normale fruchtbare Weibchen. Diese fungieren als Arbeiterinnen. Erst in ihrem letzten Lebensjahr sorgt die Königin für die Entstehung von Männchen. Es wird berichtet, daß das zu diesem Zeitpunkt verschlossene Nest nach dem Schlüpfen der Männchen geöffnet wird. Die Männchen verlassen das Nest und dringen in andere Nester ein, um die darin befindlichen fruchtbaren Arbeiterinnen zu begatten, die dadurch zu Königinnen werden. Derartige Staaten sterben ab; nur die Königinnen überwintern. In jenen Nestern indessen, in denen die Königin im Herbst keine Männchen erzeugte und deren Öffnung daher verschlossen blieb, überwintern die Königinnen zusammen mit ihren Töchtern und leben von eingetragenen Vorräten.

Wir haben soeben die Entwicklung zur sozialen Lebensweise, so wie sie sich unseren Augen heute zeigt, bei einigen Bienenarten der Unterfamilie Halictinae kennengelernt. Einige interessante Abweichungen hierzu finden wir bei Vertretern der zur Familie der Apidae, Unterfamilie

Xylopinae, gehörenden Gattung *Allodape*. Hier baut das Weibchen sein Nest in den Hohlraum einer Pflanze und legt seine Eier darin ab, jedoch nicht wie üblich in getrennten Zellen, sondern nebeneinander in Form eines kleinen Eiteppichs. Wenn die Larven schlüpfen, liegen sie also alle zusammen im selben Hohlraum. Je nach der Bienenart ernähren sich die Larven von deponierter Pollen-Nahrung oder werden als junge Larven in kurzen Abständen mit weicher Kropf-Nahrung und als ältere Larven mit fester Nahrung versorgt, sei es in Form eines Vorrats oder laufender Fütterung. So zeigen die *Allodape*-Arten also ein in Richtung zum Gemeinschaftsleben fortschreitendes Ernährungsverhalten und unterscheiden sich darin von der Deponierung der Nahrung, wie sie bei anderen solitären und halbsozialen Arten üblich ist. Im Gegensatz zu *Halictus* oder zu rein solitären Bienen, deren Larven sich in verschlossenen Zellen entwickeln, gibt es bei *Allodape* einen körperlichen Kontakt zwischen älteren und jüngeren Tieren. Wenn die jungen Weibchen schlüpfen, bleiben sie beisammen und verrichten alle Arbeiten gemeinsam: Nestbau, Nahrungssuche, Füttern und Eiablage. Es gibt bei ihnen also keine Königin, denn alle Weibchen legen Eier ab; und es gibt bei ihnen keine echten Arbeiterinnen, denn alle fruchtbaren Weibchen beteiligen sich am Nestbau und an der Fütterung. Diese Bienen sind damit als halbsozial einzustufen, da sie noch keine Arbeitsteilung zeigen.

Alle die soeben betrachteten, im allgemeinen kleinen und unscheinbaren Bienen mit solitärer, halbsozialer oder vereinzelt auch staatenbildender Lebensweise erregen beim Menschen nur geringes Interesse. Das ist anders bei der sehr auffälligen und allbekannten Bienengattung *Bombus*, den Hummeln.

VI

Von Pollenstaplern und Taschenmachern

Die Hummeln gehören zu den imposantesten Erscheinungen nicht nur unter den Hymenopteren, sondern unter den Insekten überhaupt. Sie erregen unsere Aufmerksamkeit, wenn sie mit ihrem dicken, zottig behaarten Körper schwerfällig und mit brummendem Geräusch von Blüte zu Blüte fliegen. Gewöhnlich sind sie auffällig schwarz-gelb oder schwarzweiß gefärbt. Hummeln sind imstande, höchst ungenehm zu stechen, doch machen sie davon nur selten Gebrauch, ausgenommen: man kommt ihrem Nest zu nahe. Wir arbeiteten einmal zu mehreren Personen etwa vier Stunden lang daran, ein Hummelnest auszugraben. Während dieser Zeit erhielt zwar nur einer von uns einen Hummelstich, jedoch half uns dabei ein Junge, der mit einem Schmetterlingsnetz ständig die uns zu nahe kommenden Hummeln wegfing. Auch hatten wir die im Nest verbliebenen Tiere mit Chloroform betäubt. Und trotz alledem suchten wir oft genug das Weite, wenn uns Hummeln angriffen.

Die Hummeln sind staatenbildend. Sie haben eine Staatsform entwickelt, die höher steht als die der Halictinen, jedoch tiefer als die der stachellosen Bienen und der Honigbienen. Es gibt Hummeln in Europa, Asien, Nord- und Südamerika sowie in Afrika nördlich der Sahara, nicht aber in Australien. In den gemäßigten Regionen sind sie häufiger als in den Tropen. Sogar recht kalte Zonen bewohnen sie, wie zum Beispiel die südlichste Spitze Südamerikas sowie Gebiete jenseits des nördlichen Polarkreises, wo ihnen die kurze Zeitspanne des polaren Sommers genügt, um ihre einsömmrigen Staaten aufzubauen.

Entsprechend den Verhältnissen bei den staatenbildenden Wespen und einem Teil der Bienen wird auch die Hummel-Königin im Herbst begattet und überwintert anschließend. Ihr Überwinterungsversteck befindet sich gewöhnlich im Erdboden. Wenn sie im Frühling erwacht, fliegt sie eine Zeitlang von Blüte zu Blüte, um Nahrung aufzunehmen, damit ihre Eierstöcke heranwachsen. Danach sucht sie sich einen geeigneten Platz zum Nestbau.

Hummeln sind Erdbewohner, die ihr Nest im oder auf dem Erdboden bauen. Bei den unterirdisch nistenden Arten stellt die Königin entweder eine Höhle selbst her, in die sie dann trockenes Gras einträgt, oder sie verwendet einfach eine verlassene Kleinsäuger-Höhle mitsamt dem darin befindlichen Nestmaterial. Sie formt zunächst an dem aus Pflanzen oder Haaren bestehenden Material so lange herum, bis ein kugeliges Nest daraus entstanden ist. Ab und zu unterbricht sie ihre Arbeit und saugt Nektar oder frißt von den Pollen der in der Nestumgebung wachsenden Blütenpflanzen.

Infolge dieser guten Ernährung beginnt der Körper der Königin alsbald Wachs zu produzieren, der in Form dünner Schüppchen aus Bauch- und Rückendrüsen ausgeschieden wird. Die Schüppchen werden mit den Beinen zu den Mundgliedmaßen befördert, die sie kneten und verarbeiten. Das Ergebnis bildet ein Baumaterial, mit dessen Hilfe die Königin im Nestinneren zunächst einen kleinen Behälter herstellt: den Honigtopf. Danach sammelt sie Nektar, ißt einen Teil davon und speichert das übrige im Honigtopf. Der Inhalt des Topfes ist eine Reserve für die Königin bei schlechtem Wetter und dient auch den frisch geschlüpften adulten Hummeln als erste Nahrung.

Gleichzeitig mit der Anlage der Honigreserve beginnt die Königin mit dem Bau der ersten Larvenzellen, die ebenfalls aus Wachs bestehen und in der Mitte der Nesthöhlung angelegt werden. Nunmehr sammelt die Königin zusätzlich zum Nektar auch Pollen, feuchtet ihn mit Nektar an und formt daraus einen Ball, den sie in eine fertige Zelle hineinstopft. Manchmal konstruiert sie auch umgekehrt auf der Oberfläche einer solchen Pollenkugel die Zelle. In beiden Fällen belegt sie die Pollenkugel mit 6 bis 12 Eiern und verschließt die Zelle durch einen Wachsdeckel. Die Eier-Zelle ist nur ein kleines Gebilde von wenig mehr als 5 mm Durchmesser. Der Honigtopf ist mit etwa 18 mm Höhe und 12 mm Durchmesser dagegen schon erheblich größer (Abb. 11).

Abb. 11. Schematischer Schnitt durch ein Hummelnest kurz nach Baubeginn. 1. Honigtopf; 2. Pollenmasse mit einigen darauf abgelegten Eiern, die noch nicht von einer Zellenwand aus Wachs umgeben sind. Nach SLADEN aus FREE.

Nach etwa 4 bis 5 Tagen schlüpfen innerhalb der Gemeinschaftszelle die Larven und fangen buchstäblich damit an, ihr aus Pollen bestehendes Bett aufzuessen. Zusätzlich werden sie noch von der Königin gefüttert. Man kann hierbei zwei Fütterungsarten unterscheiden. Ein Teil der Hummeln, die Pollenstapler, speichern Pollen neben der Larvenzelle in gesonderten Behältern. Ihre Königin beißt ein Loch in die Larvenzelle – in einigen Fällen bleibt die Zelle auch ohne Deckel – und würgt von Zeit zu Zeit eine Mischnahrung aus Pollen und Nektar in die Zelle, so daß die Larven ständig von Nahrung umgeben sind. Die anderen Hummelarten, Taschenmacher genannt, bauen an die inneren Wände der Zelle kleine Taschen, die sie mit Pollen füllen. Hier verzehren die Larven zunächst den Pollen, auf dem sie sitzen und gehen dann zu den Pollenvorräten über, die in den Taschen enthalten sind.

In beiden Fällen wachsen die Larven schnell heran. In der Regel dauert die Entwicklungszeit der Larve nur 6 bis 7 Tage. Die Wachszelle, ursprünglich gebaut, um Pollen und Eier aufzunehmen, muß mit dem Wachstum der Larven laufend erweitert werden. Die Königin fügt zu diesem Zweck immer neue Wachsteile in die Zellenwand ein. Am Ende der Larvenentwicklung schließlich zeigt eine Reihe von Ausbeulungen in der Zellenwand an, wo die Larven sitzen (Abb. 12). Während bei den taschenbauenden Hummelarten die Larven von Anfang an in einer Gemeinschaftszelle aufwachsen, bauen einige Pollen stapelnde Arten ihren Larven zu Beginn der Entwicklung eigene Zellen, die dann später zu einer Gemeinschaftszelle verschmolzen werden.

Ebenso wie bei den staatenbildenden Wespen ist auch bei den Hummeln der Verdauungskanal der Larven noch geschlossen. Während der gesamten Entwicklungszeit verlassen keine Abfallstoffe den Larvenkörper. Gerade für die Hummellarven, die zu mehreren in einer Zelle leben und ständig von Nahrung umgeben sind, ist es besonders wichtig, daß ihre Zelle nicht von Kot verunreinigt wird. Erst wenn die Larven keine Nahrung mehr aufnehmen und sich zur Puppe umbilden, öffnet sich ihr Darmgang und scheidet die angestauten Abfallstoffe aus.

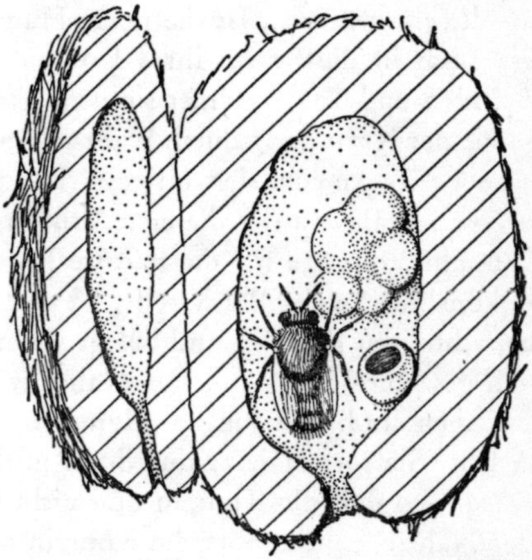

Abb. 12. Junges Nest der Ackerhummel, einer taschenmachenden Hummelart. Die Gemeinschafts-Wachszelle zeigt an jenen Stellen Ausbeulungen, wo sich die heranwachsenden Larven befinden. Nach VON FRISCH.

Jede verpuppungsreife Larve spinnt um sich herum einen gelbseidenen eiförmigen Kokon, so daß im Puppenstadium alle Geschwister voneinander getrennt sind. Während so die Jungen in den seidenen Behältern ihre Umwandlung durchmachen, entfernt die Königin die Reste der Wachszelle, in der die Larvengruppe aufwuchs. Das Wachs verwendet sie zum Bau neuer Zellen. Bei einigen Hummelarten dient es zur Herstellung eines Daches über den Kokons, bei anderen zum Bau einer Wandung, die, aus Wachs und Gras gemischt, das ganze Nest umgibt.

Bis zu diesem Zeitpunkt gleicht die Königin weit mehr einer Dienerin als einer Herrscherin. Sie muß Wachs produzieren, Zellen bauen, Eier ablegen, sich selbst und ihre Jungen ernähren und zu allem Überfluß auch noch die Jungen „bebrüten". Was für einen Vogel selbstverständlich ist, erscheint für eine Hummel seltsam: das Sitzen auf ihren Eiern und Jungen. Die Königin tut das, damit ihre erste Brut die zur Entwicklung notwendige Wärme erhält. Sie verläßt die Eier, Larven oder Puppen nur kurz, um Nahrung zu holen. Mit dem Heranwachsen der Larven kommt jedoch der Zeitpunkt, an dem die Königin mit ihrem Körper nicht mehr die ganze Brut bedecken kann. Die Folge ist, daß die nahe bei ihr befindlichen Jungen schneller wachsen und eher zu adulten Hummeln werden als die entfernteren. Ist die junge Hummel fertig entwickelt, schneidet sie ein Loch in die Spitze ihres Kokons und schlüpft heraus. Die nächsten Stunden und Tage widmet sie dem Trocknen ihres Pelzes und der Flügel sowie der Kräftigung durch Nahrungsentnahme aus dem Honigtopf. Nach 2 oder 3 Tagen geht sie wohlgestärkt an die Arbeit.

Noch während sich die erste Brut im Puppenstadium befindet, trifft die Königin Vorsorge für die nächste Brut. Sie baut auf einem der Puppenkokons ihre zweite Wachszelle, oft auch zusätzlich noch weitere Zellen auf benachbarten Kokons, und belegt sie mit Eiern (Abb. 13). Wenn die Larven geschlüpft sind und mit Nahrung versorgt werden müssen, sind inzwischen auch die jungen Hummeln geschlüpft und übernehmen diese Arbeit. Sie sorgen jetzt mit ihren großen Körpern für die nötige Nestwärme, so daß die Königin nun nicht mehr zu brüten braucht. Auch mit der Nahrungssuche hört die Königin nunmehr auf, doch beteiligt sie sich weiter an den Arbeiten im Nest. Sie wird niemals zu einer reinen Eilegemaschine, wie dies bei einigen anderen staatenbildenden Insekten der Fall ist. Wahrscheinlich baut sie auch weiterhin allein die Wachszellen, in die sie ihre Eier hineinlegt. Im gleichen Maße wie das Hummelvolk sich vermehrt, steigert die Königin ihre Eiproduktion sowie die Eizahl in den Zellen. Man hat gefunden, daß die Eizahl pro Zelle von Brut zu Brut um einen bestimmten Prozentsatz größer ist als die Zahl der Puppen, auf denen die Eier abgelegt werden. Dadurch ist dafür gesorgt, daß die Population ständig wächst und daß die Zahl an Arbeiterinnen immer ausreicht, um die Bruten zu versorgen.

Die in der Mitte des Hummelnestes liegende Wabe setzt sich weitgehend aus alten Puppenkokons zusammen, die aufeinander getürmt sind und deren Ausdehnung nach oben und außen von der Nestgröße abhängt. Nachdem die Insassen der Kokons geschlüpft sind, werden einige Kokons zur Speicherung von Nahrung verwendet; andere bleiben leer, werden weggeschnitten oder brechen auch wohl unter dem Gewicht der auf ihnen sitzenden Kokons und Zellen zusammen. Über der Wabe kann ein Dach aus einem Gemisch von Wachs und Nestmaterial gebaut werden. Zuweilen wird das ganze Nest von einem Mantel aus solchem Material umgeben, der dann natürlich von Öffnungen durchbrochen ist. Wenn es der

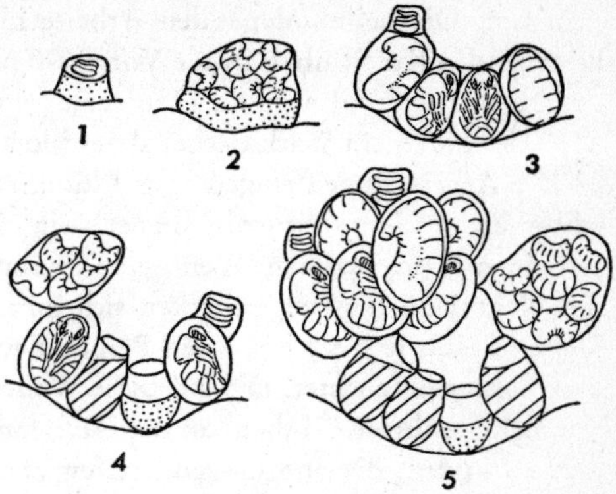

Abb. 13. Schema des Entwicklungsverlaufs einer pollenstapelnden Hummelart. 1. von Wachszelle umgebene Eier auf noch kleiner Pollenmasse; 2. erweiterte Gemeinschaftszelle mit heranwachsenden Larven auf vergrößerter Pollenmasse; 3. verpuppungsreife Larven und zwei Puppen, alle innerhalb der Gemeinschaftszelle von seidenen Verpuppungskokons umgeben; über der linken Larve hat die Hummel bereits eine neue kleine Gemeinschaftszelle angefertigt und mit Eiern belegt; 4. die Wand der Gemeinschaftszelle ist abgebaut; die mittleren zwei Puppen sind geschlüpft; ihre leeren Zellen sind mit Pollen- und Honigvorräten gefüllt; über dem rechten Puppenkokon ist bereits wieder eine neue Gemeinschaftszelle mit Eiern angelegt worden; 5. die Entwicklung des Volkes geht in gleicher Richtung weiter; die in den Gemeinschaftszellen befindlichen heranwachsenden Larven werden von der Hummelkönigin, später von den Hummelarbeiterinnen, nach Aufbeißen der Zelle gefüttert. Nach SLADEN aus FREE.

Platz gestattet, wird um das ganze Nest noch Gras oder anderes Material angehäuft. Je nach Hummelart kann am Ende der Saison die Wabe einige Zentimeter bis Dezimeter dick sein und etwa 100 bis 1000, in günstigen Fällen sogar 2000 Einwohner beherbergen. Im allgemeinen liegt die Volksstärke bei einigen hundert Tieren.

Der Hummelstaat existiert nur einen Sommer lang. Es brauchen daher die Arbeiterinnen nicht wie jene der Honigbiene einen großen Nahrungsvorrat für den Winter anzulegen. Sie schaffen sich zwar in begrenztem Umfang einen Vorrat an Honig, doch ist dieser nicht wie bei der Honigbiene in eigens dafür konstruierten sechseckigen Wachszellen untergebracht, sondern einfach in leeren Puppenkokons. Das ist zwar weniger akkurat und sauber als bei der Honigbiene, dafür aber viel sparsamer als die Anlage reiner Wachs-Vorratszellen, die einen erheblichen Teil der Arbeitskraft des Volkes verschlingt. Einige Hummelarten nähern sich der Honigbiene insofern etwas, als sie ein paar Wachsbehälter am Rande ihrer Wabe bauen und in ihnen für kurze Zeit Nektar aufbewahren.

Puppenkokons, die als Vorratsbehälter verwendet werden sollen, werden von den Hummeln an ihrem oberen ausgefransten Ende sauber zurechtgeschnitten und mit einem Rand oder einer Erweiterung aus Wachs versehen. Die heimkommenden Arbeiterinnen würgen ihren aus Nektar bestehenden Kropfinhalt in die Vorrats-Kokons. Durch Verdunstung dickt der Nektar ein und wird zu Honig. Bei einigen Arten werden die Honigbehälter mit einem Wachsdeckel abgeschlossen.

Die Arbeiterinnen tragen auch Blütenstaub ein, den sie aber nicht verschlucken, sondern — wie alle Bienen — in „Pollenkörbchen" an ihren Hinterbeinen transportieren. Wenn eine Hummel in eine Blüte hineinkriecht, um Nektar zu trinken, bedecken sich ihre Körperhaare mit Blütenstaub. Diesen Staub fegt sie mit ihren Beinen nach vorn zum Mund, wo sie ihn mit Nektar anfeuchtet. Die auf diese Weise gewonnene Substanz packt sie nunmehr in ihre Körbchen, an der Außenseite der Hinterbeine befindliche glatte Mulden, die von langen, steifen Haaren umgeben sind. Die Körbchen sind oft so voll gepackt, daß die Hummel mit den zwei großen Pollenpaketen an ihren Hinterbeinen kaum noch fliegen kann.

Wie bereits bei Betrachtung der Larvenernährung erwähnt, speichern die Hummeln den Pollen auf zweierlei Weise. Die als Pollenstapler bekannten Arten füllen den Pollen in leere Puppenkokons, die sie durch Anbauen von Wachs oft bis zu 5 cm Höhe verlängern. Kommt eine Sammlerin zum Nest zurück, streift sie mit den mittleren Beinen die Pollenladung von den Hinterbeinen hinunter in den Behälter. Die Arbeiterinnen der Taschenmacher dagegen verstauen ihren Pollen in den Wachstaschen an den inneren Wänden der Zellen, in denen sich die Larven befinden. Nur wenn keine Larven im Nest vorhanden sind, füllen auch sie ihre Ladung in leere Kokons.

In einem eingerichteten Hummelnest herrscht stets eine fast gleichmäßige Temperatur, die oft mehrere Grade über der Umgebungstemperatur liegt. Die sich entwickelnden und ständig Nahrung zu sich nehmenden Larven geben ebenso Körperwärme an das Nest ab wie die geschäftigen Arbeiterinnen. Das Wachsdach, der Wachsmantel sowie das um das Nest gepackte Pflanzenmaterial bilden sehr gute Isolierungsschichten. Gelegentlich kann die Temperatur sogar zu hoch werden. Dann erzeugen die Arbeiterinnen durch Flügelbewegungen einen kühlenden Luftstrom.

Das Hummelnest ist geschützt durch seine unterirdische Lage, durch sein Schutzdach sowie das Umhüllungsmaterial, hauptsächlich aber durch die Stachel der Arbeiterinnen. Der Stachel dringt in die Haut des Gegners ein und injiziert ein Gift in das Körpergewebe. Die Hummel kann ihren Stachel zurückziehen und noch mehrmals zustechen, wenngleich ihr Giftvorrat nach einigen kurz hintereinander erfolgten Stichen erschöpft ist. Als weitere Abwehrwaffe besitzt die Hummel in ihrer Hinterleibsspitze eine ätzende Flüssigkeit, die sie über mehrere Zentimeter hinweg ihrem

Feind entgegenspritzt. Schließlich können Hummeln auch sehr schmerzhaft beißen.

Wir sahen also, wie aus bescheidenen Anfängen in kurzer Zeit (etwa in 4 bis 6 Wochen) ein Hummelstaat entsteht, bewohnt von vielen hundert heranwachsenden Jungen, einigen hundert erwachsenen Arbeiterinnen und einer Königin, versehen mit Nahrungsvorräten, ausgerüstet mit einem wirksamen System zur Temperaturregulierung und verteidigt von einer schlagkräftigen, mit Giftstacheln bewehrten, ausschließlich weiblichen Armee.

VII

Wie der Hummelstaat organisiert ist

Der Geschlechtstrieb unterliegt bei den staatenbildenden Insekten einer besonders guten Kontrolle. Die große Masse der Staatsbürger, die Arbeiterinnen, ficht dieser Trieb nicht an, weil sie geschlechtlich nicht voll entwickelt sind. Die Königin allein übt die Erzeuger-Funktion für den ganzen Staat aus. Nur während der sehr kurzen Zeitspanne von einigen Tagen werden von ihr Geschlechtsformen hervorgebracht.

Die Stärke des Hummelstaates liegt in seinen Arbeiterinnen, deren Leben gleichbedeutend ist mit der Erfüllung von Pflichten im Dienste der Gesellschaft. Damit diese Pflichten optimal erfüllt werden können, hat sich unter den Arbeiterinnen eine Arbeitsteilung herausgebildet. Hauptarbeiten sind: die Nahrungssuche, die Sorge für Brut und Nest sowie die Bewachung. Man hat beobachtet, daß gewöhnlich die größeren Arbeiterinnen die Nahrung holen und die kleineren die Hausarbeiten verrichten, obgleich es häufig Ausnahmen von dieser Regel gibt. Eine derartige Verteilung ist nach menschlichem Verständnis sehr praktisch: die größeren Tiere können schwere Pollen- und Nektarlasten besser tragen als die kleineren, während letztere wieder besser als ihre großen Schwestern dazu geeignet sind, sich in dem engen Nest zu bewegen.

Ebenso wie wir Menschen entwickeln auch die Hummeln Gewohnheiten, die ihr Leben erleichtern. Arbeiterinnen, die mit der Nahrungssuche oder mit der Nestarbeit beginnen, bleiben meist eine gewisse Zeit bei diesem Geschäft. Das geht sogar so weit, daß sich jede Nahrungssammlerin eine Zeitlang auf bestimmte Blüten, auf das Eintragen von Pollen oder Nektar sowie auf bestimmte Vorratsbehälter im Nest spezialisiert. Diese individuelle Spezialisierung hängt wahrscheinlich von einer Reihe Faktoren ab, vor allem wohl von der Größe und dem Alter der Brut. Es ist anzunehmen, daß die über die Nestwabe laufende Sammlerin einen Eindruck vom Nahrungsbedarf gewinnt und danach ihre Sammeltätigkeit ausrichtet.

Die Nestarbeiterinnen erfüllen eine Vielzahl von Pflichten. Sie scheiden Wachs ab und verwenden es zusammen mit dem alten Wachs aus abgebrochenen Zellen zum Aufstocken leerer Kokons, zur Erweiterung von Larvenzellen, zum Bau von Honigtöpfen, Pollentaschen, Schutzdächern und -wänden sowie zum Deckeln der mit Honig gefüllten Behälter; sie holen und ordnen das aus Pflanzenteilen oder Tierhaaren bestehende Nesthüllen-Material; sie füttern die Jungen, fächeln ihnen Luft zu, helfen beim Brüten und leisten den jungen Hummeln Hilfestellung beim Schlüpfen; sie reinigen und präparieren schließlich die alten Kokons für die Aufnahme von Honig und Pollen.

Eine besondere und nur von wenigen Hummeln übernommene Aufgabe ist die Bewachung des Nestes. Auch hier bleibt ein Tier, das einmal damit anfing, meist seiner Tätigkeit treu. Jede Wächterin übt ihren Wachtdienst an einer bestimmten Stelle, wie zum Beispiel in einem Abschnitt des Eingangstunnels, aus. Dort hält sie einige Stunden lang Wache, beteiligt sich dann aber meist an anderen Aufgaben, zum Beispiel am Pollensammeln, um danach wieder zum Wachtdienst zurückzukehren. Es scheint so, daß nur große, gut gedeihende Hummelstaaten es sich leisten können, Arbeiterinnen in größerem Umfang den wichtigeren Nestaufgaben zu entziehen und sie Wachtdienst ausüben zu lassen.

Die Arbeitsteilung im Hummelstaat ist somit keine statische Angelegenheit. Sobald es erforderlich wird, kann die Tätigkeit gewechselt werden. Offensichtlich können die Arbeiterinnen nicht über Arbeitsmangel klagen, und das alte Wort: „Fleißig wie eine Biene“ hat ganz sicher auch für die Hummeln Gültigkeit. Die Arbeiterinnen verbrauchen sich aber schnell dabei und leben meist nur 3 bis 8 Wochen lang.

Es wurde bereits erwähnt, daß die Hummel-Arbeiterinnen oft von unterschiedlicher Größe sind. Die Größe der aus der ersten Brut hervorgehenden Hummeln hängt ganz von der Fähigkeit der Königin ab, sie zu nähren und zu pflegen. In Anbetracht der Arbeitsüberlastung der nestgründenden Königin sind daher die ersten Arbeiterinnen unterernährt oder zumindest nicht gut genährt. Auch muß ihr Quartier innerhalb der Wachszelle vergleichsweise eng ausfallen, weil die Königin das gesamte zum Bau des Nestes notwendige Wachs erzeugen muß. Alle späteren

Bruten entwickeln sich unter günstigeren Verhältnissen, denn jetzt füttern die Arbeiterinnen und produzieren auch den größten Teil des benötigten Wachses. Die größten Arbeiterinnen unter den Hummeln findet man bei den Taschenmachern. Wir erinnern uns, daß die Larven dieser Arten eine Gemeinschaftszelle bewohnen und sich von Pollen ernähren, der in Wachstaschen an der Zellwand untergebracht ist. Für jene Larven unter ihnen, die ihren Platz in unmittelbarer Nähe der Taschen haben, ist die Nahrung stets leicht verfügbar. Die weiter entfernt sitzenden dagegen müssen sich nach der Nahrung strecken und haben weniger zu essen als ihre bevorzugten Schwestern. Als Ergebnis findet man hier sehr verschieden große Tiere innerhalb derselben Art.

Während der Sommer vorrückt, nimmt die Zahl der Hummeln im Nest oft bis zu mehreren tausend Individuen zu. Schließlich erreicht die Staatsentwicklung in der Erzeugung von Geschlechtsformen ihren Höhepunkt. Die Männchen entstehen aus unbefruchteten Eiern, während die Königinnen in gleicher Weise wie die Arbeiterinnen aus befruchteten Eiern hervorgehen. Man nimmt an, daß zu dieser Zeit ein Teil der weiblichen Larven besonders reichlich gefüttert wird und zwar einfach deshalb, weil sich jetzt viele Arbeiterinnen bei bestem Nahrungsangebot nur mehr um wenige Larven zu kümmern brauchen. Wie entstehen dann aber die Königinnen bei den sich selbst verpflegenden Larven der Taschenmacher? Man hat bei einer ihrer Arten beobachtet, daß die zu Königinnen werdenden Larven in gleicher Weise wie bei den Pollenstaplern von den Arbeiterinnen gefüttert wurden und daß ihre Zellen keine Pollentaschen enthielten. Möglicherweise gilt das für alle Arten der Gruppe. Vielleicht erhalten aber auch die Larven beides: die Taschenvorräte und zusätzlich noch eine Fütterung. Auf jeden Fall scheinen tatsächlich die zu Königinnen werdenden Larven besonders reichlich mit Nahrung versorgt zu werden. Sollte es sich bestätigen, daß bei den Hummeln allgemein die Nahrungsmenge darüber entscheidet, ob eine Larve zur Arbeiterin oder zur Königin wird, hätte damit diese Bienengruppe ein Prinzip der Kastenbildung entwickelt, das – wie wir noch sehen werden – wesentlich einfacher wäre als das der Honigbiene und der meisten anderen staatenbildenden Insekten.

Nicht immer erzeugt ein Hummelstaat beide Geschlechtsformen, er kann auch nur Männchen oder nur Königinnen hervorbringen. Wenn beide entstehen, schlüpfen die Männchen gewöhnlich etwas früher als die Königinnen. Sie bleiben zunächst drei oder vier Tage im Nest und ernähren sich von den Honigvorräten. Dann fliegen sie entweder davon, um eine Kopulations-Partnerin zu suchen oder bleiben auch einfach im Nest und warten bis die Königinnen schlüpfen.

Auch die frischgeschlüpften Königinnen halten sich oft noch einige Tage oder gar Wochen im Nest auf und helfen sogar bei den Hausarbeiten mit. Dann verlassen sie das Nest, kopulieren und suchen sich bald darauf einen zur Überwinterung geeigneten Platz. In den gemäßigten Breiten überdauern sie allein den Winter.

Im Gegensatz zur Arbeiterin bildet sich im Körper der Königin das als „Fettkörper" bekannte Organ als Hilfsmittel zur Überwinterung. Die bei stark herabgesetztem Stoffwechsel überwinternde Königin zehrt von diesen Fettreserven während der langen Winterruhe. Trotz der reichlichen Nahrung entwickeln sich jedoch die Eierstöcke der Königin nicht sogleich; sie werden erst im folgenden Frühjahr funktionsfähig.

In unseren Breiten beginnt der Hummelstaat nach Entstehung der Geschlechtstiere, das ist vom August ab, zu verfallen; er erzeugt keine Arbeiterinnen mehr. Selbst wenn infolge besonders günstiger Witterungsbedingungen die jungen Königinnen und Männchen unverhältnismäßig früh im Jahr gebildet wurden, hat ihr Erscheinen dieselbe einschneidende Bedeutung für den Hummelstaat: seine Entwicklung ist damit zu Ende. Die jungen Königinnen werden begattet und suchen sich – auch wenn es noch mitten im Sommer ist – ein Überwinterungsquartier. In den Tropen dagegen lebt der Hummelstaat im Prinzip unendlich weiter. Neue Staaten werden hier durch Ableger, das heißt Teile des alten Staates, gebildet. Es ist interessant, daß bei den tropischen Hummeln diese Ableger aus einzelnen begatteten Königinnen bestehen. Das bedeutet eine Anlehnung an die durch eine einzelne überwinterte Königin erfolgende Staatenbildung in den kühleren Zonen und steht im Gegensatz zu den Wespen, deren Staaten in den kühleren Zonen durch einzelne Königinnen, in den Tropen dagegen durch Ablegerschwärme, bestehend aus je einer Königin und zahlreichen Arbeiterinnen, gegründet werden.

Im allgemeinen obliegt allein der Königin die Aufgabe, für Nachwuchs zu sorgen. In manchen Fällen treten aber auch einige Arbeiterinnen als Eilegerinnen auf, insbesondere dann, wenn die Königin aus irgendeinem Grund ausfällt. Sie bauen dann Zellen und legen unbefruchtete Eier hinein, aus denen sich Männchen entwickeln. Eine von ihnen wird zur beherrschenden Figur. Weitere Arbeiterinnen können unter ihr in abgestufter Reihenfolge als Geschlechtstiere auftreten, wobei diese Stufenfolge in direkter Beziehung zum Entwicklungsgrad der Eierstöcke steht. Aber selbst dann, wenn die reguläre Königin sich noch im Nest befindet, können Arbeiterinnen plötzlich Eier ablegen. Das kommt vor allem im Spätsommer vor, wenn die Männchen und neuen Königinnen erzeugt werden. Warum Hummel-Arbeiterinnen gerade auf dem Höhepunkt der Staatenentwicklung als Eiproduzenten auftreten können, ist nicht ganz klar. Vielleicht ist die zu dieser Zeit reichlich vorhandene Nahrung ein Ursachenfaktor. Vielleicht hat der Staat dann eine Größe erreicht, die der Königin die vollständige Kontrolle des Staatsgeschehens unmöglich macht. Vielleicht ist auch einfach die Königin verbraucht. Wie man beobachtete, sind Arbeiterinnen, deren Geschlechtsorgane stärker entwickelt sind, auch aggressiver als andere und stürzen sofort herbei, wenn es gilt, das Nest zu verteidigen.

Es gibt zahlreiche Tiere, gegen die das Hummelnest verteidigt werden muß. Größere Tiere wie Dachs, Maulwurf oder Mäuse verzehren vor allem die erste Brut, die ihnen schutzlos ausgeliefert ist, wenn die Königin gerade außerhalb des Nestes weilt. Viel häufiger und nicht weniger gefährlich sind die zahlreichen kleineren Feinde, die von eingetragenen Nahrungsvorräten, von der Brut, dem Wabenmaterial oder als Parasiten im bzw. am Körper der Hummel leben. Es handelt sich bei ihnen hauptsächlich um Fliegen-, Käfer-, Schmetterlings- und Milbenarten. Diesen echten Feinden stehen zahlreiche Insektenarten gegenüber, die im Hummelnest nur als Einmieter leben, weil es ihnen Schutz gewährt. Insgesamt ergibt sich somit das Bild eines Tiernestes, das Raum und Ernährung für viele andere Lebewesen bietet, ein Bild, dem wir im Bereich der staatenbildenden Insekten immer wieder begegnen.

Aber so wie der Mensch des Menschen größter Feind ist, kommen auch bei den Hummeln die größten Feinde aus den eigenen Reihen. Alle echten Hummeln gehören der Gattung *Bombus* an. Es gibt aber unter anderen auch eine Hummel-Gattung *Psithyrus,* die man als Kuckucks-Hummeln bezeichnet, weil sie Brutschmarotzer bei den *Bombus*-Hummeln sind. Unser europäischer Kuckuck legt ja bekanntlich seine Eier in anderer Vögel Nest und überläßt es diesen, seine Jungen aufzuziehen.

Jede der *Psithyrus*-Arten schmarotzt bei einer bestimmten Art oder meistens einigen wenigen Arten der Gattung *Bombus*. Findet ein *Psithyrus*-Weibchen das Nest einer geeigneten *Bombus*-Art, dringt es in dieses ein und legt seine Eier darin ab. Aus den Larven, die von den arglosen *Bombus*-Arbeiterinnen aufgezogen werden, gehen Männchen und Weibchen der *Psithyrus*-Art hervor. Die Kuckuckshummel produziert also keine Arbeiterinnen, da sie *Bombus*-Arbeiterinnen für sich arbeiten läßt. Sie hat sich so sehr an ihre parasitische Lebensweise angepaßt, daß sie keine Körbchen mehr an ihren Hinterbeinen besitzt und somit auch keine Nahrung zur Aufzucht ihrer Jungen herbeitragen könnte. Sobald die jungen geschlechtsreifen Kuckuckshummeln geschlüpft sind, verlassen sie ihr Pflegenest und begatten sich. Die begatteten Weibchen überwintern und dringen im folgenden Frühsommer wieder in *Bombus*-Nester ein, um ihren Entwicklungszyklus von neuem zu beginnen.

Es ist allerdings für das *Psithyrus*-Weibchen durchaus nicht immer leicht, in ein fremdes Hummelnest hineinzukommen. Gewöhnlich versuchen die Arbeiterinnen die Schmarotzerin zurückzutreiben. Bei dem entbrennenden Kampf werden oft zahlreiche Hummeln getötet, darunter nicht selten auch die Kuckuckshummel. Zumeist bleibt diese aber Siegerin, weil sie einen dickeren Chitinpanzer sowie einen stärkeren Stachel und kräftigere Kieferzähne als die *Bombus*-Arbeiterinnen besitzt. Man nimmt an, daß die Kuckuckshummel, sobald sie sich einmal im *Bombus*-Nest befindet, den Nestduft annimmt und dann nicht mehr als Fremdling erkannt wird. Die *Psithyrus*-Weibchen beenden ihre Überwinterung ziemlich spät. Sie kommen erst dann hervor, wenn die Wirtsarten ihre Staaten bereits gegründet haben. Für ihre Überfälle wählen sie die günstigste Zeitspanne, in der die Volksstärke der *Bombus*-Nester noch so gering ist, daß keine allzu schweren Abwehrkämpfe zu erwarten sind. Über das Schicksal der *Bombus*-Königin ist man sich noch nicht im klaren. Vielleicht wird sie in einigen Fällen von dem *Psithyrus*-Weibchen getötet. In anderen Fällen fand man beide Kontrahentinnen im Nest vereint. Die angestammte Königin hat dann jedoch keine Bedeutung für den Staat mehr, der von nun ab weder *Bombus*-Königinnen noch -Arbeiterinnen hervorbringt. Das *Psithyrus*-Weibchen ißt entweder die *Bombus*-Eier auf oder hindert die *Bombus*-Königin daran, Eier abzulegen.

Sogar innerhalb der Gattung *Bombus* selbst versuchen zuweilen die Königinnen ein bereits eingerichtetes Nest ihrer eigenen oder einer nahe verwandten Art zu erobern. Haben sie dabei Erfolg, töten sie die rechtmäßige Königin und setzen sich an deren Stelle. Wahrscheinlich handelt es sich dabei meistens um Königinnen, die verspätet aus ihrem Überwinterungsversteck kommen. Sie stoßen bei der Suche nach einem geeigneten Nistplatz auf die bereits eingerichteten Nester und okkupieren sie einfach.

Hummeln erkennen ihre Nestgenossen am Körperduft und entdecken daher Eindringlinge an deren anders geartetem Duft. Der Körperduft setzt sich zusammen aus dem Nestduft, der eine Vielzahl von Quellen hat, sowie aus dem erblichen arteigenen Körperduft.

Abschließend wäre noch eine auffallende Eigenheit des Hummelstaates zu erwähnen: das Fehlen der gegenseitigen Fütterung, der Trophallaxis, wie wir sie bei den Wespen kennenlernten. Soweit bis heute bekannt, produzieren Hummellarven kein Sekret als Gegengabe für die empfangene Nahrung. Viele von ihnen wären hierzu schon deshalb nicht imstande, weil sie durch einen Zelldeckel von den Arbeiterinnen getrennt sind. Aber auch unter den erwachsenen Hummeln füttert keine die andere. Man fragt sich deshalb, welche Beweggründe wohl die Hummeln dazu führten, in Form von Staaten zusammenzuleben, in denen sie sich zum Wohle der Gemeinschaft buchstäblich zu Tode rackern.

VIII

Bienen ohne Stacheln

Manche Lebewesen zeigen seltsame Abweichungen vom Weg der Evolution, Abweichungen, die zum Aufstieg oder zum Untergang einer Art oder Artengruppe führen können. Eine dieser Abweichungen finden wir bei Bienen, die ihren Stachel verloren haben oder ihn zu einem rudimentären Organ rückentwickelten. Eine Biene ohne Stachel mag uns vorkommen wie eine Klapperschlange ohne Klapper (Schwanzrassel). Auf einigen Inseln im Golf von Kalifornien gibt es jedoch tatsächlich klapperlose Klapperschlangen. Warum sollte es dann nicht auch Bienen ohne Stachel geben?

Stachellose Bienen leben nur in den Tropen und Subtropen. Sie umfassen etwa 200 Arten und gehören in der Hauptsache den Gattungen *Melipona* und *Trigona* an. Während die *Melipona*-Arten ausschließlich in der Neuen Welt vorkommen und nur wenig kleiner als Honigbienen sind, bewohnen die *Trigona*-Arten die tropischen Zonen der Alten und Neuen Welt und sind im allgemeinen viel kleiner als die Honigbiene. Die kleinsten von ihnen werden kaum mehr als 3 mm lang.

Man könnte meinen, daß diese Bienen infolge des Verlustes ihres Stachels wesentlich im Nachteil gegenüber den stachelbewehrten Bienen sind. Sie haben dafür aber andere Abwehrvorrichtungen entwickelt, deren Wirksamkeit den Stacheln nicht nachsteht. Wenn das Nest einer stachellosen Biene gestört wird, stürzen seine Bewohner in großer Zahl auf den Störenfried, setzen sich auf seinem Körper fest und verbeißen sich in seine Haut, wobei sie ein klebriges Sekret ausscheiden. Bei einigen Arten ist dieses Sekret sogar ätzend und verursacht beim Menschen unangenehme Hautentzündungen. Die Nester der stachellosen Bienen sind zuweilen sehr klein und enthalten nur wenige Individuen. Man hat aber auch schon sehr große Staaten mit etwa 80000 Angehörigen gefunden. Von den

Bewohnern eines so großen Nestes oder auch nur von einigen tausend davon überfallen, gebissen und beschmiert zu werden, kann ein überaus unangenehmes Erlebnis für den Angreifer und eine sehr erfolgreiche Verteidigungsmaßnahme der Angegriffenen sein.

Ihr Nest bauen die stachellosen Bienen entweder im Freien oder in Erdhöhlen, Bäumen, Steinhaufen und anderen Verstecken. Sie sind darin also sehr vielseitig. Einige suchen sich sogar verlassene Ameisen- und Termitennester als Nistplätze aus.

Als Baumaterial verwenden sie Wachs, das sie an der Oberseite ihres Hinterleibes ausscheiden und mit anderen Stoffen wie zum Beispiel Harz und Erde vermischen. Wird das Nest in einen Hohlraum hineingebaut, kann es notwendig werden, ihn erst mit dem Wachsgemisch zu verkleinern. An gefährdeten Stellen im Freien umgeben die Bienen ihr Nest mit einem dicken Schutzmantel aus wachshaltigem Material. Den Nesteingang bildet entweder einfach eine kleine Öffnung in der Nestwand oder – bei Benutzung von Hohlräumen – ein Tunnel, der zur Öffnung hinführt.

Im Nest werden Zellwaben aus Wachs gebaut, in denen sich die Jungen entwickeln. Bei den meisten Arten liegen die Waben horizontal und tragen die Zellen auf ihrer Oberfläche. Sobald die erste Wabe ihren maximalen Umfang erreicht hat, werden auf ihr Wachspfeiler errichtet, welche die zweite Wabe tragen. Das geschieht in der Weise, daß auf der Spitze eines jeden Pfeilers eine Zelle gebaut wird, an deren Seiten so lange weitere Zellen angefügt werden, bis das ganze zu einer Wabe zusammengewachsen ist. Während also die Wespen, wie wir früher sahen, ihre horizontalen Waben nach unten gekehrt haben, so daß ihre Jungen darin kopfunter hängen, konstruieren die stachellosen Bienen – nach unseren Begriffen logischer – ihr Nest umgekehrt. Bei einem Teil der Arten liegen die Waben genau übereinander, bei anderen steigen sie in spiraliger Anordnung auf. Einige Arten, die man für niedriger entwickelt hält, fügen ihre Zellen überhaupt nicht zu Waben, sondern zu ungeordneten Haufen zusammen.

Die stachellosen Bienen speichern in ihren Nestern erhebliche Mengen Nektar und Pollen. Sie bauen zu diesem Zweck aus ihrem Wachsgemisch seitlich oder unterhalb der Brutwaben große Behälter an die Nestwand. Diese Honig- und Pollenbehälter können innerhalb eines Nestes gleich- oder mehrgestaltig sein. Bei manchen Arten haben die Pollenbehälter die Form schmaler Zylinder, während die Honigbehälter bauchigen Töpfen ähneln. Eine der afrikanischen Arten konstruiert sechsseitige Vorratszellen.

In Übereinstimmung mit ihren solitär lebenden Vorfahren und im Gegensatz zu den meisten anderen staatenbildenden Insekten versehen die stachellosen Bienen ihre Brutzellen mit Nahrungsvorräten. Sobald eine Brutzelle fertiggestellt ist, wird sie mit einer bestimmten Honig- und Pollenmenge gefüllt. Auf diesen Vorrat legt die Königin ein Ei, worauf die Zelle durch eine Arbeiterin mit Wachs verschlossen wird. Innerhalb dieser Zellen durchlaufen die Nachkommen ihre gesamte Entwicklung. Nachdem die verpuppungsreifen Larven um sich herum Kokons gesponnen haben, bauen die Arbeiterinnen viele der Zellen ab, um das Wachs anderweitig zu verwenden. Sie erleichtern damit zugleich das Schlüpfen der jungen Bienen aus ihren Kokons. Die Brutzellen werden also nur einmal benutzt. Bei zwei australischen Arten verläuft die Bevorratung der Zellen etwas anders. Hier wird jede Brutzelle erst mit wenig Nahrung und einem Ei versehen. Später, wenn die Larve größer ist und den Vorrat aufgezehrt hat, erhält die Zelle einen zweiten Nahrungsvorrat und wird dann verschlossen.

Bei den stachellosen Bienen der Gattung *Trigona* werden die Männchen, die auch hier aus unbefruchteten Eiern hervorgehen, in normal großen Zellen aufgezogen. Nur für die Heranzucht junger Königinnen werden größere Zellen gebaut. Da die Larven in diesen großen Zellen – wie alle anderen Larven – hinter „verschlossenen Türen“ heranwachsen, kann ihre Entwicklung auch nicht durch eine Spezialnahrung oder durch Sekrete aus dem Mund der Arbeiterinnen beeinflußt werden. In ihren übergroßen Zellen ist jedoch mehr Platz für Nahrungsvorräte als in den Arbeiterinnen-Zellen; man nimmt daher an, daß bei diesen Bienenarten die Frage, ob aus einem befruchteten Ei eine Arbeiterin oder eine Königin hervorgeht, durch eine verschieden große Nahrungsmenge entschieden wird.

Die Entstehung der Königinnen bei der Gattung *Melipona* ist dagegen nicht auf so einfache Weise erklärbar, da hier beide Kasten, Arbeiterinnen und Königinnen, sich in gleich großen Zellen entwickeln. Soweit man bis heute weiß, erhalten die Larven auch keine qualitativ unterschiedliche Nahrung. Es ist deshalb die Theorie aufgestellt und bereits von einigen Untersuchungsergebnissen wahrscheinlich gemacht worden, daß bei diesen Arten die Entstehung der beiden weiblichen Kasten durch Erbfaktoren geregelt wird. Man fand, daß bei der Gattung *Melipona* viel mehr Königinnen als bei der Gattung *Trigona* erzeugt werden und daß das Zahlenverhältnis zwischen Königinnen und Arbeiterinnen bei *Melipona* jenem Verhältnis entspricht, das man für einen mendelnden Erbgang erwarten würde. Wahrscheinlich wird ein Teil dieser jungen Königinnen getötet, um die Kräfte der Arbeiterinnen nicht übermäßig zu belasten.

Die Königinnen der stachellosen Bienen unterscheiden sich von den Arbeiterinnen in einigen wesentlichen Merkmalen: sie besitzen keine

Pollentaschen an ihren Beinen – sie können kein Wachs produzieren – und ihr Kopf sowie ihre Augen sind erheblich kleiner als die der Arbeiterinnen. Auf Grund dieser Merkmale sind die Königinnen nicht imstande, ohne Unterstützung durch Arbeiterinnen ein Nest zu gründen. Die Staaten der stachellosen Bienen entstehen durch Schwarm-Ableger.

Nicht die Königin sucht hier den Nistplatz aus, sondern das besorgen die Arbeiterinnen. Haben sie einen geeigneten Platz gefunden, fangen sie mit dem Nestbau an. Erst wenn dieser genügend weit fortgeschritten ist, gesellt sich eine junge Königin aus dem gleichen Mutternest hinzu. Beobachtungen zeigten, daß anschließend die Königin das Gründungsnest wieder verließ, ihren Hochzeitsflug fortsetzte und dann endgültig zu ihrem neuen Heim zurückkehrte, um mit der Eiablage zu beginnen. Das Mutternest kann seinen Ableger noch für einige Wochen unterstützen. Gefärbten Honig, den man in das Mutternest einführte, fand man zum Teil in einem Tochternest wieder, das sich noch in seiner Gründungsperiode befand.

Die *Melipona-* und *Trigona-*Staaten werden, wie man annimmt, mehrere Jahre alt. Da sie in winterwarmen Gebieten leben, begrenzt keine Kälte ihre Existenz. Wahrscheinlich gibt es in jedem Staat nur eine Eier legende Königin, die jedoch mit jungen Königinnen zusammenlebt, welche auf geeignete Bedingungen zur Gründung neuer Tochterstaaten warten. Ob eine junge Königin als Ersatz an die Stelle der abgenutzten oder überalterten herrschenden Königin treten kann oder ob der Staat mit dem Tod der Königin abstirbt, ist noch nicht bekannt.

Wie es scheint, verrichten die jüngeren Arbeiterinnen Nestarbeiten, während die älteren die Nahrung beschaffen. Eine solche Arbeitsteilung nach dem Alter finden wir auch bei den Honigbienen. Die Arbeiterinnen der stachellosen Bienen bauen im oder am Nest, versehen die Zellen mit Vorräten, verschließen sie, sorgen für die Königin, reinigen den Bau, nehmen Pollen und Nektar von den Sammlerinnen entgegen und üben Wächterdienste aus. Sofern der Nesteingang sehr eng ist, genügt der Kopf einer Wächterbiene, um ihn auszufüllen. Er wird jeweils zurückgezogen, um eine Nestangehörige hindurchzulassen. Bei größeren Eingängen vereinigen sich mehrere Bienen zum Wachtdienst. In vielen Fällen ist dem Eingang ein Rohr vorgebaut, das einen Durchmesser von 2 bis 3 cm aufweisen kann. In seinem Inneren sitzt gewöhnlich ringsum eine Reihe von Wächterbienen, deren Köpfe über den Rand ragen.

Die stachellosen Bienen haben ein Nachrichtensystem, das zwar nicht an die berühmte „Tanzsprache“ der Honigbiene herankommt, jedoch seinen Zweck, die Nestangehörigen über ergiebige Nahrungsquellen zu unterrichten, erfüllt. Wenn eine erfolgreiche Sammlerin ins Nest zurückkehrt, läuft sie aufgeregt umher. Ihre Bewegungen versetzen andere Bienen in Erregung, die zwar keine genauen Informationen über die Nahrungsquelle, wohl aber den Duft der Nahrung empfangen. Bei zwei *Melipona*-Arten wurde beobachtet, wie der hastige Lauf der Sammlerin noch durch einen Ton unterstützt wurde, den die Flugmuskulatur erzeugte. Die Dauer des Tones schien in einem Verhältnis zur Entfernung der Nahrungsquelle zu stehen. Das wäre eine sehr interessante Form der Übermittlung von Entfernungsangaben. Wahrscheinlich werden derartige Töne nicht als Luftschwingungen übertragen, sondern als Erschütterungen am Körper der Sammlerin mit den Antennen gefühlt. Die Mitteilungen veranlassen einige Arbeiterinnen, das Nest zu verlassen und nach der signalisierten Nahrungsquelle zu suchen. Einige Arten der stachellosen Bienen haben aber noch eine sicherere Methode der Unterrichtung ihrer Schwestern entwickelt. Hier produzieren die Sammlerinnen aus Munddrüsen ein Sekret, das sie den ganzen Weg entlang von der Futterquelle bis zum Nest auf die Pflanzen oder den Boden tropfen lassen. Andere Sammlerinnen können der Duftspur des Sekrets folgen und auf diese Weise sicher zur Nahrungsquelle gelangen.

Wie bei den Hummeln dringen auch in die Nester der stachellosen Bienen zahlreiche Tierarten ein. Es gibt zwar keine Schmarotzerarten unter den stachellosen Bienen, doch ist eine Art, *Lestrimelitta limao,* zu einem Räuber geworden, der in anderen Nestern arge Verwüstungen anrichten kann. Ihre Arbeiterinnen haben sich so sehr an den Diebstahl angepaßt, daß ihre Pollentaschen rückgebildet sind. Sie dringen in die Nester anderer stachelloser Bienen ein und stehlen was sie brauchen: Honig, Pollen und Baumaterial.

Allerdings wird ihnen das Stehlen nicht leicht gemacht, denn die Besitzer versuchen natürlich, ihre Nester zu verteidigen. Doch sind die *L. limao*-Arbeiterinnen im Vorteil, da sie Duftdrüsen entwickelt haben, mit denen sie in dem fremden Nest einen strengen Geruch erzeugen. Dieser überdeckt den Nestduft, irritiert die Nestbewohner und macht sie schließlich unfähig, die Eindringlinge zu erkennen. Trotzdem kann sich der Kampf zwischen Eigentümern und Dieben bis zu mehreren Wochen hinziehen, wobei nicht selten das angegriffene Nest völlig zerstört wird. Es kommt dann vor, daß die angegriffenen und ihrer Vorräte beraubten Bienen selbst zu Räubern werden.

Die Honigbiene, *Apis mellifera,* lebte ursprünglich nicht in der Neuen Welt, sondern wurde erst von den Kolonisatoren eingeführt. Lange zuvor aber dienten bereits stachellose Bienen den Mayas als Honiglieferanten

Ihre Nester wurden in der Nähe der Maya-Siedlungen in hohlen Baumabschnitten angesiedelt und aus ihnen zweimal im Jahr Honig gewonnen. Allerdings sind die Honigvorräte der stachellosen Bienen weit geringer und nicht so schön übersichtlich angeordnet wie bei der Honigbiene. Doch würden auch wir sicherlich gern diesen Honig essen, wenn wir wie die Mayas in einer zuckerlosen Welt leben müßten.

IX

Es gibt vier Arten Honigbienen

Honigbienen entstehen aus Ochsen –, das glaubten allen Ernstes viele Leute in früheren Zeiten. Es gab damals ein Rezept zur Erzeugung von Bienenschwärmen, demzufolge man einen etwa zweijährigen Ochsen töten, seinen Kadaver zerkleinern, mit Thymianblättern bestreuen und in einem Stall für 4 bis 5 Wochen verschließen sollte. Wer danach den Stall öffnete, dem würde ein Bienenschwarm entgegenfliegen (über den ihm entgegenströmenden Geruch sagt das Rezept nichts!). Man brauchte dann den Schwarm nur noch mit Hilfe eines Thymian enthaltenden Gefäßes in einen leeren Bienenstock zu locken. Der Bienenkönig (kein Mensch kam damals auf den Gedanken, daß es sich um ein weibliches Wesen handeln könnte) entstand dabei, wie man glaubte, aus dem Gehirn des Ochsen. Nicht nur die Honigbiene ließ man damals aus Huftieren entstehen. Wespen und Hornissen gingen, wie man meinte, aus Pferden sowie Käfer aus Eseln hervor. Heute wissen wir, daß diese irrigen Anschauungen dadurch entstanden, daß in Kadavern sich bienen- und wespenähnliche Aasfliegen sowie Aaskäfer (natürlich aus den am Kadaver abgelegten Eiern) entwickelten.

In Übereinstimmung mit allen anderen staatenbildenden Insekten leben die Honigbienen in großen Mutterfamilien. Es gibt in jedem ihrer Staaten nur ein einziges fruchtbares Weibchen, die Königin, die alle Nachkommen hervorbringt. Männchen, auch Drohnen genannt, sowie fruchtbare Weibchen, die jungen Königinnen, treten nur zu bestimmten Zeiten auf. Die Hauptmasse des Volkes wird von unfruchtbaren Weibchen, den Arbeiterinnen, gebildet. Ihre rastlose vielseitige Arbeit gilt dem Wohl ihres Staates.

Die oft als Haustier bezeichnete Honigbiene, *Apis mellifera,* ist uns allen vertraut. In Wirklichkeit hat der Mensch sie nicht in dem für Haustiere üblichen Sinn gezähmt. Er paßte sich vielmehr den Bedürfnissen der Honigbiene an und versorgt sie mit allem was sie braucht, in erster Linie mit einer Wohnung. Dadurch, daß er den Bienen nützt, kann er selbst aus ihnen Nutzen ziehen.

Honigbienen bewohnen vom Menschen hergestellte Bienenstöcke bzw. hohle Bäume oder ähnliche abgeschlossene Räume. In diesen Hohlräumen bauen sie ihre Waben aus reinem Wachs, das ihr Körper abscheidet. In einem Teil der Wabenzellen werden die Jungen aufgezogen, im anderen Teil Nahrungsvorräte eingelagert. Sie sammeln große Mengen Honig an, die den Menschen interessieren, seit er im Steinzeitalter erstmals diese goldene Delikatesse kostete. Im Vergleich zur Honigbiene legen die Hummeln nur sehr kleine Honigvorräte an, da sie diese ja nur zur Überbrükkung ungünstiger Zeiten während des Sommers benötigen. Auch die stachellosen Bienen versorgen sich mit nur geringen Mengen Honig, denn sie leben in den Tropen und brauchen keine Vorsorge für den Winter treffen.

Unsere Honigbiene, *A. mellifera,* hat innerhalb der Evolution eine Hürde genommen, die kein anderes staatenbildendes Insekt unserer Breiten überwinden konnte, nämlich die Überwinterung als vollzähliges Volk. Damit jedoch noch nicht genug: das überwinternde Honigbienenvolk befindet sich nicht – wie etwa die überwinternde Hummelkönigin – in Kältestarre, sondern erhält seine Aktivität auch im strengsten Winter aufrecht, indem es eine Nesttemperatur erzeugt, die weit über der Außentemperatur liegen kann. Die Grundlage dieses Lebens im Winter bilden die während des Sommers angehäuften Honigvorräte, die der Mensch für sich in Anspruch nimmt und durch Zuckerwasser ersetzt.

Als Honigbienen bezeichnet man die Gattung *Apis,* die aus vier Arten sowie einigen Unterarten besteht. Ihren Ursprung hat diese Gattung wahrscheinlich in Asien, wo heute noch drei der vier Arten leben.

Primitivster Vertreter der Gattung ist die in den tropischen Gebieten Südasiens lebende Riesenhonigbiene, *A. dorsata.* Ihre einzige hüllenlose Wachswabe hängt von einem Ast herab und kann eine Länge von fast zwei Metern erreichen. Bis zu 40 Pfund Honig hat man schon aus einer solchen Riesenwabe gewonnen. Ihre Zellen haben alle die gleiche Größe und Gestalt, ob sie nun Honig, Königinnen, Drohnen oder Arbeiterinnen enthalten. Die Biene selbst ist etwa doppelt so groß wie unsere westliche Honigbiene. Die Riesenhonigbienen sind wegen ihrer Stiche gefürchtet. Berichten zufolge sollen durch sie schon mehrfach Menschen getötet worden sein.

Trotz zahlreicher Versuche ist es dem Menschen nicht geglückt, *A. dorsata* zu domestizieren, also zu einem Haustier zu machen. Sie kann es sich nicht abgewöhnen, bei mancherlei Anlässen einfach ihre Wabe zu verlassen und abzuwandern. Das geschieht zum Beispiel, wenn andere Insekten, etwa Ameisen, ihre Wabe bedrohen oder wenn ihre Nahrungsvorräte knapp werden und die Umgebung das Volk nicht mehr ernähren kann oder auch einfach dann, wenn sie an anderer Stelle bessere Nahrung findet.

Apis florea ist die zweite in Südasien beheimatete Honigbiene. Sie wird als kleine oder Zwerghonigbiene bezeichnet, ein Name, der nicht nur in bezug auf ihre große Nachbarin berechtigt ist, denn mit nur etwa 8 mm Länge ist sie wesentlich kleiner als alle anderen Honigbienen. Die Zwerghonigbiene baut ebenso wie die Riesenhonigbiene eine einzelne, frei von einem Ast herabhängende Wabe, deren Länge aber nicht in Metern, sondern in Zentimetern, und deren Honigvorrat nicht in Pfund, sondern in Gramm zu messen sind. Sie baut im Gegensatz zu *A. dorsata* vier verschiedene Typen von Zellen innerhalb ihrer kleinen Wabe: einen Typ für den Honig und je einen Typ für Königinnen-, Drohnen- und Arbeiterinnenbrut. Auch diese Bienenart sucht das Weite, wenn ihr die Bedingungen nicht mehr zusagen. Doch ist sie wegen ihres geringen Honigvorrats ohnehin für den Menschen wirtschaftlich nicht sehr interessant. Ihr Honig ist jedoch besonders fein und wird für medizinische Zwecke gesammelt.

A. mellifera ist, wie bereits erwähnt, als westliche Honigbiene bekannt. Man nennt sie auch Haus-Honigbiene oder einfach Honigbiene. Sie liegt unserer folgenden Betrachtung über den Bienenstaat zugrunde. In Südasien ist *A. indica* die domestizierte Honigbiene. Sie wird als östliche Honigbiene bezeichnet und ist mit unserer westlichen Art nahe verwandt. Beide Arten kommen auch wildlebend vor: *A. mellifera* in Eurasien, Afrika und Amerika, *A. indica* im südlichen Asien. Sie stimmen unter anderem darin überein, daß sie Vielwaben-Nester in Höhlungen bauen und domestiziert wurden, um dem Menschen als Honigproduzenten zu dienen. Einer ihrer Unterschiede besteht darin, daß die östliche Art kleiner ist als die westliche.

Die Vorfahren unserer westlichen Honigbiene haben wahrscheinlich in Asien gelebt. Von hier aus hat sich die Art über Eurasien und Afrika verbreitet. Die im Laufe der Erdgeschichte entstandenen Land- und Wasser-Barrieren haben dann dazu geführt, daß isolierte Teile dieser Art sich zu verschiedenen Rassen entwickelten, die sich im Aussehen und Verhalten etwas voneinander unterscheiden. Sie alle wurden bereits untereinander gekreuzt. Insbesondere hat man die westlichen Rassen viel für Kreuzungsversuche verwendet, so daß heute zahlreiche Mischformen existieren. Im Zuge dieser Entwicklung ist der Mensch von der reinen Domestikation zur Züchtung übergegangen. Er kann heute mit Hilfe der künstlichen Besamung von Königinnen die Eigenschaften der Honigbiene in seinem Sinne verändern.

Einige besonders große geographische Schranken konnte die westliche Honigbiene nicht selbst überwinden: die Entfernungen von Europa bzw. Afrika nach Amerika und nach Australien. Dort wurde sie von Kolonisten angesiedelt und später wildlebend. Diese sekundären Wildbienen nannten die nordamerikanischen Indianer „englische Fliegen".

X

1 Pfund Wachs = 35 000 Zellen = 22 Pfund Honig

Alle bisher betrachteten staatenbildenden Hautflügler: die Wespen, Hummeln und stachellosen Bienen, bauen – wie wir sahen – ihre Waben waagerecht und demgemäß die Zellen senkrecht, wobei diese entweder nach unten oder nach oben offen sind. Die Honigbiene konstruiert ihr Nest ganz anders: sie baut die Waben senkrecht und damit die Zellen waagerecht. Die Waben der Honigbiene sind wahre Meisterwerke der Baukunst. Sie bestehen aus senkrecht hängenden dünnen Wachsplatten, die beidseitig mit waagerechten sechseckigen Zellen lückenlos besetzt sind. Jeder Bienenstock enthält mehrere Waben, die parallel zueinander hängen.

Ursprünglich wurden, bzw. werden heute noch bei den wildlebenden Bienen, die Waben in hohle Bäume, Felshöhlen und andere oberirdische Räume eingebaut. Der Mensch hat während der letzten paar Jahrtausende *A. mellifera* mit hohlen Stammabschnitten, Körben und anderen künstlichen Wohnräumen versehen, um sie in seiner Nähe anzusiedeln und ihren Honig zu gewinnen. Heute sind die modernen Bienenstöcke im Gebrauch: einzelne oder zu mehreren aufeinanderstehende Holzkästen, deren jeder eine ausziehbare Decke besitzt. An dieser Decke hängen einzeln entnehmbare Holzrahmen, in die hinein die Bienen ihre Waben bauen (Abb. 14). Der Imker öffnet den Stock von Zeit zu Zeit, nimmt die mit Honig gefüllten Rahmen-Waben heraus und wechselt sie gegen andere Rahmen aus.

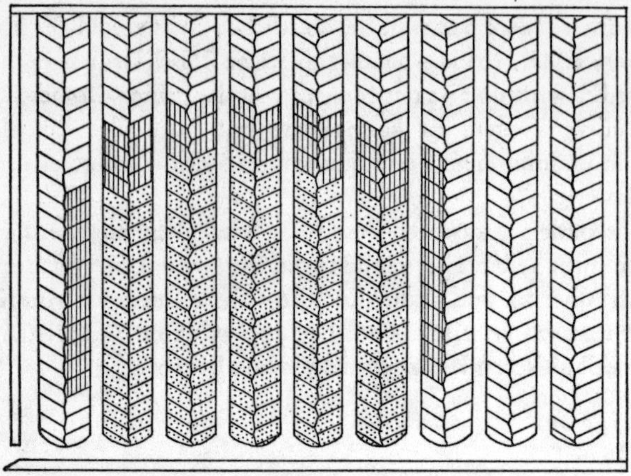

Abb. 14. Längsschnitt durch einen Bienenkasten mit 9 Waben, um Lage und Ausdehnung des Brutnestes zu zeigen. Punktiert = Brut enthaltende Zellen; schraffiert = Zellen, in denen Blütenstaub gelagert ist; weiß = mit Honig gefüllte Zellen. Die Waben enthalten nur Arbeiterinnen-Zellen; es sind noch keine Drohnen- und Königinnen-Zellen gebaut. Nach von Frisch.

Das Wachs für den Wabenbau wird allein von den Arbeiterinnen erzeugt. Es wird in Form kleiner Schuppen von Drüsen ausgeschieden, die an der Unterseite des Hinterleibes zwischen den Segmenten liegen. Die hervorquellenden Wachsschüppchen werden mit den Beinen vorwärts zu den Mundgliedmaßen transportiert, dort geknetet und schließlich in die Waben eingebaut. Altes Wachs wird manchmal abgetragen und wiederverwendet. In sehr geringer Menge können dem Wachs auch andere Materialien, vor allem Pollen, beigemischt sein.

Die sechseckige Form der Zellen erbringt bei minimalem Materialverbrauch einen höchstmöglichen Gewinn an Raum. Jede der sechs Wände einer Zelle dient als Wand für eine angrenzende Zelle, so daß auch nicht der kleinste Raum dabei verschwendet wird. Man hat festgestellt, daß auf diese Weise aus einem Pfund Wachs etwa 35 000 Zellen entstehen, in denen ebenso viele Bienen aufgezogen oder rund 22 Pfund Honig gelagert werden können.

Drei Arten von Brutzellen werden gebaut: kleine Arbeiterinnen-, mittelgroße Drohnen- und große Königinnenzellen. Letztere unterscheiden sich von den beiden anderen auch dadurch, daß sie erdnußförmig gestaltet sind und irregulär von den Rändern der Waben herabhängen. Die Arbeiterinnenzellen nehmen gewöhnlich den mittleren Teil der Brutwaben ein, während die Drohnenzellen mehr in den äußeren Partien liegen.

Im Sommer jedoch ist nur ein Teil der Arbeiterinnenzellen mit Brut besetzt, der andere Teil dagegen mit Nahrungsvorräten gefüllt (s. Abb. 14). Dabei wird gewöhnlich der Pollen in Arbeiterinnenzellen unmittelbar in der Nähe der Brut gelagert, während sich der Honig weiter außen in den größeren Drohnenzellen befindet. Diese Anordnung erleichtert den mit der Larvenaufzucht beschäftigten Arbeiterinnen ihre Arbeit. Außer den kombinierten Brut-Pollen-Honig-Waben gibt es noch reine Vorratswaben, in denen Honig gelagert ist. Aus ihnen kann der Imker den Honig gewinnen, ohne dabei die Bruten zu beeinträchtigen. Auch die Honigwaben bestehen aus Arbeiterinnen- und Drohnenzellen; es gibt keine eigens geformten Vorratszellen.

Die Brutaufzucht beginnt gegen Ende des Winters oder im zeitigen Frühjahr und hält bis in den Spätherbst hinein an. Die Königin ist alleinige Eiproduzentin. Sie kann im Verlauf von 24 Stunden 1000 bis 2000 Eier ablegen, deren Gewicht ihr eigenes Körpergewicht übertrifft. Während des arbeitsreichen Sommers erschöpft sich die Lebenskraft der Arbeiterinnen schnell; ihre durchschnittliche Lebensdauer beträgt dann nur etwa fünf Wochen. Daher muß ununterbrochen für Nachschub an jungen kräftigen Arbeiterinnen gesorgt werden. Insgesamt legt eine Königin oft 100000 bis 200000 Eier im Jahr ab, um ein starkes Volk, das bis zu 80000 erwachsene, gleichzeitig arbeitende Bienen umfaßt, aufrechtzuerhalten. Diese Leistung ist um so erstaunlicher, als die Lebenszeit und damit Eiablegezeit der Bienenkönigin mehrere Jahre andauert.

Unablässig wandert die Königin auf den Brutwaben umher und inspiziert jede einzelne Zelle. Sobald sie eine Zelle entdeckt, die leer und als Vorbereitung zur Eiaufnahme gereinigt worden ist, biegt sie ihre Hinterleibsspitze hinein und legt innerhalb weniger Sekunden ihr längliches Ei ab (Abb. 15). Dann setzt sie ihren Inspektions- und Eiablagegang fort. Mit der Eiablage endet ihre Tätigkeit und beginnt die der Arbeiterinnen, die als Nährmütter für die Brut sorgen.

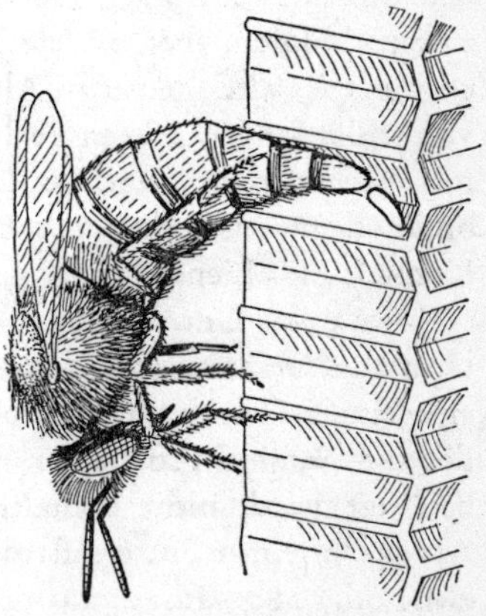

Abb. 15. Bienenkönigin bei der Eiablage. Nachdem die Königin durch Hineinstecken des Vorderleibs in die Zelle sich davon überzeugt hat, daß diese leer und zur Aufnahme eines Eies geeignet ist, schiebt sie, mit dem Kopf nach unten, ihr Hinterleibsende hinein und legt ein Ei ab. Nach VON FRISCH.

Zwischen dem vierten und fünften Tag entschlüpft die Larve dem Ei. Sofort beginnt eine Arbeiterin damit, sie zu füttern. Bereits fünf Tage später ist die Arbeiterinnenlarve erwachsen und reif zur Verpuppung. Die Nährmütter stellen dann ihre Fütterung ein und verschließen die Zelle mit einem Wachsdeckel. Im Inneren der verschlossenen Zelle spinnt die erwachsene Larve einen Puppenkokon (Abb. 16). Die Entwicklungszeit der Puppe ist je nach Kaste verschieden. Von der Eiablage gerechnet, schlüpfen die fertigen Königinnen nach ungefähr 16, die Arbeiterinnen nach 21 und die Drohnen nach 24 Tagen.

Die für jede einzelne Larve aufgewendete Mühe ist phänomenal. Einer der bekanntesten Bienenforscher, M. LINDAUER, fand, daß eine Brutzelle zwischen der Eiablage und dem Verschluß nicht weniger als 2785mal von Arbeiterinnen besucht wurde. Zusammengerechnet dauerten diese Besuche 10 Stunden, 16 Minuten und 8 Sekunden. Und das für eine Larve, während die Zahl der gleichzeitig zu versorgenden Larven in die Tausende geht! Ein anderer Forscher zählte in einem Bienenstock annähernd 38000 mit Eiern, Larven und Puppen besetzte Zellen. An einem einzigen Tag können tausend und mehr Eier abgelegt werden, ebenso viele Larven aus Eiern schlüpfen, ebenso viele junge Bienen die Puppenhülle verlassen und ebenso viele alte Bienen an Alter, Unfällen oder Krankheiten sterben. Die von schlüpfenden Bienen verlassenen Zellen werden von den Arbeiterinnen sofort gereinigt und für die Aufnahme neuer Eier vorbereitet. Und so bildet denn das Leben des Bienenvolkes eine unaufhörliche Folge von Kreisen: Ei – Biene – Ei.

LINDAUERS Untersuchungen zeigten auch, daß die Honigbienen-Arbeiterin eine Gesamtzeit von 109 Minuten und 37 Sekunden aufwendet, um eine einzige Larve zu füttern. Hierin ist der beträchtliche Zeitaufwand, der zum Sammeln sowie zur Vorbereitung der Nahrung für die Fütterung benötigt wird, nicht enthalten. Die Fütterung besteht darin, daß die Arbeiterin einen Futtersafttropfen an die Wand oder auf den Boden der Zelle oder auch einfach auf die Larve selbst absetzt. Die Larve findet den Tropfen schnell und schlürft ihn ein. Die Fütterung geht also nicht von Mund zu Mund vor sich. Im Gegensatz zu den staatenbildenden Wespen bieten die Honigbienen-Larven ihren Ammen kein Sekret als Gegengabe. Wie früher erwähnt, ist die Rolle der larvalen Sekretgabe bei den Wespen noch nicht geklärt. Man sieht am Beispiel der Honigbiene, daß es auch ohne dem geht.

In ihren ersten drei Lebenstagen nehmen alle Honigbienenlarven, ob sie nun zu Arbeiterinnen, Drohnen oder Königinnen werden, den gleichen, von den jungen Arbeiterinnen erzeugten Futtersaft als alleinige Nahrung

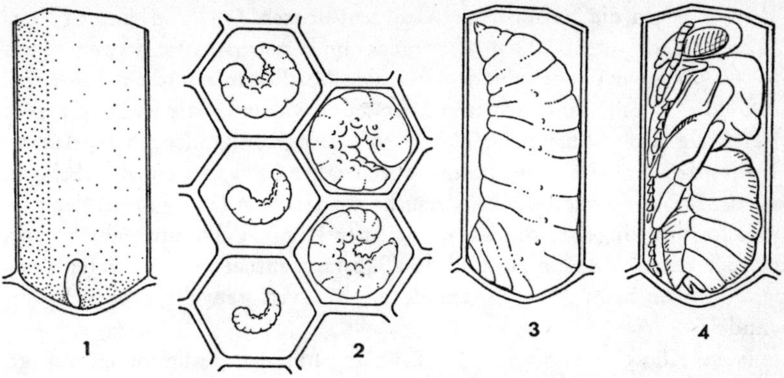

Abb. 16. Entwicklungsstadien der Honigbiene. 1. Ei, am Grunde einer offenen Zelle; 2. fünf verschiedene alte Larven, von oben gesehen; 3. und 4. verpuppungsreife Larve und Puppe; ihre Zellen wurden von den Arbeiterinnen nach Beendigung der Fütterung mit einem Wachsdeckel verschlossen. Nach DADE und FREE, verändert.

zu sich. Er ist ein Produkt der Pharynx-Drüsen und wird auch als „Bienenmilch" bezeichnet. Nach dem dritten Tag ändert sich die Nahrung je nach der Zukunft der Larven. Die sich zu Arbeiterinnen oder Drohnen entwickelnden Larven erhalten weiterhin Bienenmilch, welcher jetzt jedoch Honig und Pollen beigemischt sind. Dagegen werden die Larven, die zu Königinnen werden sollen, weiterhin mit reiner Bienenmilch gefüttert, die man nunmehr „Königinnengelee" nennt. Hinzu kommt, daß diese Larven Nahrung im Überfluß erhalten. Ihre Zellen sind besonders groß und können daher einen Vorrat aufnehmen, den die Arbeiterinnen immer wieder auffüllen.

Die Drohnen entwickeln sich aus unbefruchteten Eiern, die von der Königin oder gelegentlich auch von Arbeiterinnen in besonderen Drohnenzellen abgelegt werden. Alle weiblichen Tiere gehen aus befruchteten Eiern hervor. Daß aus solchen Eiern sowohl Arbeiterinnen als auch Königinnen werden können, ist ein Problem, das noch nicht völlig gelöst ist. Sicher spielen dabei die Qualität sowie die Menge der Larvennahrung eine wichtige Rolle. Auf jeden Fall liegt der bestimmende Faktor nicht im Ei selbst. Das ist wiederholt dadurch bewiesen worden, daß man eine weniger als drei Tage alte (und daher noch mit der Universal-Erstnahrung gefütterte) Larve aus einer Arbeiterinnenzelle in eine Königinnenzelle verlegte. Diese Larve erhielt nunmehr die Königinnennahrung und wurde zu einer Königin, obgleich sie aus einem zu einer Arbeiterin bestimmten Ei stammte.

Wenn dagegen die Verlagerung nach dem dritten Tag (und damit bereits während der Spezialfütterung) vorgenommen wurde, entwickelte sich aus der umgesetzten Larve je nach Alter eine Mischform zwischen Arbeiterin und Königin oder eine Arbeiterin. Erstaunt war man, als eine noch nicht drei Tage alte Arbeiterinnenlarve, die mit Königinnengelee gefüttert wurde, den man im Kühlschrank aufbewahrt hatte, zu einer Arbeiterin wurde. Bei Wiederholung des Versuchs mit frischem Königinnengelee entwickelte sich hingegen die Larve zu einer Königin. Daraus geht hervor, daß der Gelee eine Königin bildende Substanz enthält, die bei tiefer Temperatur oder beim Älterwerden des Gelees verlorengeht oder sich umwandelt.

Neue Königinnen werden im Frühjahr mit der Bestimmung erzeugt, neue Bienenstaaten zu gründen. Diese Aufgabe erfüllen sie nicht etwa dadurch, daß sie kurz nach dem Schlüpfen den Bienenstock verlassen, sondern daß sie im Gegenteil in ihm bleiben. Denn bei der Honigbiene ist es in der Regel die alte Königin, die den Staat verläßt. Die Arbeiterinnen fangen also im Frühjahr zu einer Zeit, wenn die Bedingungen hierfür günstig sind (wobei niemand genau weiß, was alles zu diesen Bedingungen gehört), damit an, Königinnenzellen zu bauen. Diese sind, wie bereits erwähnt, völlig anders gestaltet als die sechseckigen Normalzellen. Sie haben zu Anfang meist die Form eines Fingerhuts und hängen mit der Öffnung nach unten von den Wabenrändern herab. Im gleichen Maße wie die Larven heranwachsen, werden die Zellen vergrößert, bis sie schließlich die Form einer Erdnuß aufweisen. Von dieser Art Zellen wird etwa ein halbes Dutzend angefertigt. Die sich darin entwickelnden Larven erhalten in überreichlicher Menge eine Spezialnahrung, die in Verbindung mit anderen Ernährungsfaktoren ihre Entwicklung zur Königin bestimmt.

Sobald die erste junge Königin schlüpfbereit ist, wird ihre Zelle, die ja vor der Verpuppung der Larve verschlossen wurde, von den Arbeiterinnen geöffnet. Gleichzeitig bereitet sich ein Teil der Arbeiterinnen darauf vor, zusammen mit der alten Königin den Stock zu verlassen. Zu diesen Vorbereitungen gehört unter anderem auch, daß sie sich noch einmal richtig mit Honig aus den Vorratszellen vollstopfen. Die alte Königin, deren Eiproduktion mit dem Erscheinen der jungen Königin nachläßt, wird zusehends schlanker und damit für den Flug besser geeignet.

Einige noch unbekannte Faktoren veranlassen den zum Aufbruch bereiten Teil des Volkes, der bis zur Hälfte der Nestbewohner umfassen kann, zum plötzlichen gemeinsamen Abflug. Die den Schwarm anführenden Bienen setzen sich bald an einer erhöhten Stelle, wie zum Beispiel an einem Baumast, fest, worauf alle anderen Schwarmbienen ihrem Beispiel folgen: eine Biene klammert sich an die andere, bis eine große Traube oder besser gesagt ein großer brodelnder Klumpen von Bienen entstanden ist. In dieser Form kann der Schwarm einige Minuten bis mehrere Tage lang bleiben. Hält er sich längere Zeit am Ort auf, machen sich Späherbienen auf den Weg, um nach einer zum Nestbau geeigneten Höhle zu suchen. In einigen Fällen beginnen die Späherinnen sogar mit ihrer Suche bereits zu einer Zeit, wo der Schwarm sich noch im alten Stock befindet. Sobald ihre Suche von Erfolg gekrönt ist, kehren die Späherbienen zum Schwarm zurück und führen diesen nun in seine neue Heimat. Gelegentlich wird eine zum Nestbau geeignete Höhle aber nicht gefunden. Dann beginnt der Schwarm dort, wo er sich gerade befindet, seine Waben zu bauen. Derartige offene Nester existieren jedoch niemals lange, allein schon deshalb, weil sie den Winter nicht überstehen können.

Im alten Bienenstock erwarten inzwischen die zurückgebliebenen Arbeiterinnen das Schlüpfen der neuen Königinnen. Die als erste schlüpfende Königin wird in der Regel die neue Herrscherin. Alle anderen noch ungeschlüpften Königinnen werden in ihren Zellen von der neuen Königin oder von den Arbeiterinnen, oder auch von beiden zusammen, abgetötet. Sodann begibt sich die Königin innerhalb weniger Tage auf ihren Hochzeitsflug.

Die Paarung der Königin mit einem Drohn findet also nicht im Bienenstock statt. Nicht selten wird die jungfräuliche Königin bei ihrem Flug von einer Anzahl Arbeiterinnen und Drohnen begleitet; man nennt dies dann einen Hochzeitsschwarm. Der Flug kann bis zu einer Entfernung von mehreren Kilometern führen. Die Königinnen und Drohnen eines Gebietes haben, wie man erst neuerdings entdeckte, ganz bestimmte Begegnungsplätze, die alljährlich benutzt werden, obgleich es sich in jedem Jahr um eine andere Generation handelt. Sobald die Königin auf einem dieser Plätze angekommen ist, lockt sie die Drohnen mit dem Duft eines Sekrets aus ihren Kieferdrüsen an. Sie wird daraufhin von meist mehreren Drohnen verfolgt, von denen der erste, der sie einholt, die Kopulation mit ihr vollzieht. Das normalerweise im Körper verborgene männliche Genitalorgan wird dabei durch Muskeldruck schnell herausgestreckt und dringt in die Geschlechtsöffnung der Königin ein. Teile des Organs verankern sich während der Kopulation so fest im Hinterleib der Königin, daß diese sich nur dann vom Männchen befreien kann, wenn die Teile abbrechen. Der Drohn stirbt danach schnell ab. Er kann sogar bereits vor dem Abbrechen seines Genitals – noch an der Königin hängend – sterben, weil offensichtlich der Begattungsprozeß zu seiner völligen Erschöpfung führt.

Die begattete Königin kehrt zu ihrem Stock zurück. Die oft noch mit ihr verbundenen Organteile des Drohns lösen sich nach kurzer Zeit von selbst oder werden von den Arbeiterinnen entfernt. Nunmehr übernimmt die neue Königin die Pflichten, die früher ihre Mutter erfüllte, bis sie im nächsten Jahr selbst die Rolle der alten Königin spielen wird. Wenn alles bis dahin gut geht, verläßt auch sie dann mit einem Schwarm den Stock, um einen neuen Staat zu gründen, so wie ihre Mutter es tat.

Es kommt vor, daß die Arbeiterinnen die erstgeborene Königin daran hindern, die anderen noch in ihren Zellen sitzenden jungen Königinnen zu töten. Sie sorgen dann auch dafür, daß letztere, obwohl sie schlüpfbereit sind, ihre Zellen nicht verlassen. Würden sie dies nicht tun, käme es sofort zu einem Kampf zwischen den Königinnen, der jedoch offensichtlich nicht in den Plan der Arbeiterinnen paßt. Sie legen Wert auf gesunde Königinnen. Es muß diesem Am-Leben-Lassen mehrerer Königinnen tatsächlich so etwas wie ein Plan zugrunde liegen, doch wissen wir nicht, wie dieser zustande kommt. Jedenfalls respektiert die erstgeborene Königin diesen Plan: sie umgibt sich vor oder unmittelbar nach ihrem Hochzeitsflug mit einem Schwarm Arbeiterinnen und verläßt den Stock, um ebenso wie ihre Mutter einen neuen Bienenstaat zu gründen. Auf diese Weise kann ein Staat zwei oder mehrere Gründungsschwärme bilden. Der von der alten Königin angeführte Schwarm wird als „Primärschwarm“ bezeichnet, während alle späteren Schwärme desselben Staates zur selben Schwarmzeit „Sekundärschwärme“ sind. Nun erhalten allerdings die Arbeiterinnen dadurch, daß sie die erstgeborene Königin an der Tötung ihrer noch ungeschlüpften Schwestern hindern, in ihrem Stock oft mehr Königinnen, als zur Schwarmbildung sowie zur Übernahme der Regentschaft des Mutterstaates nötig sind. Diese überzähligen Königinnen werden dann im Verlauf einer im Stock ausbrechenden Bienenschlacht getötet, deren Siegerin den „Thron besteigt“.

Wenn die Königin eines Staates zu alt wird oder aus anderen Gründen nicht mehr imstande ist, ihre Pflichten zu erfüllen, treffen die Arbeiterinnen Vorbereitungen, um eine Nachfolgerin aufzuziehen. In der Regel geschieht dies, indem sie einige Königinnenzellen herrichten und die erste daraus schlüpfende Königin nach ihrem Hochzeitsflug an die Stelle der alten Königin setzen. Die Begegnung der jungen Königin mit der alten verläuft im allgemeinen für die letztere tödlich. Nur ausnahmsweise leben Mutter und Tochter noch einige Zeit zusammen und teilen sich in die Eiproduktion. Stirbt die Königin eines Bienenstaates plötzlich, ohne daß Vorsorge für eine Nachfolgerin getroffen wurde, bauen die Arbeiterinnen eilends eine normale, mit einem Ei oder einer jungen Larve versehene Zelle in eine Königinnenzelle um und ziehen darin eine neue Königin auf.

Hummeln, viele Wespen und die meisten Ameisen schicken ihre Königinnen am Ende des Staatenlebens hinaus in die Welt mit dem Auftrag, ganz allein auf sich gestellt neue Staaten zu gründen, quasi nach dem Motto: schwimm oder ertrinke! Stachellose Bienen hingegen geben, wie wir sahen, der jungen Königin einen Trupp Arbeiterinnen mit auf den Weg. Hier bleibt der alte Staat sogar noch eine Zeitlang mit dem neuen in Verbindung und gewährt ihm in Form von Honig eine Starthilfe. Man könnte nun meinen, daß die so hoch entwickelte Honigbiene mit der Fürsorge für ihre jungen Staaten noch weiter als die stachellosen Bienen ginge. Das ist aber nicht der Fall. Ihre aus der alten Königin und einem Trupp Arbeiterinnen bestehenden Gründungsschwärme haben zwar den Vorteil, eine in der Eiproduktion bewährte Königin zu besitzen, doch sind sie ohne Verbindung zum alten Staat und müssen deshalb außer der Wohnung auch noch Nahrung suchen, denn ihr einziger Honigvorrat ist der, den sie sich vor ihrer „Abreise“ im Kropf mitgenommen haben. Aber auch die im alten Nest zurückbleibenden Arbeiterinnen sehen sich einer schwierigen Situation gegenüber. Sie verfügen zwar über Nahrungsvorräte, jedoch vorläufig noch nicht über eine Königin. Wenn den sich entwickelnden Königinnenlarven oder der frisch geschlüpften Königin ein Mißgeschick zustoßen sollte etwa derart, daß letztere keinen Kopulationspartner fände, würde das für den Staat eine Katastrophe bedeuten. Wir fragen uns: wodurch wird die einzelne Arbeiterin, die ja nicht denken und nicht verstandesmäßig entscheiden kann, dazu bestimmt, entweder zu schwärmen und damit ihre Zukunft an diejenige der alten Königin zu binden — oder aber im Staat zu bleiben und sozusagen ihren Honig auf die neue Königin zu setzen?

XI

Eine Mutter, 500 Söhne und 500000 Töchter

Zu einer Zeit, als Geschichtsaufzeichnungen einfach aus Felsmalereien bestanden, malte ein Felshöhlenmaler in einem Gebiet, das heute zu Spanien gehört, eine Szene: ein Mann sammelt Honig aus einem Nest der wilden Honigbiene. Viel später, jedoch immer noch mehr als 2500 Jahre vor Christi Geburt, schufen die Ägypter eine Tempelskulptur, aus der hervorgeht, daß sie bereits Honigbienen als Haustiere hielten. Seit tausenden von Jahren interessieren den Menschen an der Honigbiene vor allem zwei Dinge: einmal die Honig- und Wachserzeugung, und zum anderen das wunderbare Leben der Biene selbst. Jedoch erst zu Anfang des 17. Jahrhunderts wurde entdeckt, daß die Drohnen Männchen sind, und daß der Herrscher und wichtigste Angehörige des Bienenstaates kein König, sondern eine Königin ist. Nachdem dies entdeckt war, vergingen nochmals zwei Jahrhunderte, bis die Grundzüge der Organisation des Bienenstaates

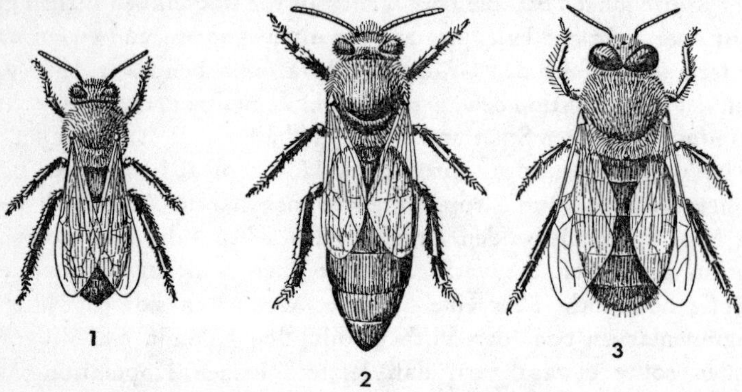

Abb. 17. Die drei Kasten der Honigbiene *Apis mellifera*. 1. Arbeiterin; 2. Königin; 3. Drohn (dreifach vergrößert).

sowie die Beziehungen zwischen Königin, Drohnen und Arbeiterinnen einigermaßen erkannt waren.

Heute ist allgemein bekannt, daß dem Staatswesen der Honigbiene eine Königin vorsteht, von der die Existenz des Staates in erster Linie abhängt. Bekannt ist auch ein großer Teil der Lebens- und Verhaltensweise der Arbeiterinnen und Drohnen. Wir wissen, daß jede dieser drei Kasten für den Bienenstaat lebensnotwendig ist (Abb. 17).

Da sind zunächst einmal die männlichen Honigbienen, die Drohnen. Ihr einziger Lebenszweck besteht darin, sich mit einer jungen Königin zu paaren. Da ein normaler Bienenstaat meist nur drei oder vier junge Königinnen, dagegen mehrere hundert Drohnen im Jahr erzeugt, sind die weitaus meisten Drohnen zu einem sinnlosen Leben verurteilt.

Der Körper der Drohne, oder wie man wohl besser sagt: des Drohns, ist seiner spezifischen Aufgabe in hohem Maße angepaßt. Er ist etwas größer und vor allem kräftiger als der Körper der Arbeiterin und hat starke Flügel und Flugmuskeln, um die fliegende Königin auf ihrem

Hochzeitsflug einholen zu können. Die zum Auffinden der Königin notwendigen Sinne des Drohns sind besser entwickelt als die der beiden weiblichen Kasten. Die Augen sind besonders groß: ein Drohnenauge hat mehr als zweieinhalbmal so viele Facetten wie ein Königinnenauge und zweimal so viele wie ein Arbeiterinnenauge. Auch das Geruchsvermögen ist sehr stark entwickelt. Beide Sinne: Sehen und Riechen, sind von höchster Wichtigkeit für das Auffinden der jungen Königin. Die Partien des Drohnengehirns, die mit dem Sehen zu tun haben, sind auffallend groß entwickelt; dagegen sind die als Pilzkörper bekannten Gehirnteile, die man als die Zentren des gerichteten Verhaltens betrachtet, kleiner als bei den beiden anderen Kasten. Das Gehirn des Drohns ist auf das Finden der Königin hin ausgerichtet; darüber hinaus leistet es nur wenig.

Das Verdauungssystem der männlichen Biene ist reduziert. Die Drohnen werden entweder von den Arbeiterinnen gefüttert oder nehmen sich einfach selbst von dem im Nest gespeicherten Honig. Sie fliegen nie auf Nahrungssuche. Ihnen fehlen die dichte Körperbehaarung und die Pollentaschen an den Beinen, beides Requisiten der Nahrung sammelnden Arbeiterinnen. Die Drohnen arbeiten überhaupt nichts. Sie besitzen auch keinen Stachel. Kurz nach ihrem Schlüpfen verlassen sie den Stock, um nach einer unbegatteten Königin zu suchen. Sollten sie infolge ihrer begrenzten Sinnesfähigkeiten nicht wieder nach Hause finden, so werden sie – vorausgesetzt, daß Schwärmzeit ist – auch von anderen Stöcken aufgenommen und versorgt. Eine derartige Vorzugsbehandlung erfahren allein die Männchen; fremde Weibchen – ob Königinnen oder Arbeiterinnen – sind unerwünscht und werden getötet, sobald sie in einen fremden Stock einzudringen versuchen.

In Anbetracht, daß die Existenz des Bienenmännchens ganz auf das Fortpflanzungsgeschäft abgestellt ist, sind seine Fortpflanzungsorgane hoch entwickelt. Ein Drohn muß imstande sein, eine so große Zahl an Samenfäden (Spermien) zu erzeugen, daß sie für das ganze Leben der Königin ausreicht, und er muß weiterhin imstande sein, diese große Menge während des kurzen Begattungsaktes auf die Königin zu übertragen. Da eine Königin bis zu 400000 und mehr Eier während ihres Lebens ablegen kann, von denen sie den größten Teil durch Hinzugabe von Spermien befruchtet, muß der Drohn eine unglaublich große Spermienmenge erzeugen.

Ein Männchen, das sein Ziel erreicht und mit einer Königin kopuliert, stirbt unmittelbar danach ab. Die nicht zur Kopulation gekommenen Drohnen kehren zum Stock zurück, wo sie so lange gefüttert werden, bis die Nahrungsvorräte zur Neige gehen oder der Herbst naht. Dann beenden die Arbeiterinnen die Fütterung und verhindern jeden weiteren

Zutritt zu den Nahrungsvorräten. Ja, sie schleppen sogar meistens die Drohnen aus dem Stock und stechen sie tot, falls sie Widerstand leisten. Die verstoßenen Drohnen gehen bald an Hunger zugrunde. So findet diese, von den Arbeiterinnen lange Zeit bediente und verwöhnte Kaste ein schmähliches Ende.

Aber auch die Honigbienen-Königin ist so stark für ihre Aufgabe spezialisiert, daß sie nur ein sehr eingeengtes Leben zu führen vermag. Sie ist unfähig, sich selbst zu ernähren, und sie kann auch nicht ohne Hilfe einen Staat gründen. Obgleich sie Mutter von maximal einer halben Million Kinder sein kann, ist sie nicht imstande, diese mit Wohnung und Nahrung zu versorgen, da ihr Körper keine Wachsdrüsen und auch keine Einrichtungen zum Pollensammeln besitzt. Ihr Seh-, Tast- und Riech-Sinn sind weniger gut entwickelt als die der Arbeiterinnen und Drohnen. Die Pilzkörper ihres Gehirns sind etwas größer als bei den Drohnen, jedoch kleiner als bei den Arbeiterinnen. Ihr Verdauungssystem ist unterentwickelt. Die Evolution hat die Bienenkönigin zu einer Eilegemaschine entwickelt und demgemäß ihre Reproduktionsorgane besonders leistungsfähig gemacht. Als Eiproduzentin ist sie absolute Spitzenklasse. Eine Königin kann zum Saisonbeginn, im Frühling, sowie zum Ende der Saison, im Herbst, täglich mehrere hundert Eier ablegen; dazwischen jedoch, im Sommer, kann sie auf 1500 Eier und mehr täglich kommen! Damit sie dieses Kunststück vollbringen kann, wird sie von den Arbeiterinnen ständig und reichlich mit hochwertiger vorverdauter Nahrung gefüttert. Zahlreiche Arbeitsbienen bilden eine unaufhörliche Arbeitskette zu ihrer Königin hin: holen für sie Nahrung, befühlen sie, füttern sie und reinigen ihren Körper durch Belecken, während sie auf den Waben unablässig ihre Eier legt.

Eine Königin kopuliert gewöhnlich nur einmal, zu Beginn ihrer Tätigkeit. Man nimmt zwar an, daß sie manchmal auf dem Hochzeitsflug auch mehrere Male begattet wird, doch ist die einmalige Begattung wahrscheinlich das Normale. So erstaunlich es ist, daß der Drohn eine für die ganze Lebenszeit der Königin ausreichende Spermienmenge produziert, so ist es nicht weniger erstaunlich, daß die Königin diese Spermien in ihrem Körper zu speichern und sie durch zwei bis fünf Jahre hindurch bei voller Lebenskraft aufzubewahren vermag.

Während des Begattungsvorganges drückt das Männchen die Spermien in den Eileiter der Königin hinein. Von dort gelangen sie in einen blasenförmigen Vorratsbehälter, die Spermatheca. Zwischen dieser und dem Eileiter besteht eine schlauchförmige Verbindung, der Spermathecal-Ductus. Jedes Ei, das von den Eierstöcken her den Eileiter hinabgleitet, kommt an der – normalerweise geschlossenen – Mündung dieses Ductus vorbei. Wenn im Augenblick des Vorbeiganges des Eies die Königin den Muskelverschluß des Ductus etwas öffnet, treten einige Spermien heraus, von denen ein Spermium durch eine bestimmte Pore in das Ei eindringt und es damit befruchtet. Nach dem Eindringen des Spermiums verschließt sich die Pore blitzschnell; jedes Ei wird nur von einem einzigen Samenfaden befruchtet. Das befruchtete Ei entwickelt sich nun – je nach der Larvenernährung – zu einer Arbeiterin oder einer Königin.

Soll aus einem Ei ein Drohn entstehen, muß die Befruchtung unterbleiben. Hierin liegt ein interessantes Problem. Bei der Winzigkeit der Bienenspermien können wir kaum annehmen, daß bei der Öffnung des Spermathecal-Ductus nur ein einziger Samenfaden hindurchtritt. Vielmehr ist damit zu rechnen, daß sich noch eine Anzahl weiterer Samenfäden in den Eileiter ergießt. Da nur einer davon das vorübergleitende Ei befruchtet, bleiben mehrere Spermien übrig, die automatisch die nächstfolgenden Eier befruchten würden. Die Königin hätte es dann nicht mehr „in der Hand", darüber zu entscheiden, ob ein Ei befruchtet wird oder nicht. Ganz offensichtlich ist sie aber imstande, diese Entscheidung Ei für Ei zu treffen. Das von ihr dabei angewandte System scheint völlig sicher zu sein. Zur Erklärung dieses Systems sind mehrere Theorien aufgestellt worden. Vielleicht transportiert jedes Ei die überzähligen Spermien aus dem Körper der Königin mit hinaus? Möglich auch, daß die das Ei verfehlenden Spermien in die Spermatheca zurückkehren, bevor das nächste Ei herabkommt. Oder vermag die Königin das zu einem künftigen Drohn bestimmte Ei bereits vor dem Passieren des Ductus so zu verändern, daß kein Spermium eindringen kann? Wieviel Fragen wirft allein noch die Eiablage der Bienenkönigin auf! Und wie wunderbar ist es im Grunde, daß hier im Körper eines kleinen Lebewesens Millionen von Spermien gespeichert und Hunderttausende von Eiern erzeugt werden, deren jedes einzelne die komplizierten Verhaltensweisen des daraus hervorgehenden Tieres bereits in sich birgt!

XII

Das Gehirn des Staates: die Arbeiterinnen

Die Hauptorganisatoren des Bienenstaates sind die Arbeiterinnen. Die Pilzkörper des Arbeitsbienengehirns sind größer als die der beiden anderen Kasten; und während Drohnen und Königin nur jeweils eine Hauptaufgabe innerhalb des Staates zu erfüllen haben, obliegt den Arbeiterinnen eine ganze Reihe fundamentaler Pflichten. Während ihrer Lebenszeit löst jede Arbeiterin alle oder doch zumindest die meisten Aufgaben, die dem ganzen Stand der Arbeiterinnen übertragen sind. Sie lernt nicht eine spezielle Arbeit und bleibt bei dieser ihr Leben lang, sondern ist vielseitig genug, die verschiedensten Tätigkeiten zu verrichten. Diese Vielseitigkeit ist jedoch nicht völlig von ihren geistigen Fähigkeiten, sondern zum großen Teil auch von der Tätigkeit ihrer Drüsen abhängig, die wiederum wesentlich von den Bedürfnissen des Staates beeinflußt wird.

Grob betrachtet, gliedert sich das Leben einer Arbeiterin in zwei Zeitabschnitte: im ersten hat sie Innen-, im zweiten Außendienst. Der typische Lebenslauf einer Arbeitsbiene verläuft wie folgt. Die ersten etwa drei Tage verbringt sie auf den Brutwaben vor allem mit dem Reinigen verlassener Zellen. Sie wird während dieser Tätigkeit, die sie auch noch öfter durch Ruhepausen unterbricht, von den älteren Arbeiterinnen gefüttert. Von etwa dem vierten bis zum elften Tage leistet sie Ammendienste: sie füttert sowohl die jungen Larven mit Brutnahrung aus ihrer Pharynxdrüse als auch die älteren Larven sowie die Königin mit Pollen und Honig. Auch sich selbst ernährt sie von den Honig- und Pollenvorräten des Nestes. Um den zwölften Tag herum hört sie mit Füttern auf, beginnt Wachs auszuscheiden und sich an den Bauarbeiten zu beteiligen. Des weiteren empfängt und verstaut sie zu dieser Zeit die von den Sammlerinnen zum Stock gebrachten Nahrungsvorräte und macht auch schon erste kurze Ausflüge, um die Umgebung des Stockes kennenzulernen. Ungefähr nach dem 21. Tag wird die Arbeitsbiene zur Sammlerin, die einen großen Teil ihrer Zeit außerhalb des Stockes zubringt. Nach zwei bis drei Wochen dieser Tätigkeit ist ihr Leben zu Ende. Der soeben skizzierte Arbeitsplan ist, wie gesagt, typisiert. Es würde schwerfallen, eine Biene zu finden, die diesem Plan exakt folgt. Im allgemeinen gibt er aber die Reihenfolge und den ungefähren Zeitabstand der Tätigkeiten wieder, die eine Arbeiterin in Übereinstimmung mit dem Entwicklungszustand ihres Körpers durchführt.

Die junge Arbeiterin reinigt die verlassenen Brutzellen, indem sie kopfüber in sie hineinkriecht, die darin befindlichen Überreste herausholt und die Zellwände mit ihren Mandibeln glättet. Einen Teil dieses Zeitabschnittes verbringt sie einfach mit Ausruhen sowie mit Umherlaufen auf den Waben. Aber auch das gereicht dem Nest zum Nutzen, denn ihre bloße Anwesenheit führt zu einer Temperaturerhöhung in den Brutzellen, die für die Larvenentwicklung sehr wichtig ist. In diesen ersten Tagen ist die junge Arbeiterin noch nicht imstande, sich aus den Nahrungsvorräten selbst zu versorgen; sie muß sich daher von ihren älteren Schwestern Nahrung erbetteln. Das tut sie, indem sie ihnen die Zunge entgegenstreckt. Ist eine ältere Arbeiterin gewillt, ihre Bitte zu erfüllen, würgt sie einen Nahrungstropfen hoch und bietet ihn – zwischen den Mandibeln haltend – der Bittenden an, die ihn sogleich einschlürft.

Etwa von ihrem vierten Lebenstage ab versorgt sich die Arbeiterin selbst mit Honig und Pollen aus dem Nestvorrat. Dabei bevorzugt sie den eiweißreichen Pollen. Während der ersten Tage dieser Lebensperiode hilft sie oft mit, die älteren Larven mit Honig und Pollen zu füttern. Durch die Aufnahme der Pollennahrung entwickeln sich binnen zwei bis drei Tagen ihre Pharynxdrüsen, welche die Junglarvennahrung, die bereits erwähnte Bienenmilch, produzieren. Sie bestehen aus Schläuchen, die in ihrer ganzen Länge knotige Anschwellungen zeigen und ihre Öffnungen am Grunde der Zunge haben. Ihr Sekret gelangt somit in den Mund der Arbeiterin, von wo es an die Larven weitergegeben wird. Die Bienenmilch ist ein Nahrungsmittel, das den noch nicht drei Tage alten Arbeiterinnen- und Männchenlarven, den Königinnenlarven jeden Alters sowie in großen Mengen der eierlegenden Königin gefüttert wird. Man nennt die Arbeiterinnen, die in ihren Pharynxdrüsen Bienenmilch erzeugen und mit ihr die jüngsten Larven füttern, auch „Ammenbienen".

Um den zwölften Tag herum hören die Pharynxdrüsen auf, Bienenmilch abzusondern. Nun beginnen die Wachsdrüsen mit ihrer Tätigkeit, und fortan beschäftigen sich die Arbeiterinnen mit Bauarbeiten. Das Wachs wird an der Unterseite des Hinterleibs in Form von Schüppchen ausgeschieden, von dort zu den Mundgliedmaßen bewegt und von diesen verbaut. Die Bauarbeiterinnen sammeln auch altes Wachs und verwenden es aufs neue. Sie erfüllen während der Zeit ihrer Bautätigkeit alle Aufgaben, die mit Wachs zusammenhängen: den Bau neuer Waben, Reparaturen an alten, Herstellung von Zellendeckeln und anderes mehr.

In dieser Periode beginnen die Arbeiterinnen auch damit, Nektar, Pollen und Wassertröpfchen, die von den Sammelbienen zum Nest gebracht werden, entgegenzunehmen und ihren Zwecken im Nest zuzuführen. Zugleich erwacht zu dieser Zeit ihr Interesse an der Außenwelt. Sie fangen an, Erforschungsflüge zu unternehmen, um die Umgebung des Stockes kennenzulernen und sich auf diese Weise auf ihre nächste Aufgabe, das Nahrungsammeln, vorzubereiten.

Sobald eine Arbeiterin den Schritt von der Stockbiene zur Sammlerin getan hat, bleibt sie für den Rest ihres Lebens bei dieser Tätigkeit. Wir werden uns mit diesem Lebensabschnitt, dem Sammeln, sowie mit dem Sammelprodukt, dem Honig, im nächsten Kapitel beschäftigen.

Gewöhnlich übernehmen zu Beginn der Sammeltätigkeit einige Tiere auch die Wache, wobei sie diese Aufgabe mit derjenigen des Sammelns kombinieren. Jede Wächterbiene scheint ihre bevorzugte Stelle am Eingang des Stockes zu haben, an der sie Posten bezieht. Sobald eine Biene am Stockeingang landet, eilt eine Wächterin herbei und prüft den Ankömmling durch Beriechen mit den Fühlern. Handelt es sich um eine Stockangehörige, so wird ihr der Eintritt erlaubt; ihr Körpergeruch dient als Ausweis. Alle Bienen eines Stockes haben ihren spezifischen Stockgeruch, an dem sie sich untereinander erkennen. Wird dagegen eine Biene an ihrem Geruch als Fremdling erkannt, kann die Wächterin hierauf verschieden reagieren. Oft greift sie die fremde Biene mit ihren Mandibeln und zieht sie vom Stockeingang weg. Handelt es sich jedoch um eine Raubbiene, Wespe oder einen anderen Feind, wird er sofort mit aller Energie angegriffen und – falls nicht er das Duell gewinnt – totgestochen. Dort, wo Bienenstöcke dicht nebeneinander stehen, kommt es nicht selten vor, daß heimkehrende Sammlerinnen die Stöcke verwechseln. Sind sie mit Pollen und Nektar beladen und zeigen ein sicheres Auftreten, laufen also geradewegs auf die Nestöffnung zu, ganz so, als gehörten sie zum Stock, wird ihnen gewöhnlich der Eingang gestattet. Dagegen zeigt eine verflogene Arbeiterin, die keine Nahrungsvorräte bei sich hat, oft eine mehr unterwürfige als sichere Haltung. Sie zögert, vorwärtszulaufen, und bietet der Wache einen Nahrungstropfen zur Besänftigung an. Die Wächterin läßt sich davon aber meist nicht beeindrucken, greift die fremde Biene und schleppt sie vom Eingang weg. Immerhin scheint sie zu erkennen, daß es sich um eine Nachbarin handelt, und macht daher in der Regel nicht von ihrem Stachel Gebrauch.

Mit dem Begriff „Biene“ verbindet man gewöhnlich sogleich den zweiten Begriff „Stachel“. Dieser Stachel ruht in einer Höhlung am Ende des Hinterleibs, solange er nicht gebraucht wird. Er steht mit einer Blase in Verbindung, die das Bienengift enthält. Der ganze Apparat ist so konstruiert, daß der Stachel, sobald er die Haut des Gegners durchbohrt hat, immer tiefer in das Gewebe eindringt und zugleich Gift in dieses injiziert. Zur Erleichterung der Bohrarbeit bei harten Substanzen ist der Stachel mit kleinen Häkchen besetzt. Normalerweise ist das Opfer eine andere Biene oder zumindest ein anderes Insekt, aus dessen harter Chitindecke der Stachel trotz der Widerhäkchen mühelos wieder herausgezogen werden kann. Anders beim Menschen. Hier bleiben die Stachelhäkchen in der weichen Haut hängen und der Stachel bricht ab, wenn die Biene nach erfolglosem Versuch, ihn herauszuziehen, fortfliegt. Die dabei entstehende große Verletzung führt zum schnellen Tod der Biene. Wird ein Mensch von einer Biene gestochen, fühlt er einen scharfen Schmerz, der unter Anschwellen der Stichstelle langsam abklingt und schließlich in einen Juckreiz übergeht. Nur wenige Menschen zeigen schwerere Reaktionen. Dagegen bedeutet für eine Biene der Stich durch eine andere Biene den sicheren Tod.

Betrachten wir die Bienen bei ihrer Sammeltätigkeit, so erscheinen sie uns als ungemein fleißige Tiere. Sind sie das aber auch im Inneren des Stockes? LINDAUER beobachtete mit seinen Mitarbeitern 177 Stunden lang eine einzelne Biene inner- und außerhalb des Stockes und fand dabei, daß sie die längste Zeit, nämlich 126 Stunden, mit ziemlich unwichtig oder gar nutzlos erscheinenden Tätigkeiten verbrachte. Sie wendete 56 Stunden auf, um sich im Stock hin- und herzubewegen und den Stand der Dinge zu betrachten sowie weitere 70 Stunden, um sich einfach auszuruhen. Paßt das zu unserem Bild von der fleißigen Biene? Die erstgenannte inspizierende Tätigkeit mag uns noch zweckvoll erscheinen, aber das Ausruhen? Nun, auch die ruhende Biene erfüllt neben dem Sammeln von Energie einen wichtigen Zweck: sie erhöht mit ihrer Körperwärme die Bruttemperatur innerhalb der Wabe, auf der sie sich befindet. Zudem stehen alle die gerade in Ruhe befindlichen Bienen dem Staat für unerwartet auftretende Ereignisse als Reserve zur Verfügung.

Von besonders großer Bedeutung sind aber die Stunden, die von den Arbeiterinnen inspizierend verbracht werden. Auf Grund dieser Tätigkeit ist jede Biene stets im Bilde, an was es dem Bienenstaat im Augenblick fehlt. Sie übernimmt dann sofort die gerade notwendige Arbeit, soweit diese im Einklang mit der Entwicklung ihrer Pharynx- oder Wachsdrüsen steht. Meist ist sie imstande, zwischen verschiedenen notwendigen Arbeiten zu wählen, und sie trifft diese Wahl wahrscheinlich nach dem Grad der Notwendigkeit, wobei allerdings auch die von ihr zu diesem Zeitpunkt gerade ausgeübte Tätigkeit eine Rolle spielt. Auf dieser einfachen aber äußerst wirksamen Grundlage ist ein großer Teil der Arbeit im Bienenstaat organisiert. Bis zu einem gewissen Grad kann sogar die Drüsentätigkeit bei den Arbeiterinnen von den Bedürfnissen des Staates beeinflußt werden. Als man in einem Experiment alle jüngeren Arbeiterinnen eines Stockes entfernte und nur die ältesten, als Sammlerinnen tätigen Bienen übrig ließ, fingen die jüngeren unter ihnen damit an, sich von Pollen zu ernähren und ihre Pharynxdrüsen zu regenerieren. Binnen kurzem produzierten sie Brutnahrung und fütterten damit die Jungen. Umgekehrt ging in einem künstlich von allen Sammelbienen befreiten Stock nach kurzer Zeit ein Teil der Stockbienen dazu über, sich als Sammlerinnen zu betätigen, lange bevor sie dies normalerweise getan hätten.

Auch unter normalen Umständen zeigen die einzelnen Arbeiterinnen erhebliche Unterschiede in der Entwicklung ihrer Drüsen. So gibt es Bienen, deren Pharynx- und Wachsdrüsen gleichzeitig reifen und die daher imstande sind, entweder zu füttern oder zu bauen oder beides nebeneinander zu tun. Bei anderen Arbeiterinnen kann es vorkommen, daß zwar ihre Pharynxdrüsen entwickelt sind, daß es ihnen jedoch an Larven fehlt, die sie füttern könnten; sie gehen dann zu einem früheren Zeitpunkt als normal zum Nahrungsammeln über. Sieht eine Stockarbeiterin, gleich welchen Alters, eine frisch verlassene Zelle, die der Reinigung bedarf, so reinigt sie diese. Alles in allem scheint klar, daß die Arbeitsbienen stets das gerade Notwendige tun. Was dabei aber besonders erstaunlich ist: sie tun dies nicht zu ihrem eigenen Vorteil, sondern zum Wohl des Staates.

„Von ihrem Fleiß im Sommer lebt die Biene im Winter", lautet ein Sprichwort. Ist damit alles gesagt? Was tut die Biene wirklich während der kalten blütenlosen Winterzeit? Wir sahen, wie die Arbeiterinnen während der Sommermonate Waben bauten, die Brut versorgten, Nahrungsvorräte sammelten, Honig bereiteten und anderes mehr. Mit dem Einbruch des Winters verändert sich das Bild der Bienentätigkeit grundlegend.

Die in den gemäßigten Klimazonen der Erde lebenden Honigbienen unterscheiden sich von den im gleichen Gebiet vorkommenden Wespen und Hummeln durch ein Merkmal besonders stark: daß sie die Fähigkeit entwickelt haben, ihr Staatenleben auch im Winter aufrechtzuerhalten. Bei den Wespen und Hummeln sterben alle Staatsangehörigen vor Einbruch des Winters mit Ausnahme der jungen, begatteten Königin, die den Winter in Kältestarre in einem Versteck überdauert. Nur die Honigbiene, obwohl wie alle Insekten zu den wechselwarmen Tieren gehörend, deren Körpertemperatur etwa der Umgebungstemperatur entspricht, kann in ihrem Stock den Winter aktiv überdauern, weil sie in ihrer engsten Umgebung eine Temperatur erzeugt, die oft um 40° C höher ist als die

Außentemperatur des Stockes. Daraus ergeben sich für die Honigbiene viele Vorteile: die Königinnen sind ständig geschützt und brauchen nicht auf sich allein gestellt die Art zu erhalten und neue Staaten zu gründen; in den dauerhaften Bienenstaaten können die Königinnen mehrere Jahre alt werden; zu Saisonbeginn steht zur Brutaufzucht und zum Nahrungsammeln gleich eine große Zahl Arbeiterinnen bereit, so daß der Staat und seine räumliche Grundlage nicht alljährlich völlig neu aufgebaut zu werden brauchen.

Wie bereits erwähnt, beginnt die junge Arbeitsbiene wenige Tage nach ihrem Schlüpfen damit, sich von den Honig- und Pollenvorräten des Nestes zu ernähren. Ein Teil dieser Nahrung wird zur Entwicklung der Pharynxdrüsen verwendet, der andere Teil in den Fettkörpern ihres Hinterleibs gespeichert. Diese Nahrungsreserven werden in den drei Tagen, in denen die Arbeiterin für die überaus hungrigen Erstlarven sowie für die Königin Bienenmilch produzieren muß, restlos verbraucht. Die Biene geht zur Wachserzeugung und schließlich zu der anstrengenden und gefahrvollen Sammelarbeit über, die ihre letzten Kräfte aufbraucht. Schlüpft dagegen eine Arbeitsbiene erst im Spätsommer oder Herbst, findet sie im Vergleich zum Sommer viel weniger fütterungsbedürftige Junge vor, da die Königin im Hinblick auf die Überwinterung ihre Eiproduktion stark einschränkte. Diese Herbstarbeiterinnen verbrauchen daher ihre Körperreserven nicht beim Füttern. Auch das Sammeln ist jetzt eingeschränkt und nicht mehr sehr kräftezehrend, da ja der Staat bereits hinreichend mit Nahrungsvorräten für den Winter versehen ist. Infolge ihres nur geringen Stoff- und Energieverbrauchs leben diese Bienen mehrere Monate lang, also weitaus länger als die nur 4 bis 6 Wochen alt werdenden Sommerarbeiterinnen.

Wenn das kalte Wetter einsetzt, besteht der Bienenstaat aus der Königin sowie einem Restkörper von wohlgenährten Herbstarbeitsbienen. Weder unbegattet gebliebene junge Königinnen noch männliche Bienen leben zu dieser Zeit mehr. War der Sommer ergiebig, stehen dem überwinternden Bienenvolk umfangreiche Nahrungsvorräte zur Verfügung. Mit dem Vorrücken des Winters sinkt auch im Bienenstock die Temperatur mehr und mehr. Sobald sie auf ungefähr 14° C abgesunken ist, rückt das Bienenvolk zu einem Klumpen, der Wintertraube, zusammen. Diese Traube befindet sich an beiden Seiten einer Wabe oder schließt auch mehrere Waben in sich ein. In ihrem Zentrum sitzt die Königin. Da im Zentralbereich die Bienen auch in die Zellen hineinkriechen, werden die beiden Hälften der Traube nur durch eine dünne Wachsschicht voneinander getrennt. Die Bienen ernähren sich von den in der Wabe gelagerten Honigvorräten. Ihr Stoffwechsel sowie die Bein-, Flügel- und Abdomenbewegungen der an der Oberfläche der Traube sitzenden Tiere erzeugen einen Temperaturanstieg im Traubeninneren. Die Außenbienen bilden eine Isolierungsschicht, welche die Kälte nicht in die Traube hinein- und die Wärme nicht aus der Traube herausläßt. Ohne Zweifel befinden sich dabei die außensitzenden Bienen in einer unangenehmen Lage, vergleichbar dem Versuch eines Menschen, in einer kalten Nacht an einem Lagerfeuer warm zu sitzen: es ist ihm nicht möglich, beide Körperseiten zugleich zu wärmen. Bei sehr kaltem Wetter können die Außenbienen so kalt werden, daß sie bewegungslos von der Traube herabfallen und erfrieren. Möglicherweise – man weiß das noch nicht sicher – wechseln die Bienen auch von Zeit zu Zeit ihre Positionen: die außensitzenden bewegen sich nach innen und die inneren nach außen.

Sinkt die Umgebungstemperatur stark ab, zieht sich die Bienentraube weiter zusammen, wodurch sie die erzeugte Wärme besser aufrechterhalten kann. Sobald die Temperatur steigt, erweitert die Traube sich und gibt dabei Wärme durch Ausstrahlung ab. Zur Erzeugung genügender Wärme benötigt die Bienentraube ausreichende Nahrung. Sie verändert daher ständig langsam ihre Lage auf den Waben, um immer neue Honigvorräte einzubeziehen. Es kommt vor, daß die Bienen bei zu niedriger Temperatur nicht mehr beweglich genug sind, um die in ihrer Nähe befindlichen ungenutzten Honigvorräte zu erreichen. Dann kann das Bienenvolk, die Nahrung vor Augen, an Hunger und Kälte sterben. Jedoch ist ein solcher Fall selten. Normalerweise sind die Bienen, die einzeln ihre Körpertemperatur nicht zu regulieren vermögen, in der Gemeinschaft imstande, durch Einschränkung oder Verstärkung ihrer Bewegungen sowie durch Veränderung der Traubengröße ihre Körpertemperatur so hoch zu halten, daß sie den Winter überstehen.

Lange, bevor der Winter zu Ende geht, bereitet sich der Bienenstaat auf seine Frühjahrsarbeit vor, indem er mit der Aufzucht von Nachkommen beginnt. Bereits im Januar oder Februar kann die Königin anfangen, Eier abzulegen, damit zusätzliche Arbeiterinnen zur Verfügung stehen, sobald die ersten Pflanzen blühen. Zur Entwicklung der Brut ist eine konstante Wärme von etwa 35° C notwendig, die von den Arbeiterinnen erzeugt wird, auch wenn die Umgebungstemperatur wesentlich niedriger ist. Zu diesem Zweck halten sich die Bienen einfach auf den Brutzellen auf und geben an sie ihre Körperwärme ab. Wenn sie es auf solche Weise nicht schaffen, ballen sie sich zu einem Klumpen über der Brut zusammen und decken diese gleichsam mit einer aus Bienen bestehenden Decke zu. Bei einer Untersuchung schwankte die Temperatur im Brutbereich innerhalb von 24 Stunden nur um 0,7° C, obgleich sie sich in anderen Bereichen des Stockes im gleichen Zeitraum um 17° C veränderte.

Nicht weniger erstaunlich als das Heizungssystem ist das Kühlsystem der Honigbiene. Da die Brut eine ziemlich gleichmäßige Wärme zur Entwicklung braucht, müssen die Bienen auch imstande sein, den Brutbereich im Sommer vor Überhitzung zu bewahren. Während der warmen Jahreszeit werden erhebliche Mengen Nektar in den Stock eingetragen, aus denen bei der Umwandlung zu Honig Wasser verdunstet. Diese Verdunstung wirkt im Stock kühlend. Falls trotzdem die Innentemperatur in gefährlichem Maß ansteigt, beginnen die Stockbienen eifrig mit ihren Flügeln zu fächeln, um mit diesem Luftstrom Verdunstungskälte zu erzeugen. Reicht auch das nicht aus, bringen die Sammlerinnen Wassertröpfchen zum Stock, die von den Stockbienen in und auf den Wachszellen ausgebreitet werden und durch ihre Verdunstung die Temperatur senken. Die Bienen können sogar noch ein weiteres tun, nämlich die von den Sammlerinnen erhaltenen Wassertröpfchen zu einem dünnen Film zwischen ihren Mandibeln ausbreiten und durch Hin- und Herbewegen zusätzliche Verdunstungskälte erzeugen. Mit Hilfe dieser Maßnahmen, an denen sich Hunderte oder gar Tausende von Bienen im Stock beteiligen, kann die Temperatur im Brutbereich in der Regel unter 40° C gehalten werden.

Keine der drei Kasten der Honigbiene: Königin, Männchen und Arbeiterin, kann – wie wir sahen – ohne die beiden anderen leben. Obgleich man der Königin den stolzesten Titel zuerkennt, und wenn auch den Männchen im Stock eine Vorzugsbehandlung und ein Leben in Bequemlichkeit gewährt wird: die bewegende Kraft und das „Gehirn“ des Bienenstaates sind doch die Arbeiterinnen.

XIII

Getränk der Götter

Zu den Aufgaben einer Blüte gehört es nicht, auf den Menschen anziehend zu wirken, wohl aber, die Bienen, Hummeln, Schmetterlinge und andere Tiere, die ihr zur Befruchtung verhelfen, anzulocken. Die farbenprächtigen und zum großen Teil auch duftenden Blüten stellen ein Angebot der Natur dar, viel attraktiver und interessanter, als es die menschliche Werbung je erfinden könnte. Das Modell einer „perfekten“ Blüte besteht aus folgenden Teilen. Gewöhnlich fallen uns zuerst die farbenprächtigen Blütenblätter auf, die ihr herausragendes Merkmal sind. Sie bilden in ihrer Gesamtheit die Blumenkrone. In ihr verteilt stehen die Staubgefäße mit den Staubbeuteln (Antheren) als männliche Organe. Im Inneren dieser Staubbeutel entwickelt sich der Blütenstaub (Pollen). Die Mitte der Blüte wird von dem weiblichen Geschlechtsorgan, dem Stempel, eingenommen, der nach oben mit der Narbe und nach unten mit dem Fruchtknoten endigt. Letzterer umschließt die Eizellen (Samenanlagen).

Für den Fortbestand der Pflanzenart ist es notwendig, daß die Samenanlagen befruchtet werden. Das geht so vor sich: ein Pollenkorn gelangt auf die Narbe und treibt einen Keimschlauch durch die Narbenoberfläche in den Stiel des Stempels und weiter nach unten bis zum Fruchtknoten; dort befruchtet er die Samenanlage. Das Heranbringen eines Pollenkorns an die Narbe, die sogenannte Bestäubung, ist somit von grundlegender Bedeutung für alle Samenpflanzen. Manche Pflanzenarten sind Selbstbestäuber; bei ihnen bestäuben die Staubgefäße den Stempel derselben Blüte oder zumindest einer anderen Blüte an derselben Pflanze. Viele Blüten jedoch bedürfen einer Fremdbestäubung durch andere Pflanzen der gleichen Art. Da sie unbeweglich sind, brauchen sie jemanden, der die Pollen überträgt: den Wind, das Wasser oder bestimmte Tiere. Unter den letzteren spielen die Bienen eine überragende Rolle.

Die aus Pollen und Nektar bestehende Nahrung der Honigbiene stammt ausnahmslos von Blütenpflanzen. Der Pollen dient insbesondere zur Deckung des Eiweißbedarfs. Die Blütenstaub sammelnde Biene fliegt von Blüte zu Blüte und sorgt dabei unfreiwillig für die Verbreitung der Staubkörner. Denn während sie diese einsammelt, stößt sie wiederholt gegen die Narbe des Stempels und hinterläßt an dieser einige Pollenkörner, die in ihrem Haarpelz von den zuvor besuchten Blüten haften blieben. Auf diese Weise sorgt sie für die Bestäubung der Pflanze. Sie nimmt der Pflanze eine große Menge Blütenstaub weg und gibt ihr als Gegenleistung nur wenige fremde Blütenstaubkörner zurück. Trotzdem ist das für die Pflanze ein sehr guter Handel.

Viele Blüten bieten den sie bestäubenden Insekten außer dem Blütenstaub noch zusätzlich ein Geschenk. Sie besitzen im Blüteninneren oder zum Teil auch an anderen Stellen Drüsen, die eine von den Bienen begehrte süße Flüssigkeit ausscheiden: den Nektar. Wenn eine Biene kommt, um diesen süßen Nektar zu holen, wird ihr Körper ebenso mit Pollen bepudert, als wenn sie zum Sammeln des Pollens erschienen wäre. So trägt die Honigbiene also auch beim Nektarsammeln den Blütenstaub von Blüte zu Blüte und bewirkt die Bestäubung. Zahlreiche Blüten haben farbenprächtige Blütenblätter und entsenden außerdem noch einen starken süßen Duft. Beide: Duft und Farbe, führen die Biene zur Pflanze. So sind Blütenpflanze und Biene aufeinander angewiesen; keine von beiden kann ohne die andere leben.

Vier verschiedene Substanzen tragen die Sammelbienen in ihren Stock ein: von den Blütenpflanzen Nektar und Pollen, von einigen anderen Pflanzen kleine Harztröpfchen sowie von verschiedener Herkunft Wasser.

Von diesen vier Materialien ist das Harz für das Wohlbefinden der Bienen am wenigsten wichtig. Es besteht aus natürlichen Harztröpfchen, denen zum Teil Bienenwachs beigemischt ist. Dieses Material, auch Bienenleim genannt, dient als Baustoff. Mit seiner Hilfe beseitigen die Bienen Risse im Stock, verstärken die Waben an bestimmten Stellen, verringern das Nestvolumen oder bedecken unerwünschte Materialien, die zu groß sind, um sie hinauszubringen. Die Harztröpfchen werden von den Sammlerinnen in den Pollentaschen ihrer Hinterbeine zum Stock transportiert.

Wasser wird immer dann, wenn es benötigt wird, von den Sammlerinnen im Kropf zum Stock gebracht und dort ausgewürgt. Wie wir sahen, dient es zur Senkung der Nesttemperatur. Weiterhin ist es für die Ernährung der Bienen wichtig. Wenn zur Fütterung der Larven anstatt des frischen flüssigen Nektars gespeicherter Honig verwendet wird, muß dieser zuvor mit Wasser verdünnt werden. Aber auch für die Ernährung der erwachsenen Bienen ist Wasser unentbehrlich. Beim Wassersammeln sind die Honigbienen manchmal nicht die wählerischen Feinschmecker, für die sie im allgemeinen gehalten werden. Sie fliegen nicht selten, vom Geruch angelockt, zu Flüssigkeiten, die dem Menschen widerwärtig sind.

Das Musterbeispiel eines bedauernswerten Geschöpfes wäre gewiß eine Honigbiene mit Heuschnupfen, denn der Erreger dieses höchst unangenehmen menschlichen Leidens, der Blütenstaub, bildet ja eine der Grundlagen des Bienenlebens. Er enthält Eiweiß, Vitamine sowie Fett, und bildet zusammen mit dem Nektar, einem Kohlehydrat, die wohlabgewogene Bienennahrung. Manche Sammlerinnen haben sich auf Pollen, andere auf Nektar als Sammelgut spezialisiert, während ein dritter Teil beide Substanzen gleichzeitig oder abwechselnd einträgt.

Honigbienen und Hummeln transportieren den Blütenstaub in speziellen Einrichtungen, die als Pollentaschen oder Körbchen bekannt sind. Eine Biene, die ausfliegt, um Pollen zu sammeln, füllt unterwegs ihren Kropf mit Nektar. Hat sie eine zur Pollenernte geeignete Blüte gefunden, läuft sie auf ihr herum und streift den Pollen mit ihren Mundgliedmaßen und ihren Beinen von den Staubgefäßen oder beißt auch die Antheren ab, um besser an den Pollen heranzukommen. Der an Mund und Beinen haftende Pollen wird sodann gewöhnlich mit etwas Nektar, der unterwegs zu diesem Zweck aufgenommen wurde, angefeuchtet. Aber auch in dem dichten Haarpelz der Biene verfangen sich erhebliche Mengen Pollenkörner. Entsprechend ihrer Herkunft von verschiedenen Pflanzenarten sind sie oft unterschiedlich gefärbt, meist gelblich, seltener weiß oder rot. Häufig ist eine Sammelbiene so dicht mit Blütenstaub bedeckt, daß sie aussieht, als wäre sie mit Goldstaub bepudert.

Die Biene verstaut den gesammelten Pollen mit bemerkenswerter Geschwindigkeit entweder bereits auf der Blüte oder auf dem Fluge. Sie

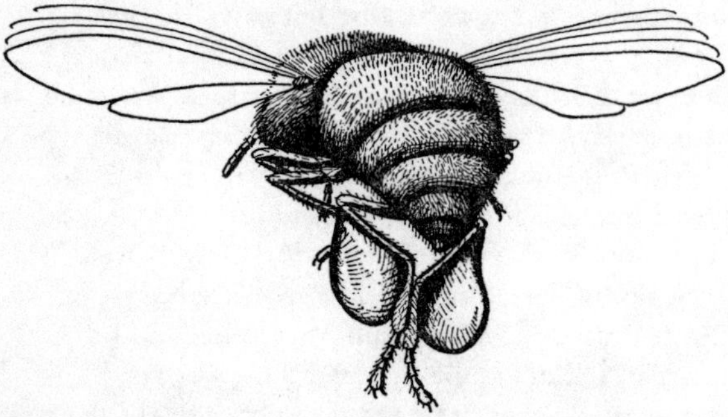

Abb. 18. Sammelnde Arbeiterin mit vollgepackten Pollenkörbchen an ihren Hinterschienen auf dem Heimflug (von hinten betrachtet).

bürstet dabei jenen Blütenstaub, der sich auf ihren Mundgliedmaßen sowie an den Haaren ihrer vorderen Körperteile befindet, mittels einer an den Vorderbeinen sitzenden dichten Reihe steifer Haare zusammen. Entsprechende Haarkämme an den mittleren und hinteren Beinen streifen dann den Pollen von den hinteren Körperteilen ab. Danach übernehmen die Kämme der mittleren Beine den Pollen von den Vorderbeinen und geben ihn an die Kämme der hinteren Beine ab. Schließlich, wenn die Hinterkämme genügend Pollen angehäuft haben, streicht ein Hinterbein gegen das andere und schabt dabei den Pollen portionsweise in die Mulde an der Schienenaußenseite, das Pollenkörbchen, hinein. Das wird so oft wiederholt, bis die beiden Körbchen gefüllt sind.

Nach erfolgreicher Sammelaktion kehrt die Biene mit zwei großen, nicht sehr fest haftenden Pollenklumpen an ihren Hinterbeinen zum Stock zurück (Abb. 18). Im Stockinneren sucht sie eine der zur Pollenspeicherung bestimmten Zellen auf und streift mit ihren Mittelfüßen die Pollenladungen von den Hinterbeinen in die Zelle hinein. Im Stock tätige Arbeiterinnen drükken dann den Pollen so weit wie möglich nach hinten, um Platz für die Pollenlast der nächsten Sammlerin zu schaffen. Der gespeicherte Pollen dient den Arbeiterinnen, der Königin und den Männchen zur Nahrung und wird auch der Larvennahrung beigemischt. Ein Teil wird sofort verbraucht, ein anderer aufbewahrt. Für das Bienenvolk ist es notwendig, jederzeit über einen reichlichen Pollenvorrat verfügen zu können. Insbesondere ist Pollen im späteren Winter wichtig, wenn die neue Brut gefüttert werden muß, während es draußen noch keine Blüten gibt. Der zur längeren Aufbewahrung bestimmte Pollen wird oft mit etwas Honig durchfeuchtet und sodann in den Zellen mit Wachsdeckeln abgeschlossen.

Man schätzt, daß ein Bienenvolk mindestens 50 Pfund Pollen im Jahr verbraucht. Zum Herbeischaffen dieser großen Menge sind etwa zwei Millionen Sammelflüge notwendig. Zwar kann manchmal eine Sammlerin ihre zwei Pollenlasten von nur einer Blüte ernten, jedoch werden oft auch hundert oder mehr Blüten dazu benötigt.

Der Nektar war der Sage nach das Getränk der griechischen Götter; den wissenschaftlichen Ergebnissen zufolge ist er das Getränk der Honigbiene. Der von der Pflanze in Drüsen (Nektarien) inner- oder seltener außerhalb der Blüte erzeugte Nektar ist eine Flüssigkeit, die hauptsächlich aus mehreren Arten von Zuckern besteht, die in Wasser gelöst und mit kleinen Mengen anderer Substanzen, darunter aromatischen Stoffen, gemischt sind. Die Honigbiene zieht den Nektar mit ihrem Rüssel vom Grund der Blütenröhre herauf und sammelt ihn in ihrem Kropf an. Ist der Kropf gefüllt, kehrt sie zum Stock zurück, würgt den Nektar hoch und übergibt ihn von Mund zu Mund an eine odere mehrere der Stockbienen, die ihn weiterbehandeln. Die Sammlerin kehrt oft zum gleichen Platz, an dem sie erfolgreich sammelte, zurück. Inzwischen begeben sich die Stockbienen, die den Nektar entgegennahmen, zu einer ruhigeren Stelle des Stockes und bereiten hier aus dem Nektar Honig. Im Durchschnitt enthält Nektar etwa 60% Wasser. Um speicherfähigen Honig daraus zu gewinnen, muß ein großer Teil des Wassers entzogen, also die Zuckerkonzentration erhöht werden. Damit das Wasser verdunstet, bearbeitet die Stockbiene den Nektar mit ihren Mundgliedmaßen. Unter ständigem Herausstrecken und Wiedereinziehen der Zunge bewegt sie einen hochgewürgten Nektartropfen an der Luft. Im Verlauf von etwa 15 bis 20 Minuten wird auf diese Weise die Nektarfüllung ihres Kropfes weitgehend wasserfrei und zugleich mit mehreren Verdauungssäften durchsetzt. Danach wird die bearbeitete Masse in Honigvorratszellen eingelagert, wo ein weiterer Teil des Wassers verdunstet. Das Endprodukt ist Honig, der in sauberen, mit Wachsdeckeln verschlossenen Zellen seiner Verwendung harrt.

Die Gewinnung von Honig bedeutet für die Bienen einen riesigen Aufwand. Zwar kommt es vor, daß eine Biene die volle Kropfladung Nektar aus nur einer Blüte gewinnt, doch zeigten andererseits Untersuchungen, daß Sammelbienen zuweilen 1000 und mehr Blüten anfliegen müssen, um ihren Kropf mit Nektar zu füllen. Die gesammelte – insgesamt betrachtet ja winzige – Nektarmenge wird sodann an Stockbienen weitergegeben, von denen meist drei oder mehr jeweils mindestens eine viertel Stunde benötigen, um Honig daraus herzustellen. Einen erheblichen Teil des Honigs oder bereits des Nektars müssen die Stockbienen laufend für ihre eigene Ernährung verwenden.

Viele phantasiereiche Erklärungen hat es in der Vergangenheit über den Ursprung des Honigs gegeben. Eine von ihnen sah im Honig den Schweiß des Himmels, eine andere den Speichel der Sterne. Heute kennen wir den wahren Ursprung. Jedoch bleibt phantasievoll genug der vielfältige Nutzen, den der Mensch aus dem Honig und seinen Wachsumhüllungen zu ziehen verstand.

Seit Tausenden von Jahren dient der Honig dem Menschen als delikates und nahrhaftes Nahrungsmittel sowie als vorzüglicher Süßstoff, der lange Zeit der einzige war. Ebenso lange kennt man die Heilkraft des Honigs insbesondere bei Wunden und Verbrennungen. Und wenn in früheren Zeiten der Honig den Patienten nicht mehr vor dem Tode retten konnte, diente er ihm oft noch nach dem Tode; denn mit Honig, der seit jeher als Konservierungsmittel für Fleisch und Leder bekannt war, wurden nicht selten Leichen einbalsamiert, sei es für dauernd oder nur für die Zeit bis zu ihrer Verbrennung.

Aus Honig wurde auch Wein bereitet sowie Met, ein gegorenes Getränk aus Wasser, Honig und Malz oder Hefe, das früher unser heutiges Bier ersetzte. Die Mayas kredenzten bei ihren Festen ein ähnliches Getränk, das sie „Feuerhonig“ nannten. Schließlich wurde der Honig und werden auch heute noch Honigpräparate in verschiedenen Ländern als Schönheitsmittel verwendet.

Nicht weniger Nutzen als aus dem Honig zieht der Mensch seit Jahrtausenden aus dem Bienenwachs. Wachskerzen bildeten früher die wichtigsten Lichtquellen, und auf Wachstafeln wurde in alten Zeiten geschrieben. Wachs erlangte Bedeutung in der Bildhauerkunst und für die Kosmetik. Mit einem Gemisch von Wachs, Öl und Erde rieben die römischen Ringer ihre Körper ein.

Doch nicht nur die Bienenprodukte, sondern auch die Bienen selbst sind als Bestäuber der Kulturpflanzen für den Menschen von allergrößtem Wert. Es wird berichtet, daß bereits vor 4000 Jahren die Ägypter Bienenstöcke auf Barken den Nil auf- und abwärts transportierten, um mit ihrer Hilfe die Kulturpflanzen zu bestäuben und zugleich Honig zu gewinnen. Auch heute noch wird in Ägypten nach diesem Prinzip verfahren.

In manchen Gebieten Asiens wurden früher gebratene Bienen sowie Suppe aus gekochten Larven, Puppen oder Waben gegessen. Mit giftigem Honig, der aus giftigen Blütenpflanzen stammte, versuchte man in einigen Kriegen die Feinde kampfunfähig zu machen. Bekannt ist auch, daß die Verteidiger von Burgen Bienenstöcke von den Burgmauern auf die Angreifer hinabwarfen. Neuerdings scheinen in Vietnam die Vietkong einen ähnlichen Fall praktiziert zu haben, nicht mit Bienen-, sondern Hornissennestern. Ihren Angaben zufolge versteckten sie auf einer von ihren Feinden benutzten Straße Hornissennester, die von den ahnungslosen südvietnamesischen Soldaten aufgestört wurden. Der Bericht spricht davon, daß die Hornissen elf Soldaten kampfunfähig gemacht und die Straße stundenlang blockiert hätten.

XIV

Die Bienensprache

Wissenschaftler sind mit der Anerkennung einer neuen wissenschaftlichen Entdeckung sehr zurückhaltend. Sie wollen erst von ihrer Richtigkeit voll überzeugt sein, und je außergewöhnlicher eine neue Beobachtung ist, um so gründlicherer Nachprüfung bedarf sie. Es ist daher nicht verwunderlich, daß die Wissenschaft den Beobachtungen, die der österreichische Biologe Karl von Frisch 1923 veröffentlichte, zunächst mißtrauisch gegenüberstand, besagten diese Beobachtungen doch, daß die Honigbiene eine „Tanzsprache" hätte, mit der sie ihren Stockangehörigen recht präzise Mitteilungen machen würde. In den folgenden Jahrzehnten fanden die Behauptungen von Frischs ihre volle Bestätigung, wenn auch einige Fragen, wie wir noch sehen werden, bis heute noch nicht restlos geklärt sind.

Findet eine Sammlerin eine gute Nektarquelle in der Nähe des Stockes, füllt sie ihren Kropf und kehrt heim. In der Dunkelheit des Stockinneren kann sie nun auf der Oberfläche einer Wabe zu „tanzen" anfangen. Bei der Honigbienenunterart *Apis mellifera carnica* fand man, daß sie einen „Rundtanz" durchführt, wenn die Nahrungsquelle nicht weiter als etwa 80 Meter vom Stock entfernt liegt. Sie bewegt sich dabei in Kreisen, abwechselnd im und gegen den Uhrzeigersinn, und formt dabei die Figur einer 8, deren beide Schleifen sich aber überschneiden. Während sie so inmitten der Bienenmenge tanzt, überträgt sich ihre Aufregung auch auf einige andere Bienen, die mit ihren Fühlern ständig die Tänzerin betasten. Nach kurzer Zeit hält die Tanzende inne, würgt ein wenig von ihrem mitgebrachten Nektar aus und verteilt ihn an die umgebenden Bienen. Danach tanzt sie weiter oder legt eine Pause ein oder teilt erneut Nektar aus. Mit ihrem Tanz überträgt sie auf ihre Mitbewohnerinnen Informationen über ihren Nektarfund. Der Duft der betreffenden Blüte, der an ihrem Körper haftet, sowie der Duft des Nektars, den sie verteilt, geben beide Auskunft über die Nektarquelle. Die runde Figur des Tanzes gibt weiterhin bekannt, daß der Nektar sich in unmittelbarer Nähe des Stockes bis zu einer Entfernung von etwa 80 Metern befindet. Darüber hinaus vermitteln die Intensität und die Dauer des Tanzes einen Eindruck vom Wert der Nahrungsquelle: je ertragreicher diese ist, um so lebhafter und länger ist der Tanz.

Das Tanzen bewirkt, daß einige Bienen die Botschaft aufnehmen, den Stock verlassen und nach der beschriebenen Nahrungsquelle suchen. Werden auch sie von dem Reichtum dieser Quelle beeindruckt, tanzen sie nach ihrer Rückkehr ebenfalls, um weitere Sammlerinnen für die Ausnutzung der Nahrungsquelle zu gewinnen. Auch die Entdeckerin sucht die ergiebige Stelle wieder auf und setzt, wenn sie ihr noch lohnend erscheint, ihren Tanz im Stock fort. Das Bienenvolk verfügt damit über eine Methode, um die für die Nahrungsgewinnung vorhandenen Kräfte so sparsam und zugleich wirksam wie möglich einzusetzen. Auf die gleiche Weise wirbt die mit Pollen reich beladen heimkehrende Biene. Wenn eine Nektar- oder Pollenquelle in ihrem Ertrag nachläßt, lassen auch Intensität und Dauer des Tanzens nach. Die im Stock befindlichen Sammlerinnen wenden sich dann den lebhafteren Tänzen anderer Kolleginnen zu und folgen deren Informationen.

Liegt eine Nahrungsquelle weiter als etwa 80 Meter vom Stock entfernt, vollführt die Sammlerin einen komplizierteren Tanz, den sogenannten „Schwänzeltanz", der zusätzliche Informationen überträgt. Hierbei beschreibt die Biene die genaue Figur einer 8, deren zwei Schleifen durch eine gerade Linie voneinander getrennt sind. Um diese Figur zu bilden, läuft die Biene eine kurze gerade Strecke, beschreibt dann eine Schleife nach links, bis sie wieder auf die Gerade einschwenkt, durchläuft diese und wendet sich danach zu einer rechten Schleife. Diese Figur wiederholt sie mehrmals. Auf der geraden Strecke des Tanzes „schwänzelt" sie mit ihrem Hinterleib hin und her, was dem Tanz den Namen gab. Mit dem Schwänzeltanz übermittelt die Sammlerin den umgebenden Bienen zwei Informationen, die im Rundtanz nicht enthalten sind: die ziemlich genauen Angaben der Entfernung und der Richtung der Nahrungsquelle. Der Rundtanz hingegen zeigt nur allgemein an, daß sich eine Quelle im Umkreis von etwa 80 Metern um den Stock herum befindet (Abb. 19).

Man ist sich noch nicht ganz klar darüber, welches Signal beim Tanz als Indikator der Entfernung zu gelten hat. Es könnte die Zeitdauer sein, in der die Tänzerin die volle Figur einer 8 durchläuft – oder die Zahl der Schwänzelläufe in einer bestimmten Zeit – oder auch die Dauer des Schwänzelns bzw. die Zahl der Schwänzelbewegungen bei jedem Lauf. Am leichtesten läßt sich die Entfernungsmitteilung interpretieren, wenn

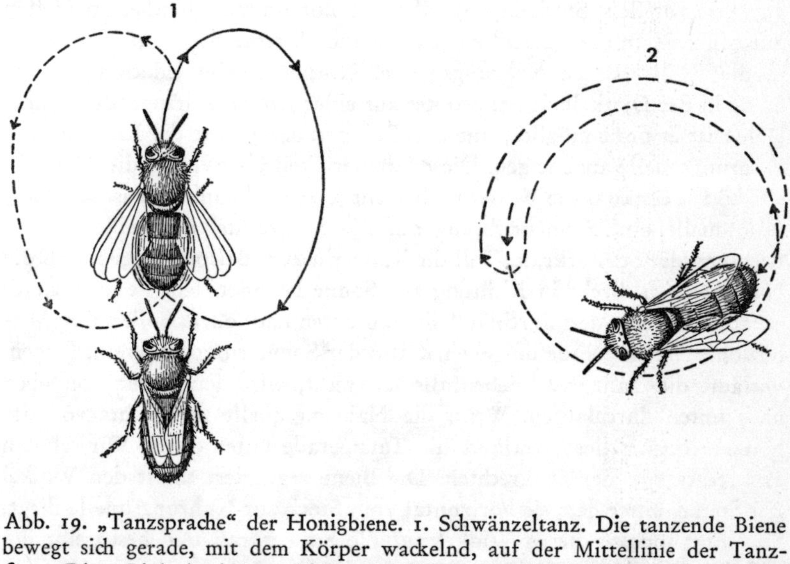

Abb. 19. „Tanzsprache" der Honigbiene. 1. Schwänzeltanz. Die tanzende Biene bewegt sich gerade, mit dem Körper wackelnd, auf der Mittellinie der Tanzfigur. Diese Linie ist im gezeichneten Fall genau senkrecht; das heißt, auf die horizontale Fläche übertragen: die Nahrungsquelle liegt genau in Richtung der Sonne. Eine der im Stock anwesenden Bienen läuft hinter der Tänzerin her und übernimmt die Information. 2. Rundtanz zur allgemeinen Kennzeichnung einer nahe (innerhalb 80 m) am Stock gelegenen Nahrungsquelle. Die Tänzerin hat die Figur fast fertig gelaufen und befindet sich kurz vor dem Umkehrpunkt. Nach von Frisch, verändert.

man annimmt, daß die Biene als Maßeinheit einen vollständigen Umlauf der Tanzfigur verwendet. Bei geringerer Entfernung von der Nahrungsquelle werden dann mehr, bei größerer Entfernung weniger Umläufe pro Zeiteinheit durchgeführt.

Experimente zeigten, daß die Biene eine Entfernung nicht als solche erkennt, sondern als Maßstab ihre körperliche Anstrengung, das Ziel zu erreichen, zugrunde legt. So gibt sie nach einem Flug gegen den Wind eine größere Entfernung an, als nach einem Flug mit dem Wind. Muß sie bergauf fliegen, registriert sie eine größere Entfernung als bei einem gleichlangen Flug auf ebener Fläche. Die Entfernungsangabe bezieht sich dabei primär auf den Flug vom Stock zur Nahrungsquelle.

Eine besondere Bedeutung hat die gerade Überschneidungslinie zwischen den zwei Bögen des Schwänzeltanzes: sie gibt die Richtung an, in der die Nahrungsquelle vom Stock aus liegt. Die Biene legt hierbei den Winkel zwischen der Flugrichtung und der Richtung zur Sonne zugrunde. Manchmal kann die rückkehrende Sammlerin ihren Schwänzeltanz bereits draußen vor dem Stockeingang, also auf horizontaler Fläche, im Hellen durchführen. In diesem Fall zeigt die gerade Strecke der Tanzfigur direkt in die Richtung der Nahrungsquelle. Normalerweise jedoch tanzt die Biene in der Dunkelheit des Stockes auf einer senkrecht hängenden Wabe. Dabei ist es nicht möglich, mit der Tanzgeraden direkt die Richtung der Nahrungsquelle anzuzeigen. Diese Schwierigkeit überwindet die Tänzerin auf höchst erstaunliche Weise: sie bezieht jetzt den Winkel zwischen Nahrungsquelle und Sonnenrichtung auf die Senkrechte, das heißt auf die Richtung der Schwerkraft. Will die Tänzerin zum Beispiel zeigen, daß die Nahrung sich direkt in Richtung zur Sonne befindet, legt sie ihre Tanzgerade senkrecht und durchläuft sie von unten nach oben. Sollen ihre Mitbewohnerinnen gerade umgekehrt, also der Sonne entgegengesetzt fliegen, verläuft die Tanzgerade ebenfalls senkrecht, wird jetzt aber von oben nach unten durchlaufen. Wenn die Nahrungsquelle 40° rechts von der Sonnenrichtung liegt, verläuft die Tanzgerade unter einem Winkel von 40° rechts von der Senkrechten. Die Biene registriert somit den Winkel zur Sonne, unter dem sie horizontal vom Stock zur Nahrungsquelle fliegt, überträgt sodann diesen Winkel auf die Schwerkraft und beschreibt ihn auf einer vertikalen Fläche. Die Bienen, die diese Information empfangen, müssen sie wieder auf die Horizontale „umdenken", bevor sie sich auf die Suche nach der Nahrungsquelle begeben.

Kann eine Biene ihr Ziel nicht auf dem kürzesten Weg erreichen, sondern muß sie etwa einen Berg umfliegen, so zeigt dennoch ihr Tanz den geraden Weg an. Sie tanzt dann also unter einem Winkel zum Sonnenstand, den sie – zumindest in ganzer Länge – gar nicht flog. Trotzdem führt ihre Information in Verbindung mit der Angabe der Entfernung (der Anstrengung) ihre Nestgenossinnen gewöhnlich zum gewünschten Ziel.

Erst neuerdings entdeckte man, daß die Biene bei ihrem Tanz oft Töne hervorbringt. Sie werden von ihren Flugmuskeln erzeugt und wahrscheinlich als Körpererschütterungen von den Fühlern der umgebenden Bienen abgenommen. Manche Forscher glauben, daß die Töne immer dann zum Tanz hinzutreten, wenn die beschriebene Nahrungsquelle besonders reichhaltig ist. Dagegen nimmt A. M. WENNER auf Grund seiner Untersuchungen an, daß die Dauer oder die Anzahl jener Töne, die immer auf der geraden Strecke der Tanzfigur erzeugt werden, mit der Entfernungsangabe in Verbindung stehen. Weitere Untersuchungen müssen hierüber Klarheit geben.

Eine andere neuere Entdeckung ist, daß bereits der Tanzplatz der Biene innerhalb des Stockes eine Entfernungsangabe enthält: je weiter die Nahrungsquelle vom Stock entfernt ist, um so tiefer im Stockinneren erfolgt der Tanz.

Mit ihrem Tanz beschreiben die Bienen die zum Nahrungsammeln, aber auch zur Nestgründung geeigneten Stellen so genau, daß Bienenforscher den Nachrichtencode entschlüsselten und die beschriebenen Orte selbst auffinden konnten. So beobachtete M. LINDAUER dreimal Schwänzeltänze, mit denen zur Nestgründung geeignete Stellen mitgeteilt wurden. Er entzifferte die Informationen, suchte die Stellen auf und hatte die Genugtuung, in allen drei Fällen den Bienenschwarm wenig später an genau diesen Stellen erscheinen zu sehen!

Wir hörten, daß die Biene sich nach dem Sonnenstand orientiert. Doch braucht sie dabei die Sonne nicht zu sehen. Das Bienenauge kann polarisiertes Licht registrieren, eine Fähigkeit, die auch vielen anderen Tieren zukommt, nicht aber dem Menschen. Das vom blauen Himmel reflektierte Licht ist teilweise polarisiert, das heißt: seine Wellen schwingen nur in einer Ebene im Gegensatz zum gewöhnlichen Licht, dessen Wellen in allen möglichen Ebenen schwingen. Das Polarisationsmuster des blauen Himmels steht mit der Lage der Sonne in enger Beziehung: verschiedene Teile des Himmels unterscheiden sich zu verschiedenen Tageszeiten in ihrem Polarisationsmuster. Eine Biene braucht daher nur ein kleines Stück blauen Himmels zu sehen, um daraus die Lage der Sonne zu erkennen und sich danach richten zu können.

Die Biene ist sogar imstande, ihren Weg bei völlig bedecktem Himmel zu finden, weil ihr Auge auch ultraviolette Lichtstrahlen – wiederum im

Gegensatz zum menschlichen Auge – sehen kann. Wenn die Sonne von Wolken verdeckt ist, dringt in ihrer unmittelbaren Nähe ein höherer Prozentsatz ultravioletter Strahlen als an anderen Stellen durch die Wolken. Die Biene vermag diesen Unterschied zu erkennen und sich danach zu orientieren.

Die Sonne dient also der Biene als Kompaß, doch gewährt sie diesen Dienst nicht ohne Schwierigkeiten; denn ihre Lage verändert sich ja ständig. Die Sonne ist nachts verschwunden, bewegt sich am Tage und verändert auch ihre Stellung mit der Jahreszeit. Sie bietet somit keinen feststehenden Bezugspunkt. Die Biene muß diese Lageveränderungen berücksichtigen. Wenn sie zu einer bestimmten Tageszeit den Winkel zwischen Nahrungsquelle und Sonnenstand tanzend anzeigt, sodann zu dieser Nahrungsquelle zurückkehrt und danach erneut deren Lage kennzeichnet, hat im zweiten Fall das Mittelstück der Tanzfigur, das den Winkel zum Sonnenstand markiert, eine andere Lage als beim ersten Tanz. Hätte sie die gleiche Lage, würden die nach der Nahrungsquelle suchenden Bienen in die Irre geleitet, weil sich der Sonnenstand inzwischen verändert hat. Die tanzende Biene gibt also stets den neuesten Sonnenstand an, ja, in der Schwärmzeit gehen ihre Fähigkeiten sogar noch beträchtlich darüber hinaus.

Wenn ein Teil des Bienenvolkes sich zu Schwärmen anschickt oder wenn ein Schwarm den Stock bereits verlassen, aber noch keine geeignete Stelle zur Nestgründung gefunden hat, suchen einige „Quartiermacher"-Bienen die Umgebung nach Nistmöglichkeiten ab. Entdeckt eine der ausgesandten Bienen einen Nistplatz, kehrt sie zum Stock oder zur Traube zurück und tanzt ihren Fund den anderen Bienen vor. Sie tut das in der gleichen Weise wie nach dem Auffinden einer Nahrungsquelle, doch dauert ihr Tanz jetzt wesentlich länger. Sie hat ja keinen Grund, schnell wieder zur gefundenen Stelle zurückzukehren, sondern dehnt ihren Tanz aus, um damit den Wert ihrer Entdeckung zu unterstreichen. Während ihres langen Tanzes verändert sich aber der Sonnenstand, und es ist nun hochinteressant und erstaunlich, daß die tanzende Biene ihre Tanzfigur fortwährend dem Sonnenstand anpaßt, ohne daß sie im Stock ein Stück Himmel oder gar die Sonne selbst sieht. Das wäre unmöglich, wenn die Biene keinen Zeitsinn hätte. Man hat tatsächlich experimentell festgestellt, daß die Bienen eine Art „innere Uhr" besitzen, die es ihnen erlaubt, die dahinfließende Zeit zu messen.

Auch der Rhythmus des Schwänzeltanzes fordert einen Zeitsinn, denn die Geschwindigkeit der Umläufe ist ein Maß für die Entfernung des Zielpunktes. Die Geschwindigkeitsunterschiede in den Umläufen, mit denen verschiedene Entfernungen gekennzeichnet werden, betragen manchmal nicht mehr als 0,05 Sekunden. Die tanzende Biene ist imstande, derartig feine Unterschiede darzustellen, und die zuschauende bzw. „mitfühlende" Biene ist imstande, sie zu erkennen und in Längeneinheiten zu übertragen.

Auf der Grundlage dieses Zeitsinnes ist es möglich, Bienen daraufhin zu dressieren, zu einer bestimmten Tageszeit an eine Fütterungsstelle zu kommen, wenn man ihnen stets zu dieser Zeit Zuckerwasser hinstellt. In der Natur geht im Prinzip das gleiche vor sich, weil viele Blüten ihren Nektar nur zu bestimmten Tageszeiten ausscheiden, oder die Ausscheidung zu anderen Tageszeiten geringer ist. Und da Bienen oft „blütenkonstant" sind, das heißt: sich auf den Besuch einer Blütenart, so lange diese ergiebig genug ist, beschränken, lernt die Sammelbiene genau die Tageszeit kennen, zu der sich der Ausflug zu ihren Blüten lohnt. Sie stellt ihre Flugzeit darauf ein und bleibt während der übrigen Zeit im Stock, um sich dort nützlich zu machen. So ist also der Zeitsinn der Biene ein Mittel, um ihre Arbeitskraft so rationell wie möglich für den Staat einzusetzen. Während zum Beispiel eine Katze, die genau weiß, wann ihr Futternapf gefüllt wird, diesen Zeitsinn nur für sich selbst benutzt, steht der Zeitsinn der Biene im Dienste des Gemeinschaftslebens.

Die innere Uhr der Biene ist auf den 24-Stunden-Tag eingestellt. Bienen lassen sich dressieren, eine Fütterungsstelle oder auch mehrere solche zu bestimmten Tageszeiten zu besuchen. Sie lernen aber nicht, sich dabei etwa an einen 19- oder 48-Stunden-Zyklus oder an eine andere künstliche Zeiteinheit anzupassen. Alle derartigen Experimente blieben erfolglos.

Versuche in geschlossenen Räumen mit künstlichem Licht zeigten, daß die Bienen selbst unter derartigen Bedingungen, also ohne Möglichkeit, die Sonne oder den Himmel zur Zeitmessung zu benutzen, innerhalb des 24-Stunden-Intervalls zu der ihnen antrainierten Zeit an der Fütterungsstelle erschienen. Um herauszufinden, ob der Zeitsinn der Biene rein innerlich ist oder ob er von äußeren Einflüssen abhängt, wurden Bienen in Paris in einem Raum bestimmter Größe und Gestalt und mit konstanten Licht- und Temperaturverhältnissen dazu dressiert, zu einer bestimmten Tageszeit an einer Fütterungsstelle zu erscheinen. Sodann wurden sie per Flugzeug nach New York gebracht, wo man sie in einem völlig gleichgearteten Raum wieder freiließ. Obwohl zwischen beiden Städten eine Zeit-(Sonnenstand-)Differenz von 5 Stunden besteht, kamen die Bienen genau 24 Stunden nach ihrem Besuch der Fütterungsstelle in Paris auch in dem New Yorker Gebäude zur Fütterungsstelle. Damit zeigten sie, daß sie von einem inneren Zeitsinn geleitet wurden.

Bei einem ähnlichen Versuch wurden die Bienen nicht bei künstlichem Licht, sondern im Freien gehalten. Sie wurden an der Ostküste der USA dressiert und sodann mit dem Flugzeug zur Westküste gebracht. Wenn der Zeitsinn wirklich eine rein innere Angelegenheit wäre, hätten die Bienen im Westen 24 Stunden nach ihrer Fütterung im Osten an der Fütterungsstelle erscheinen müssen. Am ersten Tag im Westen lag das Maximum ihrer Flugaktivität tatsächlich 24 Stunden später als die Fütterung im Osten, jedoch gab es bereits daneben einen zweiten Gipfel der Flugkurve etwa 1¹/₂ Stunden später, also 25¹/₂ Stunden nach der Fütterung im Osten. Auch am zweiten Tag wurde diese Zweigipfligkeit der Flugkurve registriert, wobei aber jetzt jede der beiden Flugaktivitäten um 1¹/₂ Stunden später lag als am Vortage. Am dritten Tag blieb die erste Besuchszeit auf dem Stand des Vortages, doch verschob sich die zweite Besuchszeit abermals, diesmal aber nur um ¹/₂ Stunde. Bei diesen beiden Besuchszeiten blieb es von nun ab: 1¹/₂ und 3¹/₂ Stunden nach den im Osten andressierten Zeitpunkten. 3¹/₂ Stunden beträgt aber ungefähr der Zeitunterschied zwischen der Ost- und Westküste Nordamerikas. Aus den Ergebnissen dieses Versuchs ist der Schluß zu ziehen, daß die Biene zur Zeitmessung zwei Systeme verwendet, ein inneres (endogenes) System, das an den 24-Stunden-Rhythmus gebunden ist, und ein äußeres (exogenes) System, und daß die beiden Systeme bis zu einem gewissen Grad einander beeinflussen können. Der solcherart fundierte Zeitsinn hilft der Biene ihre Nahrung unter den günstigsten Bedingungen zu sammeln, die wandernde Sonne als Bezugspunkt bei der Orientierung im Gelände zu benutzen und die gegebenen Entfernungen in ihren Tanz zu übersetzen bzw. aus ihm abzulesen.

Zur Beantwortung der Frage, wie die „Sprache“ der Biene sich entwickelte, wurden verschiedene Wege der Forschung beschritten. Einer von ihnen besteht in der Untersuchung der Sprache bei anderen Honigbienenarten.

Alle Arten der Honigbienengattung *Apis* haben, wie man heute weiß, den Rund- und den Schwänzeltanz zur Übertragung von Informationen. *Apis florea*, die Zwerghonigbiene, tanzt dabei als einzige Art auf horizontaler Fläche, indem sie die Spitze ihrer offenen Wabe als Plattform verwendet. Hier kann sie direkt die Richtung zum Ziel angeben und braucht ihre Botschaft nicht auf die Senkrechte übertragen. *A. florea* wird daher als primitive Art in bezug auf die Bienensprache angesehen.

A. indica, die östliche Honigbiene, tanzt auf prinzipiell gleiche Weise wie unsere westliche *A. mellifera*, also auf senkrechter Wabe. *A. dorsata*, die Riesenhonigbiene, tanzt zwar ebenfalls senkrecht, doch liegen ihre

Waben an der offenen Luft. Ihr Mitteilungssystem wird deshalb als noch nicht so weit fortgeschritten wie das von *A. mellifera* und *A. indica* betrachtet. *A. dorsata* scheint beim Tanzen den Blick auf den Himmel zu benötigen, um die Richtung der Nahrungsquelle genau angeben zu können.

Als man die verschiedenen Rassen oder Unterarten unserer Honigbiene *A. mellifera* auf ihre Tanzsprache hin untersuchte, fand man erhebliche Unterschiede. Es ist gleichsam als würden die verschiedenen Rassen unterschiedliche Dialekte sprechen. Es wurde erwähnt, daß bei einer bestimmten Entfernung der Nahrungsquelle vom Stock der Rundtanz der Biene in den Schwänzeltanz übergeht. Die Entfernung, bei welcher der Umschlag stattfindet, ist nun von Rasse zu Rasse verschieden. Sie beträgt im Mittel bei *A. mellifera carnica* 80 m, bei *A. mell. intermissa* 60 m, bei *A. mell. ligustica* 30 m und bei *A. mell. fasciata* 10 m. Alle Rassen, mit Ausnahme von *A. mell. carnica* haben eine Zwischenfigur zwischen dem Rund- und dem Schwänzeltanz entwickelt, die man als „Sicheltanz" bezeichnet. Bei dieser Tanzform kommt kein vollständiger Kreis zustande, sondern nur die Form eines U, wobei die Hin- und Zurückläufe fast auf derselben Linie erfolgen. Die Richtung zur Nahrungsquelle wird hier durch den Winkel zwischen der Senkrechten und der Halbierungslinie des U angegeben.

Betrachtet man die anderen *Apis*-Arten im Hinblick auf den Umschlagspunkt zwischen Rund- und Schwänzeltanz, findet man, daß dieser bei wesentlich geringerer Entfernung liegt. Er beträgt bei *Apis florea* 5 m, bei *A. dorsata* 3 m und bei *A. indica* 2 m.

Auch im Tanzrhythmus unterscheiden sich die Honigbienenarten und -rassen. Ein und dieselbe Entfernung wird in ihren Tänzen durch eine verschieden große Zahl an Umläufen pro Zeiteinheit beschrieben.

Als man in Experimenten Bienen einer Rasse in den Stock einer anderen Rasse einsetzte, wobei durch bestimmte Vorbehandlungen dafür gesorgt war, daß die Fremdlinge akzeptiert wurden, traten Mißverständnisse auf, ganz ähnlich wie bei Menschen, die in ein fremdes Land reisen und der Landessprache nicht mächtig sind. Die fremden Bienen tanzten nach ihrem Stil, während die „Empfänger" die Informationen auf ihre Weise auslegten und prompt in die Irre flogen.

XV

Was Bienen sonst noch alles können

Die Mexikaner sind als besonders farbenliebend bekannt, und sie wenden leuchtende Farben auch bei ihren Bienenstöcken an. In mexikanischen Bienenhäusern sind die Stöcke seit jeher rot, grün, gelb, blau und anders gefärbt. Aber auch die Bienenhalter in anderen Ländern streichen heute die Stöcke verschiedenfarbig an, weil sie wissen, daß dies den Bienen dazu verhilft, besser heimzufinden. Was viele Imker dabei aber nicht berücksichtigen, ist, daß die für das Bienenauge sichtbare Farbskala nicht mit der vom Menschenauge gesehenen übereinstimmt.

Die Biene sieht vier Hauptfarben: Gelb, Blaugrün, Blau und Ultraviolett. Orange, Gelb und Grün sieht sie sehr wahrscheinlich als ein- und dieselbe Farbe; auch Blau, Purpur und Violett erscheinen ihr gleich. Gar nicht sichtbar ist für sie Rot, das in ihrer Sicht mit Schwarz übereinstimmt. Dagegen kann die Biene das ultraviolette Licht als Farbe sehen, wozu der Mensch nicht in der Lage ist.

Wir sehen die Farbe Weiß, wenn alle Spektralfarben auf einmal unser Auge treffen. Dasselbe gilt auch für die Biene, nur gehört zur Summe aller für sie sichtbaren Farben auch das Ultraviolett. Viele Blüten, die dem menschlichen Auge weiß erscheinen, absorbieren mehr ultraviolette Strahlen als sie reflektieren. Das spielt für uns, die wir Ultraviolett nicht sehen können, hinsichtlich der weißen Farbe keine Rolle. Für die Biene aber ist es von Bedeutung: sie sieht diejenigen unserer „weißen" Blüten, die ultraviolett absorbieren, in der Komplementärfarbe zu Ultraviolett, und das ist wahrscheinlich Blaugrün. Möchte ein Imker seinen Bienen mittels Färbung der Stockwände helfen, besser heimzufinden, tut er gut daran, sich nicht nach den Regenbogenfarben zu richten, sondern jene Farben zu wählen, die für das Bienenauge am kontrastreichsten sind: Blau, Gelb, Schwarz und ein Weiß, das ultraviolette Strahlen absorbiert und daher für die Biene blaugrün erscheint.

Die Fähigkeit, Farben zu unterscheiden, ist für die Nektar und Pollen sammelnde Biene von großer Bedeutung, denn Blüten, die eine für die Biene sichtbare Farbe haben, helfen der Biene, die Nahrungsquelle leichter zu finden und so lange wie möglich bei einer ergiebigen Blütenart zu sammeln.

Auch der Geruchssinn der Biene wirkt hierbei mit. In der Leistungsfähigkeit des Riechvermögens übertrifft die Biene den Menschen, denn sie kann weit geringere Duftkonzentrationen wahrnehmen. Wie Versuche zeigten, ist die Biene imstande, mehr als 40 Duftarten zu unterscheiden. Ihre Riechorgane liegen in den Fühlern, also in sehr beweglichen und vom Körper abstehenden Anhängen, die leicht mit der Duftquelle in Kontakt treten können. So riecht die Biene z. B. eine Blüte dadurch, daß sie diese in allen ihren Teilen abtastet. Der Mensch hingegen nimmt Gerüche durch Nervenendigungen wahr, die tief in seiner Nasenhöhle liegen. Er kann den Duft einer Blüte nur als Ganzes wahrnehmen.

Karl von Frisch stellte bei seinen Untersuchungen fest, daß es in manchen Blüten „Nektarführer" in Form bestimmter Farben und Düfte gibt, welche die Biene innerhalb der Blüte zur Nektarquelle hinführen. Es handelt sich dabei um wohlriechende Drüsensekrete oder auch um intensiv gefärbte Stellen in der Nähe des Blütengrundes. Die Biene kann durch Hineintasten in die Blüte bereits von außen ihre Fühler an diese Duftstellen legen und damit deren Duftqualität und -quantität von denjenigen anderer Blüten unterscheiden. Die Farbe des Blütengrundes in der Nähe des Nektars ist oft von der übrigen Blütenfarbe um eine Nuance verschieden. Die Biene erkennt diese Nuancen, die zum Teil – wenn ultraviolette Strahlen dabei eine Rolle spielen – für den Menschen unsichtbar sind.

Der feine Geruchssinn bildet eine der Grundlagen der bereits erwähnten Blütenkonstanz der Biene. Bei der Benachrichtigung anderer Bienen mit Hilfe des Tanzes spielt der Geruch eine besonders wichtige Rolle. Die Tänzerin kann ihren Schwestern nicht die Farbe der Blüte mitbringen, wohl aber ihren Duft, und sie ergänzt diesen Eindruck durch Angaben über die Entfernung und Richtung. Der Duft haftet sowohl an ihren Körperhaaren als auch an dem mitgebrachten Nektar und Pollen. Ist eine Nahrungsquelle nicht hinreichend durch Duft gekennzeichnet, wird sie von der Sammlerin mit Hilfe eines eigenen Duftorgans, der an ihrem Hinterleib befindlichen Nassanoffschen Drüse, markiert. Auf diese Weise finden die Bienen zum Beispiel auch die im Experiment verwendeten Zuckerschälchen.

Es ist einleuchtend, daß von der Fähigkeit, Farben und Düfte zu unterscheiden, nicht nur die Bienen selbst profitieren, sondern in hohem Maße auch die Blütenpflanzen. Die „Blütenkonstanz" der Biene gewährleistet, daß die Blüten einer Pflanzenart den Pollen von ihresgleichen empfangen und nicht fremden Pollen aus anderen Blütenarten, der ja für ihre Bestäubung wertlos wäre.

Hat eine Sammelbiene eine Nektarquelle ausfindig gemacht, kostet sie zunächst den Nektar, um zu sehen, ob er das Sammeln lohnt. Die Biene vermag nicht nur mit ihren Mundgliedmaßen zu schmecken, sondern auch mit ihren Fühlern und sogar Füßen! Sie schmeckt im Prinzip wie der Mensch vier Qualitäten: süß, sauer, bitter und salzig, und doch unterscheidet sich ihr Geschmackssinn von unserem ganz erheblich. Viele Substanzen, die wir als süß empfinden, sind für die Biene nicht süß, wie zum Beispiel Saccharin. Auch ist die Biene weniger empfindlich für bittere, dafür aber empfindlicher für salzige und saure Substanzen als der Mensch. Der Nektar muß, um zur Honigherstellung geeignet zu sein, einen hohen Zuckergehalt haben. Viele Blumen produzieren daher Nektar mit einem Zuckergehalt von 40% und mehr. Findet die Biene so hochwertigen Nektar nicht, begnügt sie sich auch mit einem geringeren Zuckergehalt und geht dabei herab bis auf etwa 5%. Allerdings verwendet sie diesen Nektar dann nicht zur Honigbereitung, sondern deckt damit ihren eigenen augenblicklichen Nahrungsbedarf. Sobald ein Nektar weniger als 30 bis 40% Zucker enthält, ist die Energie, die von den Bienen zur Umwandlung in Honig verbraucht wird, größer als die Energie, die der produzierte Honig später liefert. Daher kostet die Sammlerin zuerst den Nektar und nimmt ihn nicht zur Honiggewinnung, wenn er zu wenig Zucker enthält.

Versuche haben gezeigt, daß die Biene die Einzelheiten einer Blüte bereits erfaßt, noch ehe sie die Blüte näher untersucht: sie nimmt ihren Duft wahr, erkennt ihre Farbe und ihre Form und prägt sich ihre unmittelbare Umgebung ein. Wenn sie die Blüte verläßt, fliegt sie oft noch einmal um sie herum und lernt dabei auch die Lage der Blüte in Beziehung zu näheren oder weiteren auffälligen Geländepunkten kennen. Auf diese Weise gewinnt die Biene neben der Sonne und dem polarisierten Licht zusätzliche Orientierungspunkte im Sammelgebiet. Wenn es derartige Geländemarken in gerader Richtung zwischen dem Stock und der Nahrungsquelle gibt, wie zum Beispiel einen Zaun oder eine Straße, können sie von der Biene sogar als Vorzugswegweiser verwendet werden, mit anderen Worten: die Biene wählt die leichteste Art der Orientierung. Bei einem Versuch wurden Bienen dressiert, von einem Tisch in einer bestimmten Entfernung südlich vom Stock Nahrung zu holen, wobei eine nordsüdlich das Sammelgebiet durchziehende Hecke die Orientierung wesentlich unterstützte. Sodann wurden diese Bienen in ein anderes Gebiet versetzt, das zwar gleichfalls von einer Hecke, diesmal jedoch in Ost-West-Richtung durchzogen war. Nach ihrer Freilassung aus dem Stock folgten die Bienen der vermeintlich altvertrauten Hecke und flogen dabei nach

Westen anstatt nach Süden. Das zeigt, daß sie sich nicht nach dem Sonnenstand orientiert hatten, der in beiden Versuchen der gleiche war, sondern nach der bequemen Geländemarke, der Hecke.

Den Bienen ist die Kenntnis ihres Fluggebietes nicht angeboren; sie müssen es aus eigener Anschauung kennenlernen, wobei ihnen die Geländemarken helfen. Vor Beginn ihrer Sammelperiode unternimmt die Biene zuerst einige Orientierungsflüge. Sie verläßt die Obhut des Stockes und wagt sich in die feindliche Welt hinaus. In immer erneuten Flügen erweitert sie schrittweise ihren Flugradius. Hierbei lernt sie bereits die wichtigsten Geländemarken in ihrer Lage zum Stock kennen. Die Marken helfen ihr dann unter Mitwirkung ihres Stockduftes und der Stockfarbe sicher heimzukehren.

Der Mensch umschreibt eines der größten Wunder der Natur mit dem Wort „Instinkt". Streng wissenschaftlich betrachtet, hat das Wort einen ganz bestimmten Inhalt in bezug auf die Erbgrundlagen der Verhaltensweisen. Doch wurde und wird oft Mißbrauch mit diesem Wort getrieben und es gleichsam als Mantel verwendet, um damit die Unzulänglichkeit unseres Wissens über das Verhalten der Tiere zu verdecken. Die Wissenschaftler sind dabei, in zunehmendem Maß die Ursachenkomplexe, die dem Verhalten der Tiere zugrunde liegen, aufzuhellen und diese besonders interessante Seite der Tierkunde von Spekulationen und irrtümlichen Deutungen zu befreien. Während man früher glaubte, daß praktisch das gesamte Verhalten der Tiere, also auch der Biene, von starren Instinkten, das heißt angeborenen Verhaltensweisen, geregelt wird, weiß man heute, daß dies nicht zutrifft. Gewiß tut die Biene wie alle Tiere und auch der Mensch vieles aus Instinkt. Jedoch ist sie auch imstande, zu lernen und danach ihr Verhalten auszurichten. Die Verwendung von Geländemarken bei der Orientierung ist hiervon nur ein Beispiel.

Interessante Versuche in jüngerer Zeit deuten sogar darauf hin, daß auch die Verwendung des Sonnenstandes als Orientierungsmittel mehr auf einem Lernvorgang der Biene als auf einer angeborenen Verhaltensweise, einem Instinkt, beruht. LINDAUER stellte fest, daß die Fähigkeit der Biene, sich nach dem Sonnenstand zu richten und die gewonnene Erkenntnis im Schwänzeltanz auszudrücken, angeboren ist. Jedoch ist die Kenntnis der täglichen Bahn der Sonne nicht angeboren; sie muß erst von der Biene erlernt werden. In Experimenten fand er, daß die Biene annähernd 500 Sammelflüge benötigt, um den scheinbaren Lauf der Sonne um die Erde zu erlernen. Bei einem dieser Versuche wurden Bienen vollständig vom Sonnenlicht entfernt gehalten. Sodann wurde ihnen erlaubt, 35 Tage lang im Sonnenlicht zu sammeln, jedoch nur während des

Nachmittags. Sie hatten somit die Vormittagssonne nie kennengelernt. Danach wurden sie während der Morgenstunden freigelassen, und jetzt zeigte sich, daß sie trotzdem die Nahrungsquellen mit Hilfe des Sonnenstandes fanden. Sie bewiesen damit die Fähigkeit, von ihrer begrenzten Kenntnis der Nachmittagssonnenbahn auf die Bahn der Vormittagssonne zu extrapolieren.

Das alles zeigt, daß die Honigbiene mit ihrem winzigen Gehirn sehr wohl lernen und das Gelernte zu ihrem Vorteil anwenden kann. Und genauso wie beim Menschen mit seinem viel größeren Gehirn, finden wir auch bei den Bienen langsam und schnell lernende und dazwischen die große Gruppe von Individuen mit mittlerer Begabung.

Insbesondere aus Labyrinthversuchen wird deutlich, daß es auch bei den Bienen langsamer und schneller Lernende sowie Lernunfähige gibt. Bei letzteren handelt es sich in der Hauptsache um Bienen, die im Stock beschäftigt sind oder um Sammlerinnen, die sich auf eine bestimmte Blütenart spezialisierten und daher immer wieder denselben Weg fliegen und auch das oft nur zu bestimmten Stunden, wenn der Nektarfluß am stärksten ist. Während der übrigen Zeit verweilen diese Spezialisten oft im Stock, ohne sich den Tänzerinnen, die ihnen andere Nahrungsquellen bekanntgeben, anzuschließen. Erst wenn eine Tänzerin anzeigt, daß ihre Spezialblüte wieder Nektar abscheidet, erwacht ihr Interesse und sie beginnen ihre Sammelflüge.

Einige Bienen aber legen sich nicht fest. Man kann sie die Späher oder Pioniere nennen. Sie verlassen den Stock, um immer wieder nach neuen guten Nahrungsquellen Ausschau zu halten. Haben sie eine gute Quelle entdeckt, führen sie mit ihrem Tanz andere Bienen dorthin, die sich dann oft darauf spezialisieren. Es scheint von diesen Pionieren nur relativ wenige in einem Bienenvolk zu geben. Die meisten Bienen sind von Natur aus Mitläufer oder besser „Nachflieger“; sie besuchen die ihnen gezeigten Blüten, entwickeln aber selbst keine Initiative. Ähnelt das nicht einem weitverbreiteten menschlichen Verhalten?

XVI

Das Geheimnis des Bienenstaates

70000 und mehr Honigbienen können zusammen in einem Staatsgebilde leben, zum Wohle ihres Staates arbeiten, ihn verteidigen, in demokratisch anmutender Weise einen Bauplatz wählen und durch Vorratsspeicherung für die Zukunft ihres Staates sorgen. Wie ist eine derartige Organisation möglich? Sie ist überraschenderweise zum großen Teil auf Tasten und Riechen aufgebaut.

Die jungen Bienenlarven werden mit Brutnahrung aus den Drüsen der Ammenbienen ernährt. Auch der Königin wird diese Kropfmilch verabreicht. Ältere Larven erhalten nur etwas davon, dafür mehr Honig und Pollen. Die Stockbienen ernähren sich von eingebrachtem Honig und Pollen. Diese gesamte Nahrung stammt letztlich von den Sammlerinnen, die sie in unaufhörlichem Strom zum Nest transportieren und dort von Mund zu Mund den Stockbienen übergeben. Somit besteht eine dauernde und allumfassende Nahrungszirkulation im Bienenstaat, und hierin liegt eine Art von gesellschaftlichem Mitteilungssystem. Die Sammlerinnen bringen mit dem Nektar und Pollen bestimmte Duftstoffe mit, die im Bienenvolk als chemische Kennzeichen wirken. Im Zuge der Nahrungsverteilung erhalten alle Bienen dieselbe Nahrung und damit denselben Körperduft. Da die Sammeltätigkeit zwischen zwei benachbarten Stöcken sowie die Auswahl der Nahrungsquellen stets etwas verschieden sind, stimmt der Stockduft eines Volkes nie ganz mit dem ihrer Nachbarn überein. Als man aber in einem Experiment einige Bienenstöcke in ein Gebiet brachte, in welchem nur eine einzige Blütenpflanzenart wuchs, wurden im Verlauf von zwei Monaten die Bienen der verschiedenen Stöcke in ihrem Körperduft einander so ähnlich, daß die Bewohner der verschiedenen Stöcke einander nicht mehr unterscheiden konnten.

Etwas von dem Stockduft wird vom Körper der Biene auch einfach durch das Zusammensein mit den anderen Stockbewohnern übernommen. Man kann Bienen erfolgreich von einem Stock in einen anderen übertragen, wenn man dafür sorgt, daß sie in dem neuen Stock zunächst – im Inneren eines kleinen Käfigs – geschützt, dabei aber doch dessen Duft ausgesetzt sind. Auf diese Weise wechselt zum Beispiel der Imker die Königin gegen eine andere aus.

Auch die bereits genannte Nassanoffsche Drüse am Abdomen spielt in der Welt der Düfte, in der die Biene lebt, eine Rolle. Sie scheidet sozusagen die Grundkomponente des Stockduftes ab. Wie erwähnt, markieren Sammlerinnen bestimmte duftlose Nahrungsquellen mit diesem Drüsensekret, und oft kann man „sterzelnde" Arbeiterinnen vor dem Stockeingang sitzen sehen, die ihren Hinterleib in die Richtung der heimkehrenden Bienen halten und mit den Flügeln den Duft ihrer Drüsen in die Anflugrichtung fächeln, um den Sammlerinnen das Heimfinden zu erleichtern.

Alle Duftkomponenten zusammen bilden den Stockduft eines Volkes, an dem jede Biene ihre Angehörigen von Fremdlingen unterscheiden kann. Die Wächterbienen eilen einer jeden am Stock landenden Biene entgegen und betasten sie mit ihren riechenden Fühlern. Nur wenn sie den richtigen Duft hat, darf sie hinein. Auch als Alarmsignale können Düfte verwendet werden: in Aufregung versetzte Bienen rufen mit dem Duft ihrer Abdomendrüsen ihre Nestgenossinnen herbei.

Das Hören von Tönen ist den Bienen nicht in unserem Sinne möglich. Sie fühlen vielmehr die Töne als Druckwellen mit ihren an den Füßen oder Fühlern gelegenen Tastorganen. Es wurde bereits erwähnt, daß die Biene während des Schwänzeltanzes mit ihren Muskeln Töne erzeugt. Auch auf andere Weise erregte Bienen bringen Töne hervor, die von ihren Angehörigen aufgenommen werden. Man hat nachgewiesen, daß einzelne Bienen allein durch das Summen (Vibrieren) einer Bienentraube zu dieser hingelockt werden. Seit langem ist auch bekannt, daß die jungen Königinnen noch in ihren Zellen oder bereits außerhalb quäkende Töne erzeugen, die offenbar dazu dienen, jede Königin über den Standort ihrer Rivalinnen zu informieren. Die Probleme der Erzeugung, Aufnahme und Bedeutung der Töne sind bei den Bienen noch wenig untersucht; es warten hier sicher noch interessante Zusammenhänge auf ihre Entdeckung. Vor weniger als 50 Jahren ahnte man noch nichts von dem erstaunlichen System der Tanzsprache der Bienen. Wer weiß, was es auf dem Gebiet der Bienentöne noch alles gibt, von dem wir heute noch nichts ahnen!

Wir sahen, wie die Nahrung durch das ganze Bienenvolk weitergegeben wird, und auf demselben Weg die Duftstoffe verteilt werden. Letztere spielen für den Bienenstaat ohne Zweifel eine besonders große Rolle. Nimmt man eine Bienenkönigin von ihrem Volk fort, wird ihre Abwesenheit von den Stockbienen in kurzer Zeit bemerkt. In oft weniger als einer halben Stunde verändern sie ihr Verhalten: sie erscheinen ruhelos, desorganisiert und suchen aufgeregt nach ihrer Königin. Wenige Stunden nach Entfernung der Königin beginnen sie dann mit dem Bau von Ersatzköniginnenzellen, indem sie einige mit ganz jungen Larven besetzte normale Zellen vergrößern und die Larven mit Königinnennahrung füttern. Wenn alles gut geht, wird bald eine davon den Platz der verschwundenen Königin einnehmen.

Wenn die Königin zu einem Zeitpunkt stirbt oder verschwindet, zu dem der Staat weder junge Königinnen oder deren Larven, noch zur Umwandlung geeignete andere Larven, noch Eier enthält, beginnen einige Arbeiterinnen, deren Eierstöcke noch funktionsfähig sind, mit der Eiablage. Da diese Eier aber unbefruchtet sind, entstehen aus ihnen nur Drohnen, die allein dem Bienenstaat nichts nützen. Nur in sehr wenigen Fällen beobachtete man, daß sich aus dem unbefruchteten Ei einer Arbeiterin eine Königin entwickelte. Bei einigen Rassen scheinen solche Ausnahmen etwas häufiger zu sein als bei anderen.

Wie kann in einem 20000 bis 80000 Bienen umfassenden Volk das Verschwinden einer einzelnen Biene, der Königin, so schnell und umfassend bekannt werden? Warum beginnen plötzlich Arbeiterinnen Eier abzulegen, wenn die Königin fehlt? Die Antwort dürfte nach den jüngsten Forschungsergebnissen darin bestehen, daß hierfür ein Duftstoff ausschlaggebend ist, den ausschließlich die Bienenkönigin erzeugt.

Es ist leicht zu bemerken, daß die Königin auf das Bienenvolk sehr anziehend wirkt. Unaufhörlich wird sie während ihrer Wabeninspektion und Eiablage von Arbeiterinnen gefüttert und gereinigt. Sie scheidet offensichtlich einen Duftstoff aus, der die Arbeiterinnen zu ihrer Fürsorgetätigkeit veranlaßt und im Zuge der Nahrungskette mit allen Stockbienen in Berührung kommt. Die Anwesenheit dieses Duftes zeigt dem Volk an, daß alles im Staat in Ordnung ist; seine Abwesenheit macht das Gegenteil kund.

Zuerst nahm man an, daß die regulierende Wirkung von nur einem Königinnenduftstoff ausgeht. Heute ist man der Ansicht, daß die Königin mehrere Duftstoffe ausscheidet. Solange diese in ausreichender Menge im Stock verteilt sind, halten sie nicht nur die Arbeiterinnen ab, Königinnenzellen zu bauen, sondern unterdrücken auch die Entwicklung ihrer Eierstöcke. Aus Experimenten geht hervor, daß die Königin mindestens 7 Stunden am Tag im Stock anwesend sein muß, um so viel an Duftstoffen auszuscheiden, daß die Eierstöcke der Arbeiterinnen in ihrer Entwicklung gehemmt bleiben. Die Erzeugung mehrerer junger Königinnen im Spätsommer mit dem Ziel, das Volk durch Schwarmbildung zu teilen, könnte unter anderem auch mit einer Verringerung der Konzentration des Königinnenduftes zusammenhängen: die Zahl der Bienen im Stock ist zu dieser Zeit so groß geworden, daß die Menge des Duftstoffes für sie alle nicht mehr ausreicht.

Sofern wir einen derartigen Zusammenhang zwischen Duftstoff und Volksteilung annehmen, entsteht die Frage: welcher Faktor löst dann das Schwärmen aus? Möglicherweise ist dies die Enge, also die Zunahme an gegenseitiger Behinderung. Wer beginnt aber dann mit dem Flug? Und wie kommt es, daß die alte Königin den Staat verläßt? Das ist bei anderen staatenbildenden Insekten anders. Und was entscheidet darüber, welche Bienen der alten Königin folgen? So viel wir auch in den vergangenen Jahren dazugelernt haben über die Kräfte und Substanzen, durch die Tausende von Einzelbienen zu einem Volk und einem Staatswesen zusammengeschweißt werden, so gibt es doch immer noch mehr offene als gelöste Fragen. Eine Frage, die beantwortet werden konnte, ist die nach den Mitteln, deren sich ein Schwarm bedient, um eine neue Heimat zu finden. Die Lösung dieser Frage gibt ein überzeugendes Beispiel für die Fähigkeit der Biene, ihre Instinkte und ihr Lernvermögen erfolgreich zusammenwirken zu lassen.

Ein Bienenschwarm, der den Stock verläßt, umfaßt Tausende von Arbeitsbienen und eine Königin. Bald nach dem Abflug setzt er sich an einem Baumast oder an einer anderen erhöhten Stelle fest. Nunmehr begeben sich Späherbienen auf die Suche nach einem geeigneten Nistplatz. Oft beginnen die Späherinnen bereits einige Tage vor Beginn des Schwärmens mit ihrer Suche. Sobald sie geeignete Wohnplätze gefunden haben, kehren sie zurück und beginnen auf der Oberfläche der Bienentraube zu tanzen und damit ihren Fund bekanntzugeben. Die Energie und Länge des Tanzes sind ein Maßstab für die Qualität der Entdeckung. Andere Bienen, durch den Tanz angeregt, folgen der Späherin, um sich ebenfalls ein Bild von dem angezeigten Ort zu machen. Sind auch sie davon beeindruckt, führen sie gleichfalls nach ihrer Rückkehr einen Werbungstanz aus. Mit der Entscheidung hat das Volk aber keine Eile. Manchmal werden bis zu 20 und mehr Standorte angezeigt und nachgeprüft. Nicht selten werben Späherinnen für einen Standort, ändern aber dann, nachdem sie eine noch bessere Stelle fanden, ihre Meinung. Allmählich werden auf diese Weise immer mehr Bienen von den Vorteilen einer bestimmten Lokalität überzeugt und tanzen für sie. Im Zusammenwirken nahezu aller Gehirne des Schwarmes wird schließlich die Entscheidung getroffen und der beste Standort ausgewählt. Einige der diese Entscheidung beeinflussenden Faktoren sind: die Größe und Lage der Wohnhöhle, die im Gebiet vorhandenen Nahrungsquellen und die Entfernung vom Elternstock. Denn die Sammelgebiete beider Völker sollen sich möglichst nicht überschneiden. Sobald Einmütigkeit besteht, setzt sich der Schwarm in Richtung auf die neue Heimat in Bewegung. Eine lange „Diskussion“ findet damit ihren Abschluß. Jede Biene, die etwas zu sagen hatte, kam zu Wort. Die Entscheidung wurde demokratisch gefällt.

Die Honigbienen teilen unsere Welt, aber sie erkennen sie und reagieren in ihr auf ganz andere Weise, als wir das tun. Die Biene schmeckt nicht nur mit dem Mund, sondern auch mit den Fühlern und Füßen – unterscheidet Freund und Feind nach dem Geruch – sorgt für ihre Mutter, weil diese so gut duftet – tanzt, um zu erzählen – erzählt von einem Weg, der mit Hilfe der Sonne gefunden werden kann, die gar nicht zu sehen ist – sieht ultraviolette Strahlen als Farbe – überträgt den Sonnenstand innerhalb der Finsternis ihres Stockes auf die Schwerkraft und drückt Entfernungen durch Bewegungen aus. Wir können hier und dort flüchtige Einblicke in die Welt der Honigbiene erhaschen. Diese Einblicke führen uns zu der Überzeugung, daß die Bienen trotz ihrer nur winzigen Gehirnmasse zu den interessantesten, kompliziertesten und erfolgreichsten Wesen gehören, welche die Natur hervorbrachte.

TEIL 3 · DIE AMEISEN

XVII

Ameisenarten und ihre Entwicklung

Es gibt – abgesehen vom Menschen – wenige Lebewesen, die sich mit ihrer Umwelt so erfolgreich auseinandersetzten wie die Ameisen. Die Erde wird sehr viel länger von Ameisen als von Menschen besiedelt. Vor etwa 35 Millionen Jahren wuchsen im Gebiet der heutigen Ostseeländer koniferenartige Bäume, die wie unsere heutigen Nadelbäume Harztropfen ausschieden. In dieser gummiartigen Substanz, deren verhärtete Form wir heute Bernstein nennen, wurden neben anderen Kleintieren auch Ameisen eingeschlossen. Diese Fossilien zeigen, daß die damaligen Ameisen den heutigen Arten schon erstaunlich ähnlich waren. Es gab damals wie heute Kasten, also Ameisenformen, die innerhalb einer staatenähnlichen Gemeinschaft verschiedene Funktionen ausüben. Um aber eine solche Organisationshöhe zu erreichen, bedurfte es ohne Zweifel vieler Millionen Jahre. Man glaubte deshalb bisher, daß die Gruppe der Ameisen mindestens 50 Millionen Jahre alt sei.

1967 wurden zwei neu entdeckte fossile Ameisen wissenschaftlich beschrieben, die Aufsehen erregten. Es handelte sich um zwei sehr primitiv gebaute Arbeiterinnen, die in Harzstücken in New Jersey, USA, gefunden wurden, und zwar in einer geologischen Schicht, die der Oberen Kreideformation angehörte. Das heißt aber, daß diese Ameisen vor etwa 100 Millionen Jahren gelebt haben müssen. Durch diesen Fund zweier Gesteinssammler und seine Auswertung durch Ameisenforscher ist die Frage nach dem Alter der Ameisen in ein neues Licht gerückt worden.

Heute gehören die Ameisen zu den arten- und individuenreichsten Tiergruppen. Etwa 5000 Ameisenarten wurden bisher beschrieben, und in jedem Jahr kommen neue Beschreibungen hinzu. Die Zahl jedoch der zu jeder Art gehörenden Einzeltiere läßt sich auch nicht annähernd schätzen. Ein einziger Ameisenstaat kann die phantastische Zahl von 20 Millionen Individuen umfassen – und sie alle wurden von derselben Mutter hervorgebracht!

Die Ameisen haben sich an die verschiedensten Umweltbedingungen in so vollkommener Weise angepaßt, daß sie heute das gesamte Festland der Erde mit Ausnahme der Dauerfrostgebiete besiedeln. Man findet Ameisen in der Wüste Sahara und am Polarkreis, auf Inseln und im Dschungel, in der Wildnis und in den Zentren der größten Städte. Verschlossen sind ihnen lediglich die Arktis und Antarktis sowie die kältesten Berggipfel. Wo immer sie leben, nutzen sie die Gegebenheiten zur Anlage sehr verschiedener Formen von Nestern. Man findet solche auf dem Erdboden, im Boden bis 6 m und mehr Tiefe, in und an Pflanzen von den Wurzeln bis zu den Baumgipfeln sowie in Gebilden von Menschenhand wie Gebäuden, Schiffen oder gar Flugzeugen. Sie bauen ihre Nester, indem sie unterirdische Tunnel graben, Hohlräume in Pflanzen schneiden, Erdwälle bauen, Blätter zusammenweben, Karton (ein dem Papier der Wespen ähnliches Material) herstellen oder auch den einfachsten Weg gehen: sich in bereits bestehende Ameisen- oder Termitennester einzunisten.

Die Ameisen haben sich auch daran angepaßt, alle verfügbaren Nahrungsquellen auszunutzen. Ein Teil von ihnen lebt räuberisch, ißt also Fleisch; ein anderer Teil ernährt sich von pflanzlichen Stoffen, seien es Samen, Blatt- oder Stengelteile, süßen Pflanzensäften (von den Pflanzen selbst oder von Blattläusen ausgeschieden) oder von Pilzen, die sie selbst züchten. Eine dritte Gruppe umfaßt Allesesser, die sowohl tierische als auch pflanzliche Stoffe und darüber hinaus auch Vorräte und Nahrungsmittel des Menschen zu sich nehmen.

Jedoch ist die Gruppe der Ameisen nicht nur erdgeschichtlich alt, arten- und individuenreich, weitverbreitet und in hohem Maße an die Standorts- und Ernährungsmöglichkeiten angepaßt, sondern sie ist auch staatenbildend, und zwar in vollem Umfang. Es gibt keine einzeln (solitär) lebende Ameisenart. Nur wenn bei manchen Arten die Ameisenkönigin ein neues Nest gründet, gibt sie den sozialen Instinkt vorübergehend auf, schließt sich in eine Höhlung ein und lebt ein Einzelleben, bis die ersten Jungen erscheinen.

Wie die Wespen, Hummeln und Bienen gehören auch die Ameisen zur Ordnung der Hautflügler, Hymenoptera, innerhalb der sie die Familie Formicidae bilden. Man kann diese Familie in 8 Unterfamilien gliedern, von denen die eine, die Sphecomyrmicinae, erst jüngst beschrieben wurde und als einzige Art die genannte fossile, in New Jersey entdeckte Ameise enthält. Ihr Name ist *Sphecomyrma freyi*. Die Familie Formicidae umfaßt, wie erwähnt, etwa 5000 Arten, deren jede an einen bestimmten engen Lebensbereich (Habitat) angepaßt ist, so daß mehrere Arten im selben Lebensraum (Biotop) ohne gegenseitige stärkere Störung nebeneinander leben können.

Im Gegensatz zu den meisten anderen Hymenopteren wählten die Ameisen primär eine Lebensweise „zu Fuß“; nur die Geschlechtstiere sind mit Flügeln ausgestattet, die von den Weibchen jedoch nach der Begattung wieder abgeworfen werden. Die Arbeiterinnen sind stets ungeflügelt. Ein besonderes Körpermerkmal unterscheidet die Ameisen von allen anderen Hautflüglern: die aufrechtstehende Schuppe, die auf dem stielförmigen ersten Glied des Hinterleibs sitzt. Der übrige Teil des Hinterleibs ist gegen das stielförmige Glied, das die „Taille“ bildet, nach unten einschlagbar.

Im ganzen betrachtet, sind die Ameisen sehr einheitlich gebaut; doch zeigen sie in der feineren Ausgestaltung des Körpers sowie in den Farben große Vielfalt. Zumeist sind sie braun, gelb, rot oder schwarz gefärbt; jedoch gibt es auch grüne und blaue Arten sowie solche mit Farbkombinationen. Einige wenige glänzen metallisch. Ihre Größe variiert zwischen etwa 1 mm und mehreren Zentimetern. Besonders wichtig zur Unterscheidung sind Oberflächenskulpturen wie Haare, Dornen und Gruben. Auch innerhalb einer Art unterscheiden sich die Angehörigen der verschiedenen Kasten in der Kopfform, Augengröße und anderen Merkmalen.

Die Ameisen besitzen in ihren Fühlern wohlentwickelte Geruchs- und Tastsinnesorgane. Viele Arten haben große Komplexaugen, andere wieder sind blind. Ein Teil ist mit einem Stechapparat ausgerüstet; der andere Teil hat diesen Apparat rückgebildet, besitzt aber die Fähigkeit, ätzende Flüssigkeit gegen seinen Feind zu spritzen. Bei einigen Ameisengruppen ist ein Stridulationsorgan zwischen dem Stielglied und dem Abdomen oder, wo 2 Stielglieder vorhanden sind, zwischen dem 1. und 2. Stielglied ausgebildet. Dieses Organ setzt sich aus einem Kamm von Chitinzähnen auf dem einen Segment und einem Chitinhöcker auf dem benachbarten Segment zusammen. Durch Streichen des Kammes über den Höcker entstehen Töne, die zuweilen auch für das menschliche Ort wahrnehmbar sind. Man nimmt an, daß andere Ameisen diese Töne als Erschütterungen ihrer Unterlage wahrnehmen.

Die Mandibeln sind gleichsam die Hände der Ameisen, denn diese Mundteile führen – zuweilen mit Unterstützung durch die Vorderfüße – eine Vielzahl von Tätigkeiten aus: töten, zerbrechen, kauen, schneiden, tragen und reinigen. Die Ameisen haben weder wie die Bienen Wachsdrüsen noch stellen sie wie die Wespen Papierwaben her. Sie können also für ihre Jungen keine schützenden Zellen anfertigen. Ihre Brut liegt vielmehr zusammengehäuft auf dem Boden und wird in regelmäßigen Abständen von den Arbeiterinnen mit den Mundgliedmaßen hochgenommen. Die Ameisen halten auch nicht wie die Bienen durch bestimmte Tätigkeiten eine konstante Brutwärme aufrecht, sondern versuchen auf ganz andere Weise ihrer Brut die geeignete Temperatur zu verschaffen. Manche Arten schützen ihr Nest vor Überhitzung, indem sie einen Erdwall um das Nest bauen, der die Sonnenstrahlen abfängt. Ganz allgemein aber tragen die Arbeiterinnen innerhalb des Nestes die Brut immer dorthin, wo jeweils die besten Temperaturverhältnisse herrschen (Abb. 20).

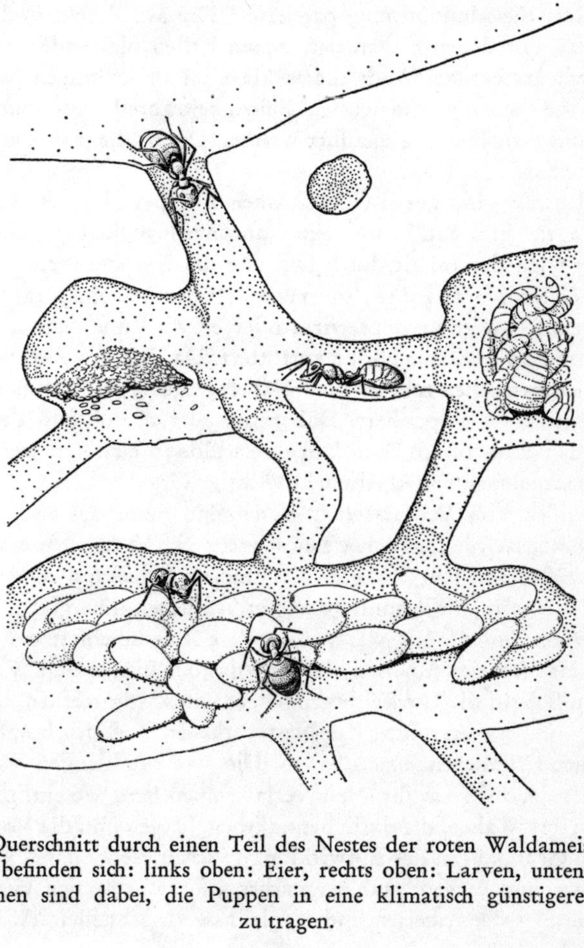

Abb. 20. Querschnitt durch einen Teil des Nestes der roten Waldameise. In den Kammern befinden sich: links oben: Eier, rechts oben: Larven, unten: Puppen. Arbeiterinnen sind dabei, die Puppen in eine klimatisch günstigere Kammer zu tragen.

Hier erweist sich gerade das Fehlen einer Bindung der Brut an Zellen als ein Vorteil. Es ist erstaunlich zu sehen, wie die starken und messerscharfen Mandibeln, die soeben noch den Körper eines Feindes oder einer Beute zermalmten, kurz darauf behutsam und zart mit den weichhäutigen Ameisenjungen umgehen.

Ameisen können nur flüssige Nahrung aufnehmen. Feste Substanzen werden gekaut, dabei mit Verdauungssäften eingespeichelt und auf diese Weise zersetzt. Die entstandene flüssige Masse lecken sie mit der Zunge auf. Hinter der Mundöffnung besitzt die Ameise eine Art Kammer, die Backentasche. In ihr sammelt sie kleine Stückchen noch halbfester Nahrung, welche die Mundöffnung passierten. Die Mandibeln sind mit Zähnen besetzt, mit denen die an den Füßen haften bleibenden organischen Reste entfernt werden. Auch dieses Material findet seinen Weg in die Backentasche, wo nun die letzten Flüssigkeitsanteile aus ihnen herausgepreßt und dem Magen zugeführt werden. Die trockenen Überreste speit die Ameise aus.

Ein überaus wichtiger Teil des Ameisenkörpers ist der Kropf, auch „Sozialmagen“ genannt, in welchem Nahrungsflüssigkeit gespeichert wird. Entweder wird der Inhalt durch Öffnung des Klappenverschlusses, eines hinter dem Kropf gelegenen Vormagens (Proventriculus), in den Magen weitergeleitet, wo er verdaut wird, oder er wird aus dem Kropf hochgewürgt und an Nestangehörige verfüttert. Da dem Ameisennest jegliche Art von Vorratszellen fehlen, wird Nährflüssigkeit allein in den Kröpfen der Arbeiterinnen gespeichert. Daher sind der Kropf und der Proventriculus, der ohne zu ermüden lange verschlossen gehalten werden kann, für das Staatenleben der Ameise sehr wichtige Organe.

Das Fehlen von Vorratszellen, deren Bau material- und arbeitsaufwendig wäre, ist für das Ameisennest mehr ein Vorteil als ein Nachteil. Der Geschäftsmann würde sagen, die Ameisen haben auf diese Weise geringere Unkosten. Sie können den beträchtlichen Energieaufwand, der zum Bau von Zellen nötig wäre, für andere Zwecke einsetzen. Zudem ist dadurch das Nest der Ameisen nicht wie das der Bienen und Wespen ortsgebunden. Sobald die Umweltbedingungen ungünstig werden, können die Ameisen mitsamt ihrer Brut das Nest verlassen und sich binnen kurzem an geeigneter Stelle ein neues bauen. Die staatenbildenden Wespen und Bienen hätten, falls sie ihr Nest verlassen wollten, wesentlich mehr zu verlieren: ihre Waben, die darin befindlichen Jungen und die Vorräte.

In den Grundzügen der Entwicklung gleichen die Ameisen jedoch ganz den Wespen und Bienen; auch sie machen eine vollständige Verwandlung durch. Die Eier der Ameisen sind vergleichsweise sehr klein. Was von den

Aquarienbesitzern oft als Fischfutter verwendet wird, sind nicht die Eier, sondern die viel größeren Ameisenpuppen. Die meisten Ameisenarten belecken regelmäßig ihre Eier. Das Lecken hält die Eier von Pilzbewuchs frei und macht sie klebrig, wodurch sie in größerer Zahl aneinander haften und als Eipakete hin und her getragen werden können.

Aus den Eiern entwickeln sich wurmartige, augen- und fußlose Larven, die das essende und wachsende Entwicklungsstadium darstellen. Die sich anschließende Puppe ist das Verwandlungsstadium, aus dem die Ameise in endgültiger Gestalt und Größe hervorgeht. Die Larven werden von den Arbeiterinnen gefüttert, umhergetragen und beschützt. Bei manchen Arten besteht die Larvennahrung aus hochgewürgter Flüssigkeit, bei anderen aus festen Stücken, die von den Larven selbst gekaut werden müssen. Die Larven scheiden Sekrete aus, welche die Arbeiterinnen als Delikatessen schätzen.

Das Puppenstadium kann je nach Ameisenart entweder im Inneren eines Kokons oder freiliegend durchlaufen werden. Der Kokon wird von der Larve gesponnen, die hierzu in der Nähe ihres Mundes Spinndrüsen besitzt. Wenn die Zeit der Verpuppung naht, vergraben die Arbeiterinnen die Larven innerhalb des Nestes in lockere Erde, damit die Puppenkokons durch Anheften der Seidenfäden an die Erdkrümel leichter gesponnen werden können. Sobald die Kokons fertig sind, werden sie von den Arbeiterinnen wieder ausgegraben und zu den Nestkammern zurückgetragen. Die sich im Puppenkokon bildende Ameise befreit sich entweder aus eigenen Kräften von ihrer Seidenhülle oder sie wird dabei von Arbeiterinnen unterstützt.

Bei den Ameisenarten ohne Puppenkokon kann man an der weißen weichhäutigen Puppe die allmähliche Ausbildung der Beine und anderen Körperteile beobachten. Während dieses Prozesses tritt jederseits am Kopf der Larve ein auffälliger dunkler Fleck auf: die Augenanlage.

Die geschlüpfte junge Ameise braucht einige Stunden bis Tage ehe sie voll erhärtet und ausgefärbt ist. Bis zu diesem Zeitpunkt bezeichnet man sie als unreif. Mit dem Schlüpfen aus der Puppenhaut besitzt die Ameise ihre endgültige Körpergestalt, die auf die künftige Tätigkeit im Staatsverband hin ausgerichtet ist. Da gibt es wie bei den Wespen und Bienen die beiden Geschlechtsformen, Männchen und fruchtbare Weibchen, die Königinnen. Die Masse des Volkes besteht – ebenfalls wie bei den Wespen und Bienen – aus unfruchtbaren Weibchen, den Arbeiterinnen, die sich nicht fortpflanzen, sondern ihr Leben ganz in den Dienst der Brut, ihrer Geschwister und ihrer Mutter, der Königin, stellen.

Wir finden nun aber bei den Ameisen eine neue Errungenschaft, die den

Wespen und Bienen fehlt: eine Aufgliederung der Arbeiterinnen-Kaste in verschiedene Formen, die an spezielle Aufgaben angepaßt sind. Diese Variation innerhalb einer Kaste bildet eine große Schwierigkeit für unsere Bemühungen, die Stammesentwicklung der Ameisen zu verstehen. Im einfachsten Fall gliedern sich die Arbeiterinnnen in kleinere und größere, die entsprechend ihrer unterschiedlichen Größe verschiedene Tätigkeiten verrichten. Bei anderen Arten sind außer der Größe noch andere Körpermerkmale verschieden. Oft sind die größeren Arbeiterinnen mit anormal großen Kiefern ausgestattet. Sie werden als Soldaten bezeichnet. Ihre Aufgabe ist es, zu kämpfen oder Beute zu machen. Einen Spezialtyp unter den Soldaten finden wir bei einigen pflanzenessenden Ameisenarten. Ihr Kopf

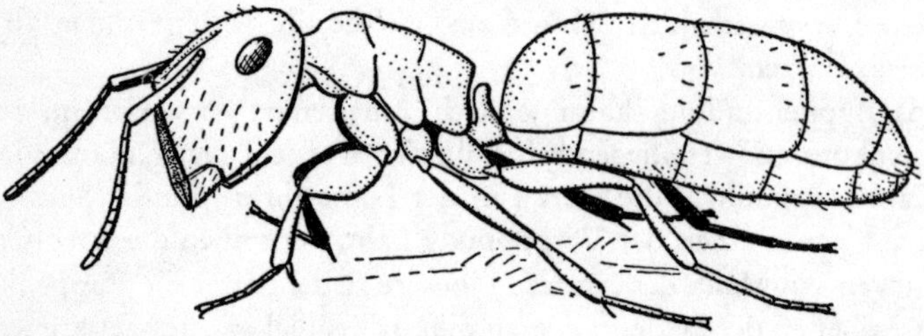

Abb. 21. Soldat einer Kolbenkopfameise (*Colobopsis truncata;* Südeuropa). Die Vorderkopf-Fläche ist kreisrund und abgeplattet. Sie füllt genau die Eingangsöffnung zum Ameisennest aus, das sich in einem Baumast befindet.

ist derart gebaut, daß er genau ein kleines Loch im Ast eines Baumes, das den Eingang zum Nest bildet, ausfüllt (Abb. 21). Er wirkt also wie der Kork einer Flasche und verhindert, daß unerwünschte Tiere in das Nest eindringen.

Ebenso wie die staatenbildenden Wespen und Bienen haben auch die Ameisen ihren männlichen Geschlechtstieren nur eine kurze Rolle im Staatenleben zugewiesen. Die geflügelten Männchen werden zusammen mit den geflügelten Weibchen gewöhnlich im frühen bis mittleren Sommer erzeugt. Sie verlassen das Nest, um am Hochzeitsflug teilzunehmen und sterben kurz danach, ohne zurückzukehren.

Zusammen mit den Männchen werden auch die geflügelten fruchtbaren Weibchen erzeugt. Bei den meisten Ameisenarten sind diese künftigen Königinnen beträchtlich größer als ihre Arbeitsschwestern. Sie haben einen großen Brustkorb, in welchem die starken Flugmuskeln untergebracht sind. Auch sie verlassen das Nest zum Hochzeitsflug, von dem sie – von seltenen Ausnahmen abgesehen – nicht wieder zurückkehren. Sie begründen die neuen Staaten. Ein Ameisenstaat hat seinen Ausgangspunkt in den meisten Fällen in einem einzigen Tier, der Königin.

Wahrscheinlich lösen bestimmte Witterungsfaktoren den Hochzeitsflug aus. Bei den bekanten roten Waldameisen der Gattung *Formica* findet er im Frühsommer statt. Dabei treffen sich die Geschlechtstiere zahlreicher Nester derselben Art. Im Ameisennest herrscht zur Flugzeit große Aufregung. Die flugbereiten Tiere quirlen zum Nestausgang; mit ihnen laufen auch zahlreiche Arbeiterinnen ins Freie. Sobald sich aus dem Ameisengewoge die erste Geflügelte in die Luft erhebt, folgen ihr dicht hintereinander alle anderen. Bei den zurückbleibenden Arbeiterinnen legt sich sehr rasch die Aufregung; sie kehren zu ihrer Arbeit ins Nest zurück.

Während des Fluges finden sich die beiden Geschlechter und kopulieren in der Luft. Das Männchen hat damit seine Lebensaufgabe erfüllt und stirbt kurz darauf. Der Königin dagegen steht ein arbeitsreiches Leben bevor. Sie kann während ihrer Flugzeit mehrfach kopulieren. Nach Beendigung des Fluges findet jedoch keine Kopulation mehr statt, mit einer Ausnahme: bei der Armee-Ameise wird die Königin auch später noch einige Male begattet. Die Königinnen aller anderen Arten speichern so viele Spermien in ihrem Hinterleib, daß sie für die gesamte Lebens- und Eilegezeit ausreichen, und manche Königinnen können 15 Jahre alt werden. Das ist eine Lebenszeit, die weit über diejenige der Bienenköniginnen hinausgeht. Der Spermienvorrat, der für eine so lange Zeit reichen soll, muß ungeheuer groß sein. Tatsächlich hat man auch im Hinterleib einer Königin der Blattschneider-Ameise etwa 320 Millionen Spermien gezählt!

Nach Beendigung ihres Fluges bricht oder reibt die Königin die für sie nutzlos gewordenen Flügel ab und sucht ein geeignetes Versteck zur Nestgründung: unter einem Stein, unter Rinde, in einer Erdhöhle oder einem Hohlraum im Pflanzengewebe. Hier beginnt sie mit der Eiablage und bleibt auch in der Regel (nur einige primitive Ameisenarten verhalten sich anders) an dieser Stelle. In den meisten Fällen ist die Königin bei der Nestgründung allein auf sich gestellt. Doch kommt es bei höher entwickelten Arten vor, daß mehrere Königinnen sich zusammentun und im gleichen Versteck ihre Nester gemeinsam begründen. Die starke Flugmuskulatur in der Brust der Königin ist nun nicht mehr nötig; sie wird daher eingeschmolzen. Das dabei gewonnene Material verwendet die Königin zur Herstellung von Larvennahrung. Die jungen Ameisenlarven ernähren sich von Sekreten, die ihre Mutter ausscheidet. Zusätzlich füttert bei manchen Arten die Königin einen Teil der von ihr abgelegten Eier; auch sie selbst verzehrt oft eine Portion davon. Sobald aus den Puppen der ersten Brut die Arbeiterinnen geschlüpft sind, gehen diese auf Nahrungssuche und verrichten alle Arbeiten innerhalb des Nestes mit Ausnahme der Eiablage, die der Königin vorbehalten bleibt.

Die soeben gegebene Schilderung sollte einen Eindruck von der „Norm" oder dem „Gerüst" der Staatenbildung bei den Ameisen vermitteln. So wie ein Musikstück oft mit einem einfachen Thema beginnt und dann durch Variationen komplizierter wird, zeigen auch die Ameisenarten zahlreiche Variationen zum Thema Staatenbegründung. Hierin liegt ein gut Teil der Faszination, die diese Insektengruppe auf den Naturforscher ausübt.

XVIII

Wo und wie Ameisen wohnen

Ein Überblick über das bis heute über den Nestbau der Ameisen Bekannte bestätigt das Sprichwort, daß Abwechslung die Würze des Lebens ist. Man findet Ameisennester im Erdboden, in Holz, künstlichen Erdwällen, Lehmbauten, selbstgefertigten Kartonhüllen, zusammengeleimten Blättern und sogar im Inneren großer Dornen. Es gibt aber auch Arten, und zwar sind es die Armee-Ameisen, die überhaupt keine Nester bauen. Sie verbringen einen großen Teil ihres Lebens auf Streifzügen, die sie nur für kürzere oder längere Zeit an geschützten Lagerstellen unterbrechen.

Die meisten Ameisenarten leben im Erdboden, in welchem sie mit ihren Füßen und Mandibeln unterirdische Gänge und Kammern graben. Die überflüssige Erde verstreuen sie entweder regellos um den Nesteingang, so daß dieser allmählich kraterähnlich vertieft erscheint, oder sie schütten sie in einer bestimmten Richtung und Entfernung vom Nesteingang zu einem Erdwall auf. Zum Bau eines derartigen Walles, der in Ausnahmefällen 1 bis 2 Meter hoch werden kann, verwenden sie oft noch andere Materialien wie kleine Kieselsteine und Pflanzenteile. Im Inneren des Erdwalls werden Gänge und Kammern angelegt und mit dem Nest verbunden. Der Wall dient somit als eine Nesterweiterung und erhält besondere Bedeutung dadurch, daß er schnell von der Sonne erwärmt wird und daher als eine Art Brutofen für die Eier, Larven und Puppen verwendet werden kann.

Gewöhnlich verfestigen die Ameisen die Wände ihrer unterirdischen Gänge mit einem Gemisch aus Speichel und Erde. Einige tropische Arten bauen sogar ihr ganzes oberirdisches Nest aus diesem Gemisch. Wenn nun Samen anfliegen, setzen sie sich im Erdmantel der Nester fest und keimen aus. Die aus der Nestoberfläche wachsenden Pflanzen bilden dann eine vorzügliche Tarnung des Ameisennestes. Andere Arten mischen ihren Speichel nicht mit Erde, sondern mit Pflanzenfasern und stellen auf diese Weise ähnlich wie die Wespen eine karton- oder papierartige Masse her.

Viele Ameisen leben im Innern lebender oder abgestorbener Pflanzenteile. Unter ihnen bauen die Zimmerer-Ameisen ihr Nest in verrottendem Holz. Im Gegensatz zu den Termiten verzehren sie aber das Holz nicht. Meist jedoch stellen die Ameisen die Nesthöhlung in der Pflanze nicht selbst her, sondern verwenden bereits vorhandene, von der Pflanze oder von anderen Tieren geschaffene Hohlräume. Eine Art, die sich selbst ihre Höhlung ausnagt, ist die bereits erwähnte „Kopftür-Ameise“, die in warmen Gebieten in dünnen Baumästen lebt. Die Eingangslöcher zu diesen Nestern werden von den Köpfen speziell daran angepaßter Soldaten verschlossen. Eine zum Nest gehörende Ameise klopft mit ihren Fühlern an diese lebende Tür, die daraufhin zurückweicht, die Ameise hindurchläßt und sich wieder schließt.

Zu den interessantesten unter den pflanzenbewohnenden Ameisen gehören die Arten der Gattung *Pseudomyrma.* Sie leben in den Dornen gewisser Akazien im tropischen Amerika. Diese Bäume besitzen sehr große Dornen von 5 cm und mehr Länge, die paarweise wie die Hörner eines Stieres nebeneinanderstehen; sie werden daher auch Stier-Akazien genannt. Die *Pseudomyrma*-Ameisen nagen eine Höhlung nahe der Spitze eines solchen Dornes, so lange er noch grün ist. Allmählich erweitern sie die Höhle und dehnen sie auf das Zwillingshorn aus, bis sie sich schließlich eine Art Zweizimmer-Wohnung geschaffen haben. Die Akazie hat süße Früchte und scheidet aus Drüsen einen süßen Saft aus. Von beidem leben die Ameisen. Sie erstatten dafür dem Baum keine Gegenleistung etwa derart, daß sie seine Fortpflanzung durch Bestäubung der Blüten oder Verbreitung der Samen erleichtern würden. Jedoch sind sie aus einem anderen Grunde für ihren Wirtsbaum wertvoll. Sie leben in sehr großer Zahl über den ganzen Baum verteilt, besitzen einen gefährlichen Stachel und sind sehr angriffslustig. Wenn der Baum oder einer seiner Äste angestoßen werden, eilen die Ameisen aus ihren Dornenhöhlen und stürzen sich auf den Angreifer. Sie schützen dadurch den Baum vor allen Laub fressenden Säugetieren sowie auch vor dem Menschen. Es ist auf Grund dessen die Meinung geäußert worden, die Bäume hätten nur deshalb so große Dornen entwickelt, um den Ameisen Platz für ihre Nester zu schaffen und damit den Schutz der Ameisen zu erhalten. Von anderer Seite wird eine solche Deutung abgelehnt. Wie dem auch sei, auf jeden Fall liegt hier eine interessante Symbiose, das heißt ein Zusammenleben zweier Organismenarten zu gegenseitigem Vorteil, vor. In ähnlicher Weise wie bei der Stier-Akazie werden auch die bauchigen Dornen der sog. Flötenakazie von einer Ameisenart als Wohnung verwendet (Abb. 22).

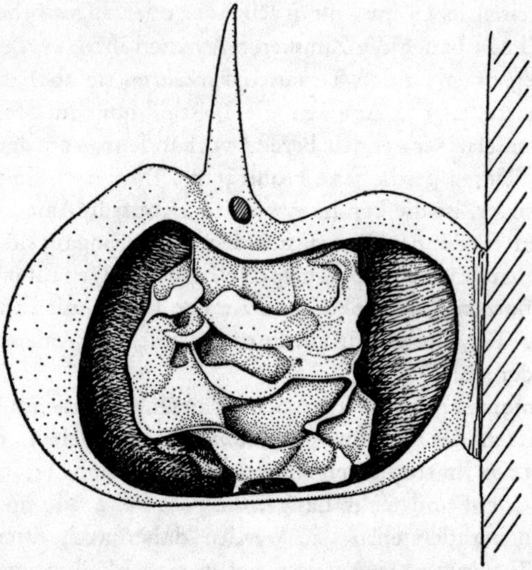

Abb. 22. Dornengalle der afrikanischen Flötenakazie, aufgeschnitten. Aus ihrem Inneren haben Ameisen ein Nest mit mehreren Kammern herausgearbeitet. Am Grunde des Dornes sieht man den Eingang zum Nest. Aus HESSE-DOFLEIN.

Die vielleicht erstaunlichste Weise, ein Nest zu bauen, finden wir jedoch bei einigen Ameisenarten, die als Baumaterial lebende Blätter verwenden und sie mit Seidenfäden zusammenheften. Eine der bekanntesten Arten ist *Oecophylla smaragdina,* die Südasien, Neuguinea und Nordaustralien bewohnt. Ihre Arbeiterinnen ziehen die zwei Längsränder eines Blattes oder die Ränder zweier benachbarter Blätter zusammen, indem sie sich auf der einen Seite mit ihren Füßen festkrallen und die andere Seite mit ihren Mandibeln packen und gemeinsam heranziehen. Ist der Abstand hierfür zu groß, bilden mehrere Ameisen eine Brücke: ein Tier legt seine Mandibeln um die Taille eines anderen. Bei einem langen Blatt sind mehrere solcher „Zugbrücken“ nötig. Sobald die Blattränder dicht zusammenliegen, eilen andere Arbeiterinnen aus einem bereits eingerichteten Nest herbei, die mit ihren Mandibeln je eine kleine Larve umgriffen haben (Abb. 23). Diese Larven, die aus Kopfdrüsen Seidenfäden abscheiden, werden nun von den Arbeiterinnen mit dem Kopf entlang der Blattfuge hin- und hergeführt und heften dabei mit den von ihnen ständig abgeschiedenen Seidenfäden die zwei Blätter zusammen. Es liegt hier einer jener seltenen Fälle vor, daß ein Tier die Fähigkeit entwickelte, ein Werkzeug zu gebrauchen. Ein früheres Beispiel von Werkzeugverwendung, das wir kennenlernten, betraf die Sandwespe *Ammophila.* Zweifellos wenden die

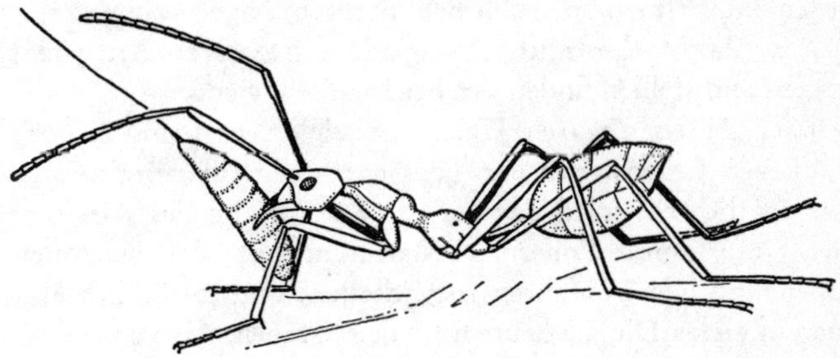

Abb. 23. Weberameise (*Oecophylla smaragdina*, Ceylon), die in den Mandibeln eine Larve aus ihrem Nest trägt. Die Larve hat einen Spinnfaden ausgestoßen, mit dem die Blätter eines neuen Nestes zusammengeheftet werden. Nach HESSE-DOFLEIN, verändert.

Oecophylla-Arbeiterinnen die soeben geschilderte Nestbaumethode nicht mit Bewußtsein an. Es handelt sich, wie bei vielen anderen Verhaltensweisen der Insekten, um einen Instinkt. Ein so komplizierter und sinnvoller Instinkt gibt uns das Rätsel auf, wie er sich stammesgeschichtlich hat entwickeln können. Ein weiterer Anlaß zum Erstaunen bei dieser Ameisenart ist, daß hier die Arbeiterinnen gelbrot und die Männchen gelbbraun gefärbt sind, die Königin als einziges Tier jedoch eine grasgrüne Färbung zeigt. Man hat hierzu die Hypothese aufgestellt, daß die grüne Farbe eine Schutztracht für die Königin sei, die ja ihren Staat offen und schutzlos auf den grünen Blättern eines Baumes begründen und die Brut so lange versorgen muß, bis aus dieser die Arbeiterinnen schlüpfen und ein geschlossenes Nest anlegen.

XIX

Bulldoggameisen und Legionäre

In der Ausschöpfung der naturgegebenen Möglichkeiten werden die Ameisen nur noch vom Menschen übertroffen. Viele Tätigkeiten von Ameisen entsprechen im Prinzip menschlichen Berufen: jagen, zimmern, melken, ernten u. a. Auch menschliche Tätigkeiten negativer Art wie betteln, schmarotzen und stehlen finden sich bei Ameisen wieder.

Die ersten Ameisen waren Jäger, und viele Arten sind es noch heute. Der primitiven Lebensweise der Jagd entspricht ihr primitiver Körperbau. Am deutlichsten wird das bei der am Anfang des Ameisensystems stehenden Unterfamilie Ponerinae. Man nimmt an, daß die Ameisen sich aus wespenähnlichen Vorfahren entwickelten, und tatsächlich ähneln die Ponerinen in vielen Dingen heute noch den Wespen. Als vor vielen Millionen Jahren die Ameisen sich über die Erdoberfläche verbreiteten, gelangten einige Arten auch nach dem heutigen Australien. Später wurde dieses Gebiet von der übrigen Landmasse als Insel abgetrennt, woraufhin alle darin lebenden Tierarten, darunter auch Ameisen, einen isolierten, eigenständigen Weg der Entwicklung gingen, der hinter der Entwicklung in den anderen Erdteilen zurückblieb. Man kann das heute an den Wirbeltieren, vor allem den Säugern, besonders gut erkennen, die in Australien mit so primitiven Formen wie den eierlegenden Schnabeltieren oder den ihre Jungen in Beuteln säugenden Känguruhs vertreten sind. Auch die heute primitivsten Ameisen, die Ponerinae, sind ganz überwiegend in Australien verbreitet.

Die Ponerinen sind Fleischesser, welche pflanzliche Stoffe, mit Ausnahme des gelegentlichen Leckens an süßen Säften, völlig meiden. Sie gewinnen ihre Nahrung durch Jagd, wobei sich einige Arten auf bestimmte Beutetiere, wie zum Beispiel Termiten, spezialisiert haben. Ihre Volksstärke ist meist gering, und ihre Nester liegen im Boden. Sie sind wegen ihres gefährlichen Stachels und ihrer Angriffslust gefürchtet.

Die Arten dieser Ameisengruppe zeigen noch nicht die körperliche und verhaltensmäßige Differenzierung, wie sie den höher entwickelten Ameisen eigen ist. Es ist oft nicht leicht, eine Ponerinenkönigin von einer Arbeiterin zu unterscheiden. Ja, bei einigen Arten gibt es überhaupt keine echte Königin, sondern nur eine als solche auftretende Arbeiterin.

Ihren primitiven Stand beweisen die Ponerinen unter anderem dadurch, daß ihre Königin – von einer einzigen Ausnahme abgesehen – nicht im Gründungsnest eingeschlossen bleibt, sondern auf die Jagd geht, um sich selbst und die heranwachsenden Larven zu ernähren. Ihre Brutfürsorge erstreckt sich auf die Tätigkeiten des Jagens und Fütterns. Ihre Eier läßt sie wahllos im Nest fallen und schenkt ihnen keine weitere Beachtung. Erst die Larven sind für sie wie auch später für die Arbeiterinnen von Interesse, weil sie wohlschmeckende Sekrete absondern. Die Larvenfütterung geht in höchst einfacher Weise vor sich: die fütternde Ameise läßt ein Beutetierstück neben der Larve fallen, die es verschlingt. Nur in wenigen Fällen ist bei Ponerinen eine Larvenfütterung mit Nahrungsbrei aus dem Kropf der fütternden Ameise bekanntgeworden.

Die Larven sind so gierig, daß sie sogar manchmal ihre Geschwisterlarven anfallen und auffressen, wenn ihnen das gelingt. Im allgemeinen schützen sie sich jedoch durch Gegenwehr sowie durch lange Haare und Körperanhänge. Noch besser sind die Puppen geschützt, die von zähen, undurchdringlichen Kokongespinsten umgeben sind. Die fertigen Ameisen schlüpfen ohne fremde Hilfe aus ihren Puppenkokons. Sie sind unmittelbar nach dem Schlüpfen imstande, sich zu verteidigen und selbst zu versorgen, und das ist auch notwendig, denn ihre Mutter und ihre Geschwister hätten keine Skrupel, die Neulinge zu verschlingen, wenn diese sich nicht verteidigen würden. In einem derartigen Staatengebilde herrscht nur eine schwache soziale Ordnung, da sowohl die Königin als auch die Arbeiterinnen in erster Linie sich selbst versorgen und nur gewissermaßen nebenbei die Erzeugung bzw. Fütterung der Nachkommen mit erledigen.

Die bekanntesten Ponerinen sind die ausschließlich in Australien vorkommenden Arten der Gattung *Myrmecia,* die als Bulldoggameisen bezeichnet werden. Sie können mehr als 2 Zentimeter lang werden, sind oft lebhaft gefärbt und mit langen, scharfen Mandibeln sowie einem starken Stachel ausgerüstet. Sie nehmen in der Unterfamilie insofern eine Sonderstellung ein, als sie ziemlich große Völker von 1000 bis 2000 Individuen bilden. Den Australiern sind sie wohlbekannt, weil sie nicht nur ihr Nest verteidigen, sondern oft zum Angriff übergehen und den zurückweichenden Menschen 5 bis 10 Meter weit verfolgen, wobei manche Arten Sprünge von einigen Zentimetern Länge ausführen.

Die größte heute lebende Ameisenart ist eine Ponerine namens *Dinoponera grandis,* die fast 3 cm lang ist und die Regenwälder Südamerikas bewohnt. Ihre Nester befinden sich im Boden und umfassen höchstens 1000 Individuen. Sie leben von der Jagd, für die sie mit ihren langen Beinen, großen Mandibeln und starken Stacheln vorzüglich ausgerüstet sind. Wahrscheinlich gibt es bei ihnen keine Königin, sondern es legen mehrere Arbeiterinnen die Eier. Die Eingeborenen gehen ihnen aus dem Weg, da ihr Stich sehr schmerzhaft ist.

Ponerinen findet man in allen tropischen Gebieten der Erde, wo sie oft zusammen mit höher entwickelten Ameisen im gleichen Lebensraum vorkommen. Ein solches Nebeneinander ist in diesen Gebieten mit ihren vielseitigen Ernährungs- und Nistmöglichkeiten ohne Schwierigkeiten möglich. Dabei können die Ponerinen im betreffenden Lebensraum entweder die beherrschende Rolle spielen oder, im Gegenteil, verborgen und unauffällig leben. In den gemäßigten Breiten, wo die Lebensbedingungen nicht so vielseitig sind, kommen nur wenige Ponerinenarten vor. Sie führen hier ein verborgenes Leben und gehen anderen räuberischen Kleintieren aus dem Wege. Eine dieser Arten, *Stigmatomma pallipes*, lebt vollständig unterirdisch und fängt ihre Beute im Boden oder unter der Streu. Ihre Arbeiterinnen sind wahrscheinlich blind. Lediglich zur Paarungszeit kommen die Geschlechtstiere aus der Erde, in die binnen kurzem das begattete Weibchen wieder zurückkehrt.

Man kann nicht anders als die farbenprächtigen, raublustigen und aggressiven australischen Bulldoggameisen zu bewundern. Sie sind eine „seltene Rasse", wie man so sagt. Und man fühlt ein gewisses Bedauern darüber, daß so viele ihrer nahen Verwandten sich in ein verborgenes Leben zurückgezogen haben. Objektiv betrachtet, gibt es natürlich keinen Wertunterschied zwischen „stolzen" und unscheinbaren Arten. Beide haben sich nur den jeweiligen Umweltverhältnissen angepaßt. Doch ist der Mensch immer geneigt, die Natur mit seinen Maßstäben zu messen.

Gewisse Namen aus der Ameisenkunde regen unsere Phantasie besonders stark an. Einer davon lautet „Armee-Ameisen". Gruselige Geschichten sind im Umlauf, seit der Mensch diesen Ameisen begegnete. In den meisten der in den Tropen handelnden Romane und Erzählungen spielen sie eine Rolle, und aus den aufregenden Dschungelfilmen sind sie nicht wegzudenken. Es ist nicht einfach, hier Tatsachen von Erfindungen und Übertreibungen zu trennen. Einer der wenigen Forscher, die sich mit dieser Ameisengruppe näher beschäftigt haben, ist T. C. SCHNEIRLA vom Amerikanischen Naturhistorischen Museum. Seine Ergebnisse zeigen, daß die Wahrheit über diese Tiere hochinteressant und seltsam, wenn auch nicht so gruselig wie manche Erzählung ist.

„Armee-Ameisen" ist die allgemeine Bezeichnung für zwei Gruppen von Ameisen, die beide der Unterfamilie Dorylinae angehören. Die eine Gruppe umfaßt die „Treiber-Ameisen" des tropischen Afrika und Asien, und die andere Gruppe die „Legionärs-Ameisen" des tropischen Amerika.

Beide Gruppen zusammen, die Armee-Ameisen, bilden einen primitiven Sproß des Ameisenstammbaums, der eine ebenso eigenartige wie erfolgreiche Lebensweise entwickelte. Wie die Ponerinen sind die Armee-Ameisen Jäger. Sie bilden aber im Gegensatz zu diesen enorm große Völker, die bis zu 20 Millionen Tiere umfassen können. Es ist sehr ungewöhnlich, daß eine so individuenreiche Tierart von der Jagd lebt, da die zur Ernährung so vieler Tiere notwendige riesige Fleischmenge schwer zu erbeuten ist. Die Armee-Ameisen konnten dieses Problem nur dadurch lösen, daß sie ausgedehnte Streifzüge unternehmen, auf denen sie sämtliche Tiere, von den Insekten bis zu den Wirbeltieren, überfallen und töten.

Die Armee-Ameisen unterhalten keine Dauernester, sondern leben nomadisch, wobei sie einen ziemlich gleichmäßigen Rhythmus von einander abwechselnden Marsch- und Ruheperioden einhalten. Am Ende einer Marschperiode suchen sie sich einen geschützten Lagerplatz, wie zum Beispiel im Winkel großer Baumwurzeln. Dort bilden sie einen großen Klumpen, in dessen Innerem sich die Königin und die Brut aufhalten. Ebenso wie die Ponerinen füttern auch die Armee-Ameisen ihre Larven mit Fleischstücken, die sie einfach neben den Larven fallen lassen. Diese geben den Arbeiterinnen dafür wohlschmeckende Sekrete. Die Arbeiterinnen der afrikanischen Treiberameisen sind blind; diejenigen der neuweltlichen Legionärsameisen haben rudimentäre Augen, doch sind diese wahrscheinlich nutzlos oder höchstens dazu geeignet, hell und dunkel zu unterscheiden. Alle Armee-Ameisen bringen geflügelte großäugige Männchen hervor, die sich nur kurze Zeit bei ihrem Volk aufhalten. Sie sehen den Wespen so ähnlich, daß sie schon häufig mit ihnen verwechselt wurden. Dagegen sind die Königinnen flügellos wie die Arbeiterinnen, jedoch wesentlich größer als diese. Die Arbeiterinnenkaste ist polymorph: von verschiedener Gestalt und Größe. Man kann Zwerg- und Riesenformen und dazwischen mehrere Größenstufen unterscheiden.

Am besten bekannt sind die neuweltlichen Armee-Ameisen, von denen die Gattung *Eciton* von C. T. Schneirla untersucht wurde. Staaten von *Eciton burchelli* umfassen oft annähernd 1 Million, Staaten von *E. hamatum* 250 000 Individuen. Das Leben dieser großen Völker wird in hohem Grad vom Körper eines einzigen Tieres, der Königin, reguliert, der jedoch wiederum weitgehend von der Tätigkeit des Volkes abhängt. Wenn ein Volk von *Eciton* sich von einem Lagerplatz zum anderen bewegt, trägt es die Brut mit sich. Auf Grund der Fähigkeit der Königin, eine große Zahl Eier sehr schnell (bei *E. hamatum* 80 000 und bei *E. burchelli* 200 000 Eier in etwa 8 bis 10 Tagen) abzulegen und danach eine längere Legepause einzuschalten, ist immer etwa gleichaltrige Brut vorhanden.

Sobald die mitgetragenen Larven verpuppungsreif sind, wird der Marsch unterbrochen und an einer geschützten Stelle ein Lager bezogen. Während dieser Ruheperiode kann sich auch die Königin erholen; ihr Hinterleib schwillt zusehends von den darin sich entwickelnden Eiern an. Nach ungefähr einer Woche der Ruhe tritt die Königin in ihre phantastische Eilegephase ein. Weitere 10 bis 12 Tage später beginnen die Larven aus den Eiern zu schlüpfen. Zu ungefähr gleicher Zeit entlassen die Puppen die neuen Ameisen. Die Unruhe, die durch das Schlüpfen dieser 80000 bis 200000 Ameisen in das Volk hineinkommt sowie die Körperdüfte, welche die jungen Tiere aussenden, versetzen das ganze Volk in Erregung, als deren Folge die seßhafte Periode wieder in die nomadische umschlägt. Eine Rolle spielt hierbei auch die verstärkte Ausscheidung von Sekreten durch die aus den Eiern hervorgegangenen hungrigen Junglarven. Die Ameisenarmee setzt sich in Marsch und bleibt – von kurzen Tagesruhepausen abgesehen – unterwegs, so lange die Larven wachsen und ihre Sekrete ausscheiden. Sobald diese Ausscheidung nachläßt und die Zeit der Verpuppung der Larven heranrückt, beginnt wieder die stationäre Phase. Bei den Arten der Gattung *Eciton* wurde festgestellt, daß etwa 19tägige stationäre Phasen mit etwa 17tägigen Wanderphasen abwechseln. Die „Uhr" dieses Zyklus bildet die Entwicklungszeit der Brut, die wieder auf der Eilegezeit der Königin beruht. Wenn die Larven das Puppenstadium erreicht haben, können die bis dahin mit der Jagd und Larvenfütterung beschäftigten Arbeiterinnen ihre ganze Kraft der Königin widmen. Diese wird jetzt intensiv gefüttert und betreut, wodurch ihre Eierstöcke in eine neue Entwicklungsperiode treten. So bilden also auch die Arbeiterinnen ein wichtiges Glied im Entwicklungs- und Organisationszyklus des Armee-Ameisenstaates.

Während der Wanderphase bewegt sich das Ameisenvolk jede Nacht und hält gegen Morgen an, um ein Tagesruhelager zu beziehen. Das geschieht derart, daß an einem geschützten Ort jedes Tier sich mit den Füßen und Mundgliedmaßen an seinen Nachbarn festklammert und alle Ameisen zusammen auf diese Weise einen großen Klumpen bilden. Dieser ist jedoch nicht kompakt, sondern mit zahlreichen Gängen und Kammern durchsetzt, die zur Verteilung der Nahrung und zur Lagerung der Brut dienen. Im Inneren der Masse sitzt wohlverwahrt die Königin. Das ganze erinnert sehr an die Wintertraube der Honigbiene, zumal auch die Ameisen bei Kälte näher zusammenrücken und bei Wärme sich voneinander abspreizen, um die Luft besser hindurchzulassen. Während auf solche Weise der größte Teil des Volkes tagsüber rastet, sind ständig Gruppen von Jägern unterwegs, um Nahrung herbeizuschaffen. Diese Jägergruppen können bei den *Eciton*-Arten in zweierlei Form auftreten: als ungeregelte Haufen oder als wohlformierte Kolonnen.

Beim Haufen-Typ werden die vorderen Jäger von den hinter ihnen laufenden vorwärtsgestoßen. Wie erwähnt, sind alle Arbeiterinnen, also auch die Jäger (eigentlich: Jägerinnen) blind oder zumindest sehuntüchtig. Die in vorderster Reihe laufenden Tiere setzen daher Duftspuren, denen die anderen folgen. Nun sind nicht etwa die vorn laufenden Ameisen mutiger als die anderen, sondern der Zufall hat sie in die vorderste Reihe gebracht. Sie zeigen oft das Bestreben, ihren Lauf zu bremsen oder nach der Seite auszuweichen. Dieses Zurück- und Ausweichen einerseits sowie das Schieben der nachfolgenden Tiere andererseits führen dazu, daß die Gruppe sich ausdehnt und zu einem bis zu 20 Meter breiten unregelmäßigen Haufen wird. Die einzelnen Ameisen in diesem Haufen sind klein; insgesamt aber bilden sie eine blutdürstige, furchterregende Masse von schnappenden Mandibeln. Der Mensch und die größeren Tiere können ihr ausweichen, nicht jedoch die kleineren Tiere, deren es in den Tropen so viele gibt. Sie werden überwältigt, zerschnitten und Stück für Stück zum Lager getragen oder auf der Stelle verzehrt.

Bei jenen Arten, die als formierte Kolonnen auf die Jagd gehen, bildet sich ein Hauptstrom, von welchem sich mehrere Nebenströme abzweigen und selbständig machen. Diese verschiedenen Marschsäulen treffen, entfernen und umkreisen einander und treiben sich auf diese Weise die flüchtenden Beutetiere gegenseitig zu.

Die Jäger versorgen die während des Tages lagernden Angehörigen ihres Volkes. Sobald es dunkel wird, setzt sich dann das ganze Volk wieder in Bewegung. Es bildet eine lange Prozession, indem jede Ameise dem Duftpfad ihrer Vorläuferin folgt. Im hinteren Teil der Prozession laufen Arbeiterinnen, welche die Jungen tragen. Das sieht eigenartig aus, denn die Larven werden derart von den Mandibeln gehalten, daß sie ihren Trägerinnen nach unten – hinten zwischen den Beinen hängen. Fast am Schluß läuft die Königin, deren großer Körper ständig von erregten Arbeiterinnen umlaufen und überklettert wird. Im Inneren der großen Marschsäule laufen die kleineren Arbeiterinnen, während die größeren Jäger und Soldaten die Außenzonen bilden. Diese Anordnung könnte den Eindruck erwecken, als sei sie wohldurchdacht, und sie ist lange Zeit auch so gedeutet worden. Jedoch ergibt sich eine solche, für den Zug zweifellos günstige, Zonenbildung einfach aus den Größenunterschieden der Tiere. Die größeren und schnelleren Jäger und Soldaten sind, wenn sie nicht dauernd in ihren Bewegungen behindert sein wollen, gezwungen, an die Ränder der Prozession auszuweichen.

Während der mehrwöchigen Ruhezeit sorgen ebenfalls Jägertrupps für die Ernährung des Volkes. Was sie an Beute herbeischleppen, reicht aus, weil während dieser Phase die Brut gewöhnlich aus Eiern und Puppen, also nicht Nahrung aufnehmenden Stadien, besteht. Während der Wanderphase jedoch ist das bereits große Ameisenvolk noch um viele Tausende frisch geschlüpfter Ameisen und ebenso vieler hungriger Larven angewachsen. Die Jagd erreicht daher während dieser Zeit einen Höhepunkt an Intensität und Umfang.

Zu manchen Zeiten besteht die Brut eines Volkes der neuweltlichen Armee-Ameisen gänzlich aus Geschlechtstieren, das heißt aus einigen Tausend Männchen und wenigen – weniger als 10 – Weibchen. Letztere, die Königinnen, sind flügellos. Sie paaren sich mit den wahrscheinlich von anderen Völkern stammenden Männchen, die an ihren Flügeln und großen Augen leicht zu erkennen sind. Bereits vor der Paarung entscheidet das Volk sich für eine der jungen Königinnen und spaltet sich daraufhin in zwei Teile: einem bleibenden Teil mit einer neuen Königin und einem auswandernden Teil mit der alten Königin. Nach dieser Aufspaltung findet die Paarung statt. Die übrigen jungen Königinnen werden verjagt. Die Teilung des Volkes, verbunden mit dem Bleiben der jungen Königin und dem Wegwandern eines Volksteiles mit der alten Königin, entspricht im Prinzip ganz den Verhältnissen bei der Honigbiene. Es handelt sich dabei um einen bei Ameisen sonst unbekannten Vorgang. Eine weitere für die Familie der Ameisen einmalige Eigenschaft der Armee-Ameisen besteht darin, daß ihre Königinnen im Laufe ihres Lebens mehrmals kopulieren.

Die Armee-Ameisen der Neuen Welt bilden eine hinsichtlich ihres Lebensraumes recht vielseitige Gruppe. Manche Arten leben und jagen auf dem Erdboden, andere in Bäumen (wo sie auch ihre Lager beziehen), und eine dritte Gruppe unter der Pflanzenstreu, wo sie sich in kürzester Zeit Bogengänge aus Erde bauen, in denen sie sich bewegen. Die Treiberameisen der Alten Welt dagegen leben fast ausschließlich im Boden und unter dem Laub. Nur gelegentlich, bei trübem Wetter, erscheinen sie auch einmal an der Erdoberfläche.

Mit Ausnahme der amerikanischen Legionärsameisen sind die Armee-Ameisen noch wenig untersucht. Es ist bekannt, daß einige der afrikanischen Arten im eigentlichen Sinne gar keine Nomaden sind, weil sie für längere Zeit ein Gebiet besiedeln, das sie in unregelmäßigen Zeitabständen durch oft mehrere Tage dauernde Märsche mit einem neuen Gebiet vertauschen. Die Treiberameisen leben verborgener als die Legionärsameisen. Man nimmt an, daß die Königin der Treiberameisen ihre dicke und plumpe Gestalt immer beibehält und aus diesem Grunde nicht so beweglich ist wie diejenige der *Eciton*-Arten. Einige Treiberameisen bilden die kopfreichsten Ameisenvölker, die bisher bekannt sind. *Anomma wilverthi* hat eine Bevölkerung von 10 bis 20 Millionen Individuen mit einer Brutstärke bis zu 1 Million Jungen.

Die Armee-Ameisen leben in einer dunklen, unsichtbaren Welt. Dauerndes Suchen ist ihr Ziel und Töten ihr Beruf. Duft und Geschmack sind die Organisatoren ihrer Staaten, und Tausende oder gar Millionen wehrhafter Weibchen bilden ihren Schutz.

XX

Ernteameisen und Pilzzüchter

Im Hügelgebiet des südlichen Arizona liegt die Lehmziegel-Ruine eines Forts, das vor einigen hundert Jahren den Einwanderern beim Durchqueren der Wüste Schutz vor den gefürchteten Apachenindianern gewährte. Mancher der Reisenden erreichte jedoch das Fort nicht lebend, sondern wurde tot hereingebracht und auf dem Friedhof des Forts begraben. Die Inschriften der hölzernen Grabkreuze lassen sich zum Teil heute noch entziffern. Sie berichten in wenigen nüchternen Worten über den oft furchtbaren Tod des Begrabenen, wie z. B. „... an einen Kaktus gefesselt und verdurstet“ oder „... an einen Pfahl gebunden und in einen Ameisenhaufen gesteckt“.

Menschen durch Ameisen zu Tode quälen zu lassen, war früher in mehreren Teilen der Welt nichts Ungewöhnliches. Die in Arizona für diesen furchtbaren Tod ausgewählte Ameisenart gehört der Gattung *Pogonomyrmex* an. Wer einmal von einem wütenden Tier dieser Gattung gestochen wurde, erhält eine Ahnung davon, was ein solcher Tod bedeutet. Der Schmerz eines *Pogonomyrmex*-Stiches verschwindet nicht so bald, sondern wandert, offenbar über die Lymphbahnen, durch den Körper, läßt die Drüsen schmerzhaft anschwellen und macht die Haut um die Stichstelle herum für einige Tage gefühllos.

Die *Pogonomyrmex*-Arten gehören einer Gruppe von Ameisen an, die als Ernteameisen bekannt sind. Ihre Hauptnahrung besteht aus Pflanzenprodukten, was einen wesentlichen Fortschritt gegenüber den primitiveren räuberischen Gruppen, den Ponerinen und Dorylinen, bedeutet; denn der

Nahrungserwerb durch Jagd ist stets unsicher. Auch lassen sich getötete Beutetiere nicht auf Vorrat legen. Die von der Jagd lebenden Ameisenstaaten haben daher – mit Ausnahme der Armee-Ameisen – nur eine geringe Volksstärke. Der Übergang zu pflanzlicher Ernährung versetzte viele Ameisenarten in die Lage, große Völker zu bilden. Einige Arten brachten es sogar fertig, auf Grund von Vorratshaltung Gebiete zu besiedeln, in denen ihre pflanzliche Nahrung nicht das ganze Jahr hindurch zur Verfügung steht. Das sind die Ernte-Ameisen, die in großer Menge bestimmte Samen einsammeln und sie in Nestkammern speichern, so wie die Biene ihren Honig speichert.

Alle Ernte-Ameisen gehören zur Unterfamilie Myrmicinae, die außer Samensammlern auch Ameisenarten anderer Ernährungsweise umfaßt. Das Sammeln von Samen ist eine Möglichkeit zur Lösung des Ernährungsproblems, die innerhalb der Myrmicinae von mehreren Artengruppen unabhängig voneinander verwirklicht wurde.

Einige der Sammler-Arten, wie *Pogonomyrmex*, erhielten sich ihren wespenähnlichen Stachel; andere haben ihn verloren. Für sie alle bilden zwar die Samen den Hauptbestandteil ihrer Ernährung, doch haben sie nicht völlig den Geschmack an Fleischnahrung verloren. Sie verzehren auch Insekten und andere kleine Tiere, wenn diese ihnen über den Weg laufen. Alle Sammler-Ameisen leben in unterirdischen Nestern. Im Aufbau ihrer Staaten zeigen sie erhebliche Fortschritte gegenüber den Ponerinen und Armee-Ameisen. Die Staatengründung wird gewöhnlich von einer einzigen geflügelten Königin im Anschluß an einen Hochzeitsflug vorgenommen. Die Königin gräbt eine Erdhöhle und schließt sich in sie ein, um ihre erste Brut sowie sich selbst keinen Gefahren auszusetzen. Mit Hilfe der in ihrem Körper gespeicherten Nährstoffe füttert sie die Brut. Sobald die ersten Arbeiterinnen geschlüpft sind, übernehmen sie die weitere Sorge für die Brut und die Königin.

Ein weiterer Fortschritt besteht darin, daß die Larven auch mit kleinen Teilen von Pflanzensamen gefüttert werden können, wenngleich der Hauptteil der Nahrung sowohl der Larven als auch der Königin aus dem Kropfinhalt der Arbeiterinnen besteht. Die von ihnen selbst benötigte Nahrung sowie die Larvensekrete verteilen die Arbeiterinnen unter sich selbst. Schließlich bedeutet es auch einen erheblichen Fortschritt, daß bei vielen Arten dieser Ameisengruppe die Puppen nackt, also ohne Kokon sind. Sie werden sorgfältig gepflegt und geschützt und brauchen daher keine schützende Kokonhülle, wie sie die Puppen der primitiven Ameisen haben.

Die Samen erntenden Ameisen leben in Trockengebieten, die sich nicht gerade durch üppige Vegetation auszeichnen. Die kleinen Krater oder Erdwälle um die Zugänge zu ihren unterirdischen Nestern sind daher leicht zu erkennen (Abb. 24). Manche Arten säubern sogar den Erdboden bis zu 7 Meter Entfernung um ihren Nesteingang von allem Pflanzenbewuchs. Im Mittelpunkt dieser auffälligen kahlen Fläche befindet sich dann der Eingangskrater, der oft von einem Ring aus Samenhülsen umgeben ist, die

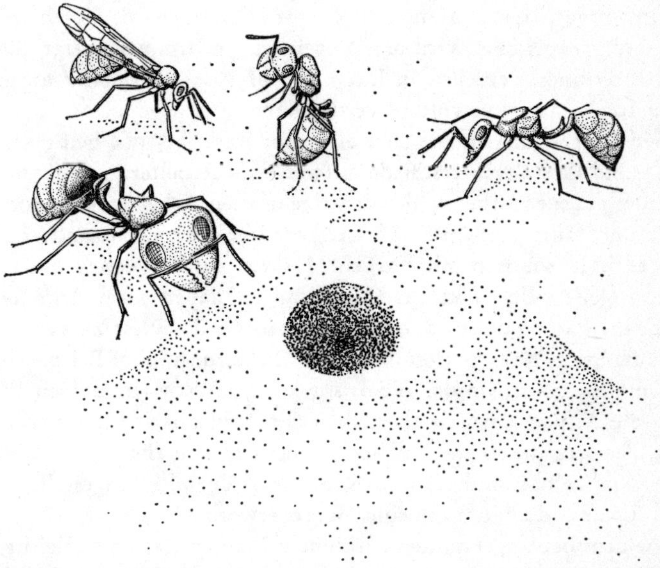

Abb. 24. Ernteameise *Messor barbarus;* Mittelmeergebiet). Ein Weibchen, zwei Arbeiterinnen und, am Nesteingang, ein Soldat. Nach F. DOFLEIN, verändert.

aus dem Nest herausgebracht wurden. Nicht selten wachsen aus diesem Ring, wenn nämlich keimfähige Samen in ihm enthalten waren, Pflanzen. Man glaubte daher lange Zeit, daß die Ameisen nicht nur ernten, sondern auch säen. Hierin irrte man aber. Die noch keimfähigen Samen befanden sich zufällig mit in den nach oben geschafften Hülsen; daher ist auch der Pflanzenbewuchs zufällig. Aber natürlich ist es für die Ameisen nun bequem, einen Teil ihrer Samen gleich vor der Haustür ernten zu können.

Von früh bis abend sind Tausende von Arbeiterinnen damit beschäftigt, Samen vom Erdboden aufzusammeln oder von den Pflanzen herunterzuholen. Im Innern des Nestes befreien sie die Samen von ihren Schalen und tragen letztere aus dem Nest. Die entschalten Samen lagern sie in Speicherkammern. Es kommt vor, daß einige Samen in den unterirdischen Kammern auskeimen; dann werden sie aus dem Nest entfernt. Ist eine Portion Samen zu feucht, wird sie an die Oberfläche gebracht, zum Trocknen ausgebreitet und nach der Trocknung in die Kammern zurückgeschafft.

Bei Bedarf werden Samen aus den Speichern geholt und von den Arbeiterinnen unter reichlicher Zugabe von Speichel gekaut. Es entsteht schließlich eine Masse, das „Ameisenbrot", die einige Zeit haltbar ist und bis zu einem gewissen Umfang auf Vorrat gehalten wird. Durch weiteres Kauen und Einspeicheln wird das Brot zu einem Brei verflüssigt, der von den Arbeiterinnen verzehrt, in ihrem Kropf gespeichert oder an andere Ameisen bzw. Larven verfüttert werden kann.

Einige Ernte-Ameisen besitzen eine monomorphe, das heißt keinerlei Größen- und Gestaltsunterschiede aufweisende Arbeiterinnen-Kaste. Andere Arten dagegen haben außer den eigentlichen Arbeiterinnen noch Soldaten mit auffällig großem Kopf, welcher nicht etwa ein besonders großes Gehirn enthält, sondern mit starken Muskeln zur Bewegung der großen Kieferzangen vollgepackt ist. Diese Zangen haben zwei Aufgaben zu erfüllen: die Samenschalen aufzusprengen sowie das Nest zu verteidigen.

Von manchen Naturphilosophen und Dichtern, so zum Beispiel bereits von König SALOMON (in der Bibel) sowie von AESOP (in einigen Fabeln) werden die Armee-Ameisen als raubgierige nichtsnutzige Bösewichte hingestellt, dagegen die Ernte-Ameisen als fleißige und für die Zukunft sorgende Tiere gelobt und den Menschen als Vorbild hingestellt. Welch besseren Leumund könnte sich eine Tierart erwerben?

Die beiden soeben genannten berühmten Männer hätten vielleicht ihren Mitmenschen noch eine andere Ameisengruppe als leuchtendes Vorbild vor Augen gehalten, wenn sie ihnen bekannt gewesen wäre: die pilzzüchtenden Ameisen. Da diese jedoch nur in der westlichen Hemisphäre leben, waren sie im Altertum noch unbekannt.

Die Pilzzüchter sind die Bauern unter den Ameisen, da sie wirklich ihre eigenen Nahrungspflanzen anbauen. Erstaunlicherweise gedeihen diese Pflanzen unterirdisch in völliger Dunkelheit; es sind Pilze, die auf einem von den Ameisen hergestellten Nährboden wachsen. Sie decken den gesamten Nahrungsbedarf des Staates, der von einigen hundert bis zu 1 Million Einwohner haben kann. Die meisten pilzzüchtenden Ameisen, darunter auch die bekannten Arten der Gattung *Atta*, leben in den Tropen. Nur relativ wenige Arten mit kleineren Völkern sind über die gemäßigten Klimazonen verbreitet.

Wenn ein *Atta*-Nest fertig ist, umfaßt es 1000 und mehr unterirdische

Pilzzucht-Kammern, von denen manche 1 Meter lang und je 30 Zentimeter breit und hoch sein können. Ein so großes Nest hat eine Tiefe von etwa 7 Metern und einen Durchmesser von etwa 15 Metern. Die bei der Herstellung der Kammern und Gänge anfallende Erde wird durch zahlreiche Öffnungen zur Erdoberfläche gebracht und dort fallengelassen. Auf diese Weise bilden sich zahlreiche Krater, die schließlich zu einem vegetationslosen Kraterfeld verschmelzen. Ein solches Kraterfeld kann 1000 und mehr Nesteingänge aufweisen, die nicht alle gleichzeitig, wohl aber zeitweilig benutzt werden.

In unaufhörlich fließenden Strömen sind mittelgroße Arbeiterinnen vom und zum Nest unterwegs, um frische Pflanzenteile herbeizuholen. Sie befreien dabei ihre Hauptwege von allen Hindernissen, so daß ausgeprägte Ameisenstraßen entstehen. Mit ihren scharfen Mandibeln schneiden sie ganze Laub- oder Blütenblätter oder auch Teile solcher von den Bäumen und Sträuchern und tragen sie zum Nest. Diese Tätigkeit hat ihnen den Namen „Blattschneider-Ameisen" eingebracht. Man nennt sie aber auch „Schirmträger-Ameisen" und zwar deshalb, weil sie die Blattstücken mit ihren Mandibeln über dem Kopf halten, daß es aussieht, als trügen sie Sonnenschirme. Die Blattschneiderinnen eines großen Volkes können in einer Nacht einen großen Baum völlig entlauben. Sie verfahren dabei sehr gründlich: erst wenn ein Baum entlaubt ist, nehmen sie sich den nächsten vor; und wenn sie mit der Reihe herum sind, haben sich inzwischen die ersten Bäume wieder belaubt, so daß der Zyklus von neuem beginnen kann. Es läßt sich denken, daß den Farmern des tropischen Amerika die Blattschneider-Ameisen höchst verhaßt sind.

Die Arbeiterinnen zerkauen im Nest die eingetragenen Pflanzenteile unter reichlicher Zugabe von Speichel, untermischen den Brei noch mit Kotkrümeln und breiten ihn dann in den vorher angelegten Pilzgärten aus. Er dient als Nährboden für die Pilzzucht. Wenn ein neuer Pilzgarten angelegt oder ein alter erweitert wird, beißen die Arbeiterinnen Teile des Pilzes ab und „pflanzen" sie in den Nährboden. Der Mühe Lohn besteht darin, daß das Ameisenvolk ständig den schnell wachsenden Pilzrasen „abweidet", sich also von ihm ernährt.

Da den Pilzen das Chlorophyll fehlt, jene erstaunliche Substanz, mit deren Hilfe die grüne Pflanze unter Einwirkung von Sonnenlicht aus anorganischen Stoffen organische Verbindungen herstellt, müssen sie auf andere Weise ihr Körpergewebe aufbauen. Sie tun das dadurch, daß sie aus dem ihnen von den Ameisen bereiteten Nährboden organische Substanzen entziehen und sie zu eigenem Körpergewebe umbauen. Jede Pilzzüchter-Art kultiviert ihre eigene Pilzart, und keine dieser Pilzarten ist bisher außerhalb von Ameisennestern gefunden worden. Man hat sie in die Gruppe der Basidiomyceten eingereiht, die auch viele unserer eßbaren Hutpilze enthält. Jedoch entwickeln die Zuchtpilze der Ameisen keine Hüte, das heißt keine Fruchtkörper. Vielmehr bestehen sie aus ebenso feinen wie dichten Geflechten von Zellschläuchen (Myzelien), die mit kleinen Anschwellungen, Bromatien, enden (Abb. 25). Letztere sind es, die den Ameisen zur Nahrung dienen. Züchtet man einen derartigen Pilz künstlich im Laboratorium, entwickelt er keine Bromatien und wird auch meist schnell von anderen Pilzen sowie Bakterien überwuchert und abgetötet. Die besonderen Zuchtbedingungen, die der Pilz von den Ameisen erhält, sind offenbar die einzigen für seine Existenz möglichen. Sie bestehen außer der genannten Zubereitung des Nährbodens in der regelmäßigen Kontrolle des Wachstums durch Erweiterung oder Verkleinerung der Nestöffnungen sowie wahrscheinlich auch darin, daß das Blättermaterial bereits unter bestimmten Temperatur- und Feuchtigkeitsbedingungen gesammelt wird. Alle diese Faktoren sind wichtig und stehen zueinander in Beziehung. Die Pilzzüchter-Ameisen haben damit in ihrer Entwicklung einen Punkt erreicht, wo ihre einzige Nahrung aus einer bestimmten Pilzart besteht –, und dieser Pilz wiederum hat einen Punkt erreicht, wo er ohne diese Ameisen nicht mehr existieren kann. Auch das ist wieder ein Beispiel für das Zusammenleben zweier verschiedener Organismenarten zu gegenseitigem Vorteil (Symbiose).

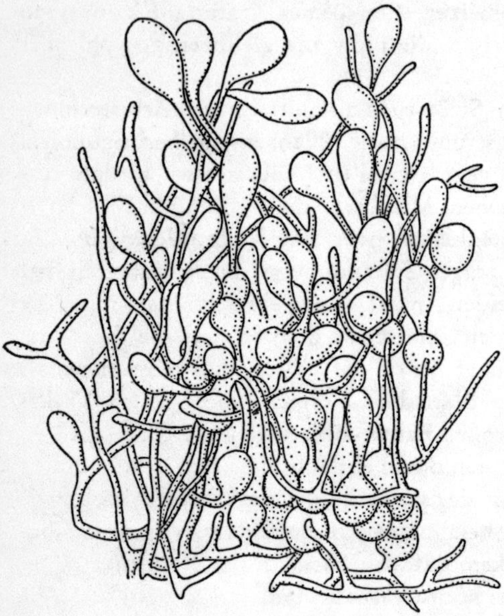

Abb. 25. Pilzmyzel aus dem Pilzgarten einer Blattschneiderameise *(Atta texana)*. Die Myzelschläuche enden mit kugligen Anschwellungen, den Bromatien, die der Ameise zur Nahrung dienen. Nach WHEELER aus HESSE-DOFLEIN, verändert.

Bei den *Atta*-Arten sind die Arbeiterinnen von sehr verschiedener

Größe. Man findet winzige Tiere von nur 1 mm und sehr große von etwa 15 mm Länge sowie noch mehrere Zwischenstufen. Verbunden mit dieser Größendifferenzierung ist eine Arbeitsteilung. Die kleinsten Arbeiterinnen bleiben im Nest und pflegen die Brut sowie die Pilzgärten; die mittelgroßen Tiere schneiden, tragen und verarbeiten die Blätter, und die großen Ameisen sind Soldaten, die sich überwiegend im Nest aufhalten und bei Gefahr aus diesem herausstürzen. Obgleich sie stachellos sind, können sie doch mit ihren mächtigen Kieferzangen sehr schmerzhafte Bisse verursachen.

Die Speisekammern sind bei den Pilzzüchtern zugleich die Kinderzimmer, denn die Brut wird inmitten der wachsenden Pilzrasen aufgezogen. Die Larven verzehren kleine Pilzstückchen, die ihnen die Arbeiterinnen auf die Mandibeln legen.

Ein neuer *Atta*-Staat wird von einer einzelnen Königin gegründet, die an einem Hochzeitsflug teilnimmt, sich danach in die Erde eingräbt und mit der Eiablage beginnt. Sie bringt von ihrem alten Nest den Zuchtpilz mit, von dem sie und ihr künftiges Volk sich ernähren werden. Früher nahm man an, daß die Königin nur ein winzig kleines Stück des Pilzes in ihrer (in der Mundhöhle gelegenen) Infrabuccaltasche mit sich führt. Nach neueren Beobachtungen scheint es jedoch, daß – zumindest bei einigen Arten – die Königin einen ziemlich großen Teil des Pilzes im Munde trägt und mit ihm das erste Zuchtbeet „bepflanzt“. Dieses erste kleine Beet pflegt sie sehr sorgfältig; sie düngt es mit ihrem Kot sowie mit dem Inhalt aufgebissener Eier. Die Pilzzüchter-Königin bringt zwei verschiedene Arten Eier hervor: kleinere Eier, aus denen sich Arbeiterinnen entwickeln, sowie größere, besonders dotterreiche Eier, von denen sie sich anfangs selbst und ihre erste Brut ernährt. Erst wenn die ersten Arbeiterinnen geschlüpft sind, holen diese Blättermaterial als Nährsubstrat für die Pilzzucht. Von diesem Zeitpunkt ab wachsen Pilz und Ameisenstaat schnell heran. Nach alledem unterscheidet sich die erste Brut von den nachfolgenden Bruten dadurch, daß sie nicht mit Pilzen, sondern mit Eiern ernährt wird, so daß die aus ihr entstehenden Ameisen sich auf Pilznahrung umstellen müssen.

Die *Atta*-Königin ist wahrhaft zu bewundern: sie speichert in ihrem Körper so viele Nährstoffe, daß sie damit – in Form von Eiern – sowohl die Brut als auch den Pilz ernähren kann. Darüber hinaus verwendet sie auch noch ihren Kot zur Pilzdüngung. Angesichts des relativ hohen Alters und des oft riesigen Umfanges eines *Atta*-Staates hat man sich gefragt, ob denn zur Produktion der hierfür notwendigen Eier eine einzige Königin ausreiche. Vielleicht werden vom Volk im Laufe der Jahre zusätzliche

Königinnen adoptiert. Doch läßt die Tatsache, daß man im Körper einer *Atta*-Königin annähernd 320 Millionen Spermien zählte, das Hervorbringen eines so großen Ameisenvolkes durch nur ein mütterliches Tier als durchaus möglich erscheinen. Um im Körper der Königin mehrere hundert Millionen Spermien anzusammeln, waren aber wahrscheinlich während des Hochzeitsfluges mehrere Kopulationen notwendig.

Mit den Arten der Gattung *Atta* wurde auf dem Gebiet der Ameisen-Pilzzucht die höchste Entwicklungsstufe erreicht. Es gibt daneben noch eine Reihe weniger hochstehender pilzzüchtender Ameisenarten. Ihre primitivsten Formen verwenden als Nährboden für den Pilz ausschließlich Insektenkot. Andere, bereits etwas höher stehende Arten stellen ein Gemisch aus Kot und Blattmasse her. Sie alle haben viel kleinere Völker und Nester als die *Atta*-Arten. Oft besitzen sie nur eine einzige Pilzkammer. Bei zwei dieser primitiveren Gattungen scheinen die Königinnen zeitweise ihr Gründungsnest zu verlassen, um Material zur Bereitung des Pilznährbodens zu sammeln. Als Arbeiterinnen treten hier meist nur mittelgroße Tiere auf, die nicht gruppenweise, sondern einzeln auf Materialsuche gehen. Wenn sie bedroht sind, stellen sie sich tot, anstatt sich wie die *Atta*-Arten zu verteidigen.

Wir können nur vage Vermutungen darüber anstellen, wie die so erstaunliche Lebens- und Staatsform der Pilzzüchter-Ameisen, insbesondere der *Atta*-Arten, zur Entwicklung gelangte. Vielleicht wuchsen einst auf den im Nest herumliegenden Kotkrümeln Pilze, von denen die Ameisen allmählich abhängig wurden. Wie kamen dann aber die Ameisen dazu, anderes Material, vor allem zerkaute Blätter, als zusätzlichen Pilznährstoff zu verwenden? Vielleicht waren die heutigen Pilzzüchter ursprünglich Ernteameisen, auf deren Samen im Nest sich Pilze ansiedelten? Dann entsteht aber die Frage: wie kam es zu der auf das Eintragen von Samen gegründeten Vorratswirtschaft? Es ist ein langer Weg von der Jagd zur Speicherung von Pflanzenprodukten und von dort aus zur Zucht von Nahrungspflanzen. Sogar ein Teil der Menschheit ist auf der ersten dieser drei Stufen stehengeblieben.

XXI

Milchviehhalter und lebende Honigtöpfe

Die Ameisen zeigen uns besonders deutlich, auf welch verschiedene Weise man Nahrung gewinnen kann. Viele Ameisen verwenden sogar die Ausscheidungen bestimmter pflanzensaugender Insekten, der Homopteren, als Nahrungsmittel. Man kann diese Ameisen als Milchviehhalter bezeichnen, weil sie im Grunde genommen Tierherden besitzen, die von ihnen geschützt und „gemolken" werden.

Zahlreiche Pflanzen erzeugen süße Säfte wie den Nektar der Blüten oder andere süße Drüsenausscheidungen. Die Hauptnutznießer dieser Säfte sind die Bienen und Hummeln. Es gibt jedoch noch eine Insektengruppe, die gleichfalls von süßen Pflanzensäften lebt, allerdings von Säften ganz anderer Art; es sind die Homopteren, deren wichtigste Untergruppen die Blatt- und Schildläuse sowie die Blattflöhe und Zikaden sind. Sie bohren ihre zu einem Saugrüssel umgestalteten Mundgliedmaßen in das Pflanzengewebe und saugen den mehr oder weniger zuckerhaltigen Saft heraus. Die bekanntesten und häufigsten Homopteren sind die Blattläuse. Sie entziehen dem Pflanzensaft jene Substanzen, die ihr Körper benötigt, und scheiden den Rest aus. Da der Pflanzensaft mehr Zucker enthält als die Blattlaus braucht, sind diese Ausscheidungen sehr zuckerhaltig. Man nennt sie „Honigtau", weil die von Blattläusen befallenen Blätter damit oft wie mit kleinen Tautropfen übersät sind. Wo allerdings Ameisen vorkommen, lecken sie die Honigtautröpfchen, die für sie eine begehrte Süßspeise bilden, nicht nur von den Blättern, sondern auch gleich vom Hinterleibsende der Blattläuse ab. Die Ameise nähert sich der Blattlaus und betrillert deren Hinterleib so lange mit ihren Fühlern, bis die Laus ein Tröpfchen Honigtau ausscheidet.

Den meisten Gartenbesitzern sind die Blattläuse und die mit ihnen verwandten pflanzensaugenden Insekten als Schädlinge an Gemüsepflanzen, Sträuchern und Obstbäumen bekannt. Sie schaden den Pflanzen durch Saftentzug, was zu Wachstumsstörungen führt, durch Übertragung von Pflanzenkrankheiten beim Saugen sowie durch die Förderung der sogenannten Rußtaupilze, die sich auf den Honigtautropfen ansiedeln und schließlich die Blätter wie mit einer schwarzen Rußschicht überziehen können. Besonders unangenehm ist die große Vermehrungsfähigkeit der

Blattläuse. Ihre flügellosen Jungen werden nämlich parthenogenetisch, das heißt lebend von unbefruchteten Weibchen geboren, und sind sofort nach der Geburt selbst wieder fruchtbar. Auf diese Weise können in einem Sommer zehn und mehr Blattlausgenerationen – alles Weibchen – entstehen, was zu riesigen Blattlausansammlungen führt. Erst im Herbst treten geflügelte Weibchen und Männchen auf. Es kommt zur Paarung der Geschlechter, worauf das befruchtete Weibchen ein einziges Ei ablegt, das an der Wirtspflanze überwintert. Es läßt sich denken, daß die Landwirte, Forstleute und Gärtner nicht nur die Blattläuse, sondern auch ihre Pflegerinnen, die Ameisen – zumindest in dieser Hinsicht – als schädlich betrachten.

Schon durch das bloße Ablecken des Honigtaues von den Blattläusen können die Ameisen Schaden anrichten, da „gemolkene“ Blattläuse ihren Wirtspflanzen mehr Saft entziehen als andere. Manche Ameisenarten erbetteln sich den Honigtau nur dann, wenn sie gerade einer Blattlaus begegnen. Andere Arten dagegen bauen ihren „Milchkühen“ eigens Kammern aus Erde oder Papiermasse oder auch, wie das Arten aus der Gattung *Oecophylla* tun, Schutzdächer aus Seidengespinst. Sehr wichtig für die Blattläuse und andere Homopteren ist es, daß sie von den Ameisen gegen räuberische und parasitische Insekten verteidigt werden. Aber auch die Entfernung des Honigtaues von ihrem Körper und von der Wirtspflanze ist für sie von großem Vorteil, denn sie können sich dadurch stärker vermehren, während sie ohnedem an ihren eigenen Ausscheidungen festkleben und schließlich von den sich ausbreitenden Rußtaupilzen überwuchert würden.

Manche Blattläuse haben sich in ihrem Körperbau und ihrem Verhalten bereits an das „Melken“ angepaßt. So spritzen einige Arten normalerweise ihren Honigtau von sich weg, lassen ihn aber, sobald sie von Ameisen besucht werden, langsam aus ihrem Körper heraustreten. Andere Blattlausarten, die regelmäßig Ameisenbesuch haben, tragen an ihrem Hinterleib sogar einen Kranz von Haaren, der die Honigtautröpfchen nach ihrem Austritt festhält.

Es gibt Ameisenarten, die ihre Ernährung zum wesentlichen Teil, in einigen Fällen sogar vollständig, aus dem Honigtau von unterirdisch an Wurzeln saugenden Blatt- und Schildläusen bestreiten. Eine besonders schädliche Vertreterin dieser Gruppe ist eine *Lasius*-Art. Ihre Arbeiterinnen tragen die Eier der Blattlaus in ihr Nest und behalten sie dort während des Winters. Im Frühling transportieren sie sodann die aus den Eiern geschlüpften jungen Blattläuse zu Pflanzenwurzeln, die mit dem Ameisennest durch Erdröhren in Verbindung stehen. Sie pflegen dort ihre Blattlaus-„Herde“ und ernähren sich zum großen Teil vom Honigtau, den diese sowie weitere Herden ausscheiden. Da sie für ihre „Viehzucht“ ausgerechnet Getreidewurzeln auswählen, ziehen sie sich dadurch den Zorn der Bauern zu.

Gewisse Ameisenarten auf Java ergreifen bei Gefahr oder Störungen die Larven der von ihnen an Sträuchern und Bäumen gepflegten Schildläuse, setzen sie auf ihren Körper und tragen sie – wie die Pferde ihre Reiter – weg. In einem besonders seltsamen Fall einer tropischen Ameisenart nimmt sogar die jungfräuliche Königin eine zur Eiablage bereite Schildlaus zwischen ihren Mandibeln mit auf den Hochzeitsflug. In ähnlicher Weise wie die Blattschneiderkönigin ihren Pilzzucht-„Starter“ mitnimmt, hat diese Königin also ihren Viehzucht-„Starter“ bei sich!

Wenn bisher in übertragener Form von Jägern, Erntearbeiterinnen, Bauern und Viehzüchtern unter den Ameisen die Rede war, so kann man eine weitere Ameisengruppe als „lebende Honigtöpfe“ bezeichnen. In ihrem Staatswesen übernehmen bestimmte Arbeiterinnen die Rolle von lebenden Vorratsbehältern. Sie machen uns mit einer der seltsamsten Abzweigungen der Ameisenentwicklung bekannt.

Alle Honigtau sammelnden Ameisen füllen den süßen Saft in ihren Kropf, der dadurch oft so stark angefüllt wird, daß ihr Hinterleib deutlich anschwillt. Einige Arten haben diese Fähigkeit nun weiterentwickelt. Sie übergeben im Nest ihren Kropfinhalt an bestimmte, ständig im Nest bleibende Arbeiterinnen, deren Kropf durch die wiederholte Aufnahme von Honigtau immer mehr zunimmt. Er dehnt sich schließlich so weit aus, daß der Hinterleib dieser Tiere zu einem Vielfachen des normalen Umfanges anschwillt. So lange diese „Vorratstöpfe“ noch imstande sind sich fortzubewegen, kriechen sie zur Decke ihrer unterirdischen Kammer, krallen sich fest und bleiben dort mit ihrem schweren Unterleib nach unten hängen. Sie werden dann noch so weit mit Honigsaft angefüllt, bis ihre dunklen Hinterleibsringe nur noch schmale Spangen auf der zu einem goldfarbenen Honigtopf aufgeblähten Haut bilden. Diese lebenden Honigtöpfe gehören nicht etwa einer eigenen Kaste an, sondern sind Arbeiterinnen, die zufällig etwas größer waren als andere, und sich daher zur Honigspeicherung am besten eigneten. Sobald sie einmal an der Decke hängen, bleiben sie für den Rest ihres Lebens in dieser Lage (Abb. 26). Sie können etwa das 8fache ihres Eigengewichtes an Honig enthalten. Wenn eine von ihnen, was vorkommt, von der Decke der Kammer herunterfällt, zerplatzt sie am Boden wie eine Wassermelone, und ihr süßer Körperinhalt wird eilends von ihren Nestangehörigen aufgeleckt. Der Honig dieser hängenden Ameisen bildet in ähnlicher Weise wie die Samen bei den

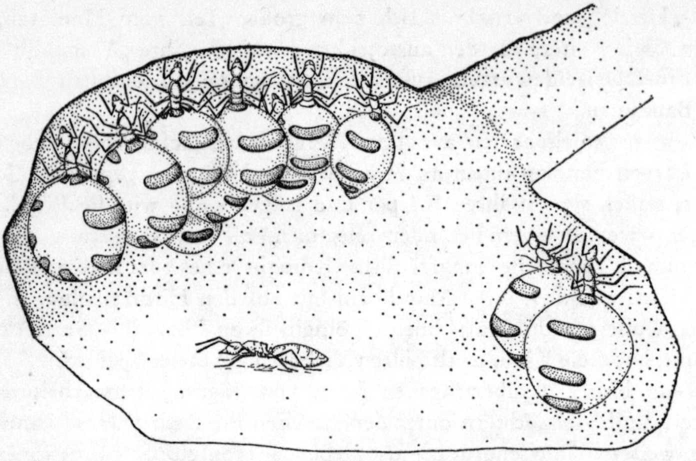

Abb. 26. „Lebende Honigtöpfe" in der Nestkammer einer Honigameise (*Myrmecocystus melliger;* Afrika). Der dunkle Chitinpanzer ist auf dem mit Honig gefüllten, ballonförmig ausgedehnten Hinterleib zu einzelnen Spangen auseinandergezogen. Nach McCook aus Hesse-Dofein, verändert.

Ernteameisen die Nahrungsreserve des Volkes. Wird Nahrung benötigt, würgen die Honigtöpfe einen Teil ihres Leibesinhalts herauf und füttern ihn ihren hungrigen Nestgenossen.

Die Eigenart, lebende Honigspeicher zu unterhalten, wurde unabhängig voneinander in drei verschiedenen Unterfamilien ausgebildet, die in Mexiko, im Südwesten der Vereinigten Staaten sowie in Australien verbreitet sind. Untersuchungen zeigten, daß jeweils bei höherer Temperatur, von etwa 30° C an, wenn die im Körper der Ameisen ablaufenden chemischen Prozesse sich beschleunigen, die Honigtopfvorräte angezapft werden. Offenbar werden die Reserven bei kühlerem und feuchterem Wetter angelegt und bei trocknerem, warmem Wetter verbraucht.

Von den Eingeborenen Australiens und den mexikanischen Indianern werden die Ameisen-Honigtöpfe als Leckerbissen sehr geschätzt. Die Finder verzehren entweder die ganze Ameise oder kneifen sich nur den großen gelben Hinterleib ab. Im Hochland von Arizona gruben wir einmal ein Ameisennest auf, in welchem von der Decke einer unterirdischen Felsenkammer etwa 50 lebende Honigtöpfe hingen. Ihr Hinterleib hatte einen Durchmesser von mehr als 1 Zentimeter. Der Honig, den er enthielt, war delikat. Er schmeckte nach Orangenblüten, obwohl in der Nestumgebung keine Orangenbäume wuchsen.

XXII

Diebsameisen und Sklavenhalter

Schon mehrmals entdeckten wir Ähnlichkeiten zwischen Ameisen und dem Menschen. Natürlich beruhte das auf einer die Tierwelt vermenschlichenden Betrachtungsweise. Wollten wir darin fortfahren, müßten wir die nun folgenden Ameisen als Diebe, Bettler, Schmarotzer und Sklavenhalter bezeichnen. In der Sicht der Natur haben aber auch diese Formen nichts anderes getan, als sich den gebotenen Umweltverhältnissen angepaßt.

Die Ameisen, um die es hier geht, leben gewöhnlich auf Kosten anderer Ameisenarten, deren Brut sie stehlen oder Nahrung sie erbetteln. Den wohl ausgeprägtesten Fall von Diebstahl bildet die tropische Gattung *Carebara,* die nicht andere Ameisen, sondern Termiten bestiehlt. Das *Carebara*-Nest liegt im Termitennest und besteht aus einem Netz von Erdröhren, deren Durchmesser groß genug für die kleinen Ameisen, jedoch zu eng für die viel größeren Termiten ist. Die kaum 2 mm langen Diebsameisen rauben sich junge Termiten und verspeisen sie in der Geborgenheit ihrer engen Tunnels.

Im Gegensatz zu ihren kleinen Töchtern ist die *Carebara*-Königin aber mit Augen und Flügeln versehen, denn sie muß das Nest verlassen, sich paaren und einen neuen Staat gründen. Die gute Ernährung, die ihnen die Wirte unfreiwillig bieten, ermöglicht es den winzigen *Carebara*-Arbeiterinnen, eine Königin zu entwickeln, die im Vergleich zu ihnen gigantisch anmutet: bei einer Länge von etwa $2^1/_2$ Zentimetern umfaßt ihr Volumen das 5000- bis 7000fache desjenigen einer Arbeiterin. Ein derartiger Größenunterschied innerhalb einer Tierart und sogar eines Geschlechtes dürfte wohl einmalig sein. Ihre Größe und Stärke ist der Königin, wenn sie das schützende Nest verläßt, sicher von Nutzen. Andererseits liegt darin aber auch ein Problem: wie vermag eine solche Riesenmutter ihre Zwergkinder zu pflegen? Das Problem ist dadurch gelöst, daß die Mutter sich gar nicht um ihre Kinder zu kümmern braucht. Wenn sie sich anschickt, das Nest fliegend zu verlassen, heften sich mehrere kleine Arbeiterinnen an ihre Füße und werden auf diese Weise mit in das neu zu gründende Nest genommen. Wir lernten bereits kennen, daß eine Ameisen-Königin sich Starter-Pilze und Starter-Schildläuse für die Staatsgründung mitnimmt. Die *Carebara*-Königin nimmt sich sogar Starter-Ameisen mit!

Es gibt auch Ameisen, die dauernde Bewohner von Nestern anderer Ameisen sind. Einige leben wie die *Carebara*-Arten als Diebe. Zu ihnen gehört die in Mitteleuropa beheimatete Diebsameise *Solenopsis fugax* (Abb. 27). Andere Arten haben das unsichere Dasein von Dieben aufgegeben und sind eine Symbiose, also ein Zusammenleben zu gegenseitigem Vorteil, mit ihren Wirten eingegangen. Sie sind zwar ebenso klein wie die *Carebara*-Arten und leben wie diese in engen Gängen innerhalb des Wirts-

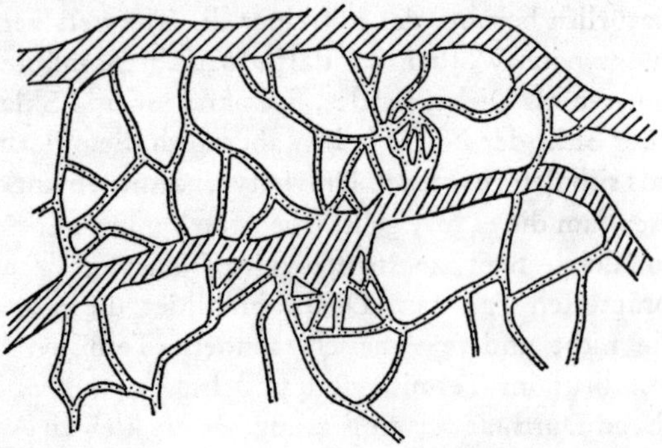

Abb. 27. Nest einer kleinen Diebsameise (*Solenopsis fugax;* Mitteleuropa) innerhalb des Nestes einer größeren Ameisenart der Gattung *Formica.* Schraffiert = breite Gänge der *Formica*-Art; punktiert = schmale Gänge der Diebsameise. Nach WASMANN.

nestes, aber sie sind ihren Wirten willkommen, weil sie auf diesen herumklettern und sie reinigen. Die Wirte geben ihnen dafür etwas Nahrung aus ihrem Kropf.

Manche Ameisen bedienen sich der Arbeitskraft anderer Ameisenarten bei der Errichtung neuer Staaten. Während viele Königinnen imstande sind, ihre erste Brut allein zu versorgen, benötigen andere hierfür Hilfe. Bei einigen Arten kehren deshalb die Königinnen nach der Paarung in ihr Elternnest zurück oder werden von einem anderen Nest ihrer Art adoptiert. Hier produzieren sie ihre Eier und beteiligen sich mit an der Erhaltung und Vergrößerung des Staates. Sie brauchen sich also von Anfang an um ihre Brut nicht zu kümmern. Von diesem Punkt der Zuhilfenahme von Ameisen des eigenen Staates oder der eigenen Art bis zur Ausnutzung fremder Arten für die Aufzucht der Brut ist nur noch ein kleiner Schritt. Bei Ameisenarten, die diesen Schritt weitergegangen sind, dringt die Königin nach dem Hochzeitsflug in das Nest einer nahe verwandten Art ein. Dieses Unternehmen ist nicht einfach, denn selten verhalten sich Ameisen gegenüber Vertretern anderer Arten freundlich. Die fremde Königin muß sich daher möglichst unerkannt einschleichen und so lange im Nest verbergen, bis sie etwas von dem fremden Nestduft angenommen hat. Ihr eigener Körperduft ist dann entweder neutralisiert oder zumindest von dem Duft ihrer Wirte etwas überdeckt. Ihr Verhalten gegenüber den fremden Ameisen kann nun verschieden sein, entweder herrisch und überlegen, oder – im Gegenteil – anbiedernd und unterwürfig. Oft besitzt sie besondere Drüsen, mit denen sie ein von den fremden Ameisen begehrtes Sekret ausscheidet. Wie immer auch ihre Methode der Anbiederung sein mag: hat sie damit Erfolg, beginnt sie mit der Ablage von Eiern, die von den Wirtsameisen mitgepflegt werden. Als nächstes wird die angestammte Königin getötet, sei es durch die eingedrungene Königin, durch die aus ihren Eiern geschlüpften Arbeiterinnen oder gar durch die eigenen Töchter. Mit dem Tod der Königin ist das annektierte Volk zum Aussterben verurteilt, da es keinen Nachschub an Tieren der eigenen Art mehr erhält. Das Ganze wird als temporärer, also zeitbegrenzter, Sozialparasitismus bezeichnet. Er kann in noch weit komplizierterer Form als soeben geschildert auftreten. So fand man zum Beispiel, daß die Ameisenart *Lasius speculiventris* ein temporärer Sozialparasit bei *Lasius minutus* ist, die ihrerseits wieder parasitisch bei einer dritten *Lasius*-Art lebt.

Der nächste Schritt besteht darin, daß manche Ameisenarten sich der fremden „Hilfe" nicht nur bei der Staatengründung bedienen, sondern für dauernd, das heißt: sich fremde Ameisen zu „Sklaven" machen. Das am besten bekannte Beispiel eines Sklavenhalters ist die europäische *Formica sanguinea*, die sich Arbeiterinnen von *Formica fusca* zu Sklaven macht. Letztere ist eine in ihrer Ernährung sehr vielseitige Art, die ebenso gern Insekten jagt wie Blattläuse „melkt". Als Angehörige der Unterfamilie Formicinae hat sie ihren Stachel verloren und spritzt Ameisensäure gegen ihre Feinde. Diese Ameise hat Geschlechtstiere sowie unfruchtbare, nicht spezialisierte Arbeiterinnen entwickelt. Sie bildet Staaten mit einigen Hundert bis Tausend Einwohnern, ist tolerant genug, mehrere Königinnen in ihrem Nest zu dulden und bringt junge Königinnen hervor, die imstande sind, ohne Hilfe fremde Staaten zu gründen.

Ihre nächste Verwandte, *Formica sanguinea*, vereinigt entweder ebenfalls mehrere Königinnen in einem Nest oder lebt in einer Art Staatenbund, bestehend aus mehreren, in enger Verbindung miteinander stehenden Nestern mit je einer Königin. Jedoch ist die *sanguinea*-Königin nicht imstande, ohne fremde Hilfe einen Staat zu gründen. Sie muß nach dem Hochzeitsflug in ein Nest ihrer eigenen Art zurückkehren, oder in das Nest einer fremden Art eindringen und deren Arbeiterinnen für sich arbeiten lassen. Im letzteren Fall wählt sie meist das Nest einer *Formica fusca* aus, die auf Grund ihrer friedlichen Natur ein geeignetes Objekt zur Ausbeutung bildet.

Sobald eine *sanguinea*-Königin erfolgreich in ein *fusca*-Nest eingedrungen ist, stiehlt sie sich einige *fusca*-Puppen und bewacht sie. Die daraus schlüpfenden jungen Arbeiterinnen erkennen sie als ihre Königin an und sorgen für deren Eier und Brut. Sodann wird die *fusca*-Königin getötet. Ja, noch mehr: wenn die *sanguinea*-Arbeiterinnen zahlreicher geworden sind, überfallen sie in der Nähe befindliche *fusca*-Nester und rauben deren Puppen. Diese entwickeln sich natürlich zu *fusca*-Arbeiterinnen, arbeiten jedoch im *sanguinea*-Nest als „Sklaven". Sie haben kein anderes Leben kennengelernt und scheinen daher ihr Schicksal als normal zu empfinden. Ihr Verhalten gleicht völlig dem der *sanguinea*-Arbeiterinnen. Nur durch ihre schwarze Farbe unterscheiden sie sich von ihren rotgefärbten Sklavenhaltern. In Asien und in Nordamerika halten sich einige *Formica*-Arten in ähnlicher Weise wie die soeben genannte *F. sanguinea* Sklaven auf Lebenszeit. Alle diese Arten sind jedoch außerhalb ihrer Nestgründung nicht unbedingt auf Sklavenhilfe angewiesen. Die vollständige Abhängigkeit von Sklaven ist erst der nächste und letzte Schritt.

Die sogenannten Amazonen-Ameisen können nicht mehr ohne Sklaven leben. Ihr Gehirn, ihr Körper und das ganze Sozialleben sind auf die Unternehmung von Kriegszügen ausgerichtet, auf denen sie die von ihnen benötigten Sklaven rauben. Zahlreiche Arten dieser Amazonen-Ameisen gehören der Gattung *Polyergus* an, die wie die *Formica*-Arten Mitglieder der am höchsten entwickelten Unterfamilie Formicinae sind. Unter anderem rauben die *Polyergus*-Amazonen auch Arten der Gattung *Formica*.

Die Amazonen-Königin begründet ihren Staat, indem sie in ein *Formica*-Nest eindringt und die rechtmäßige Königin tötet. Die Amazonen-Brut wird sodann von den *Formica*-Arbeiterinnen betreut. Sobald genug Amazonen-Arbeiterinnen herangewachsen sind, beginnen sie ihre Raubzüge gegen benachbarte *Formica*-Nester. Sie rauben deren Brut und lassen sie von ihren bereits vorhandenen *Formica*-Sklaven aufziehen. Die Amazonen-Ameisen besitzen lange sichelförmige Mandibeln, die speziell für ihre Lebensweise als Räuber eingerichtet sind. Auf ihren Raubzügen gebärden sie sich wild und unerschrocken. In ihrem Nest dagegen sind sie hilflos. Sie überlassen nicht nur alle Sorge für Nest und Brut, sondern auch die Sorge für ihr eigenes Wohl ihren Sklaven. Diese tragen Nahrung ein und füttern ihre Beherrscher sowie deren Brut. Die Amazonen wären mit ihren seltsam gestalteten Mandibeln auch gar nicht mehr imstande, sich selbst zu ernähren sowie für ihre Brut und ihr Nest zu sorgen. Doch sind ihre Mandibeln sehr gut dazu geeignet, bei ihren Raubzügen fremde Ameisennester aufzugraben, deren Brut zu packen und nach Hause zu tragen.

Offensichtlich haben die Amazonen-Ameisen durch Millionen von Jahren hindurch sich an ihr räuberisch-parasitisches Leben angepaßt und darin eine hohe Stufe erreicht. Für sie bestand keine Notwendigkeit mehr, die von ihren Vorfahren ererbten Brut- und Nestpflege-Instinkte beizubehalten.

Die Amazonen-Ameisen sind obligatorische Sklavenhalter, die ihre Sklaven zur Gründung und Aufrechterhaltung ihrer Staaten brauchen. Jedoch haben sie immerhin außer ihrer Königin noch eine – wenn auch zu Räubern entwickelte – Arbeiterinnenkaste. Es gibt jedoch andere Ameisenarten, die so vollständig zu Parasiten geworden sind, daß sie nicht einmal mehr Arbeiterinnen hervorbringen. Eine afrikanische Art, *Wheeleriella santschii*, erzeugt Königinnen, welche die Nester von *Monomorium salomonis* überfallen. Die *santschii*-Königin produziert Eier, und ihre Jungen werden von den *salomonis*-Arbeiterinnen, welche ihre eigene Königin töten, aufgezogen. Aus den Eiern der *santschii*-Königin entwickeln sich jedoch nur Geschlechtstiere. Diese verlassen schließlich das Nest, um sich zu paaren und danach in *salomonis*-Nester einzudringen und neue Staaten zu gründen. Ihre Königin-Mutter lassen sie zurück in einem Staat, der nur noch so lange lebt, wie die versklavten *salomonis*-Arbeiterinnen leben.

XXIII

Über allem steht das Gemeinwohl

Seit der Mensch sich mit den Ameisen näher beschäftigt, kommt er aus dem Staunen darüber nicht heraus, daß diese kleinen Insekten ohne Denkvermögen es fertigbringen, so komplizierte und sinnvoll organisierte Staatsgebilde aufzubauen und zu erhalten. Mit Hilfe ihrer Sinne empfängt die Ameise die mannigfaltigen Reize aus ihrer Umwelt. Sie kann auf diese Reize entweder mit angeborenen Antworten oder mit den Ergebnissen von Lernprozessen reagieren. Betrachten wir zunächst ihre Sinne. Ein Teil der Ameisen besitzt wohlentwickelte Augen, die allerdings ganz anders als die des Menschen gebaut sind. Viele Ameisenarten sind jedoch blind. Hierher gehören die nächtlich aktiven Armee-Ameisen sowie alle jene Arten, die ständig in der Erde leben. Geruchs-, Geschmacks- und Tastsinn sind aber bei allen Ameisen wohlentwickelt; sie bilden die drei wichtigsten Sinne dieser Insektengruppe. Die Fühler als bewegliche prüfende Vorsprünge des Körpers nehmen Geruchs- und Tastreize auf. Auch die Füße sowie die über den Körper verstreuten Sinneshaare sind wichtige Tastorgane. Der Geschmackssinn ist in der Mundgegend konzentriert. Ebenso wie die Honigbiene nehmen die Ameisen Töne in Form von Vibrationen durch ihre Körperoberfläche auf; eigentliche Hörorgane haben sie nicht.

Ein großer Teil des Verhaltens der Ameise als Antwort auf die Umweltreize besteht aus angeborenen Reaktionen. Diese Antworten, die man als Instinkte bezeichnet, liegen im Gehirn bereit und sind von den vorangegangenen Ameisen-Generationen übernommen worden. Hierher gehören viele Verhaltensweisen, die den Nestbau, die Ernährung und die Fortpflanzung betreffen. Sie sind bei allen Ameisen derselben Art, desselben Alters und derselben Kaste gleich.

Das heißt aber nicht, daß die Ameisen wie Roboter funktionieren. Über ihre angeborenen Reaktionen hinaus sind sie imstande zu lernen. Im Rahmen der durch ihre Gestalt und der Größe ihres Gehirns gegebenen Möglichkeiten besitzen die Ameisen ausgeprägte Lernfähigkeiten. Sie lernen nach dem Prinzip von Versuch und Irrtum: eine nicht zum Erfolg führende Reaktion wird beim nächsten Mal geändert. Versuche zeigten, daß in entsprechender Größenordnung gestaltete Irrgärten von den Ameisen nach längstens 6 falschen Versuchen richtig durchlaufen wurden. Den Weg aber, den sie vom Nest zur Nahrung gelernt haben, müssen sie in umgekehrter Richtung, also zum Nest zurück, von neuem lernen. Lernvorgänge finden auch statt, wenn die Ameisen ungewöhnlichen Bedingungen gegenüberstehen wie etwa in einem künstlichen Nest, einem Formicarium. Man spricht hierbei auch von Gewöhnung. Manchmal ahmen Ameisen bis zu einem gewissen Grad andere Ameisen nach, und Nachahmung ist ja auch eine Art des Lernens. Die höchste Leistung des Lernvermögens der Ameise besteht aber im Erwerb und Gebrauch von Erinnerungen. Diese ermöglichen es ihr, sich in der Umgebung des Nestes zurechtzufinden, wobei sie bestimmte Gegenstände als Anhaltspunkte benutzt. Auf diese Weise findet sie eine ergiebige Nahrungsquelle schnell wieder. Ja, die höher entwickelten Ameisen behalten die Erinnerung an ihr Nahrungssammelgebiet sogar während des Winterschlafs.

Die Ameisen-Arbeiterin wird im Gegensatz zur großen Mehrheit der Insekten, auch im Gegensatz zur Honigbienen-Arbeiterin, mehrere Jahre alt. Deshalb ist die Lernfähigkeit für sie natürlich besonders wichtig. Auch der Ameisenstaat hat Nutzen davon, da die älteren Arbeiterinnen auf Grund ihrer Erfahrungen ihre jüngeren Schwestern zu ergiebigen Nahrungsplätzen hinführen. Ameisen sind zwar nicht imstande, die Mittel und Ziele ihrer Handlungen sowie Ursache und Wirkung von Ereignissen zu erkennen; sie können nicht logisch denken. Was sie jedoch mit den ihnen zur Verfügung stehenden Mitteln alles leisten, grenzt an ein Wunder.

Wie setzen die Ameisen ihre Sinne und Instinkte sowie ihr Lernvermögen ein, um ihren Staat zu organisieren? Versuchen wir einmal die Tätigkeiten in einem Ameisenstaat in ihren Teilen und Zusammenhängen zu erfassen.

Eine Regulierung der Nesttemperatur haben die Ameisen nicht in dem Ausmaß wie die Honigbiene entwickelt. Jedoch sind Ameisennester in vielen Fällen so angelegt, daß die Temperatur in einer für die Ameisen vorteilhaften Weise ausgenutzt wird. So wirken die von zahlreichen Arten aufgeworfenen Erdwälle an sonnigen Tagen als Wärmespeicher. Manche Nester sind unter flachen Steinen angelegt, welche die Sonnenwärme an die darunter liegenden Nestkammern abgeben. Einige *Oecophylla*-Arten bauen Nester an verschiedenen Seiten eines Baumes an und wandern während des Jahres je nach Temperaturverhältnissen von einem Nest zum anderen. Andere Arten gehen tief in den Boden hinein und suchen dort die optimale Temperatur- und Feuchtigkeitszone auf. Ameisen besitzen einen feinen Temperatursinn, der schon darin sichtbar wird, daß sie ihre Brut immer im Nest herumtragen, um sie der günstigsten Temperatur auszusetzen. In dieser Beziehung haben es die Ameisen leichter als die Bienen, welche die geeignete Brut-Temperatur selbst erzeugen müssen. Auch liegt ein Vorteil für sie darin, daß sie in winterkalten Gebieten nicht wie die Bienen in einer Wintertraube beweglich bleiben, Nahrung aus Vorräten zu sich nehmen und eine bestimmte Temperatur aufrechterhalten müssen. Sie verfallen vielmehr in Winterstarre und erwachen erst im Frühjahr wieder. In den immer warmen Erdgebieten sind sie natürlich während des ganzen Jahres aktiv.

Hinsichtlich der Arbeitsteilung im Staat sind sich Honigbienen und Ameisen in einigen Punkten ähnlich. In beiden Staatsgebilden sind die Königinnen die Eiproduzenten. Auch die Funktion der Männchen, die Befruchtung der Königin, ist gleich. Bei den Ameisen finden wir jedoch im Gegensatz zur Biene oft mehrere Sorten Arbeiterinnen, vor allem die Unterkaste der Soldaten. Nicht selten sind auch die eigentlichen Arbeiterinnen von unterschiedlicher Größe und verrichten entsprechend verschiedene

Arbeiten. Bei den blattschneidenden *Atta*-Arten zum Beispiel bleiben die kleinen Arbeiterinnen im Nest und sorgen für die Pilzgärten und die Brut, während die größeren Arbeiterinnen die Blätter eintragen. Gerade umgekehrt ist es bei den *Formica*-Arten, bei denen die kleineren Arbeiterinnen die Nahrung (in diesem Fall Honigtau) eintragen und ihre größeren Schwestern allerlei Arbeiten im Nest verrichten. In beiden Fällen erscheint uns die Arbeitsteilung sinnvoll: bei den *Atta*-Staaten sind die kleineren Tiere am besten dazu geeignet, sich in den empfindlichen Pilzgärten zu bewegen; bei den *Formica*-Staaten stehen die kleineren Arbeiterinnen größenmäßig den Blattläusen am nächsten und eignen sich daher am besten dazu, den Honigtau zu „melken".

Einige Ameisenarten haben einheitlich große Arbeiterinnen. Hier findet man wie bei der Honigbiene eine Arbeitsteilung, die sich auf das Lebensalter gründet. Auch besteht Gleichheit mit der Honigbiene darin, daß diese Arbeitsteilung zum wesentlichen Teil auf der Entwicklung bestimmter Drüsen beruht. Die jüngeren Arbeiterinnen neigen dazu, nach dem Schlüpfen noch eine Zeitlang im Nest zu bleiben; wenn sie älter sind, gehen sie zur Nahrungssuche über. Bei einer näher untersuchten *Myrmica*-Art sorgten die jüngsten Arbeiterinnen für die Brut, die einjährigen für den Nestbau und die noch älteren für Nahrung. Eine gewisse Korrelation zwischen der Körperentwicklung und der Arbeit wurde auch bei *Formica polyctena* gefunden. Bei dieser in Europa häufigen Ameise bleiben die Arbeiterinnen für etwa einen Monat, nämlich solange ihre Eierstöcke sich noch in Entwicklung befinden (wodurch und warum entwickeln sich die Eierstöcke der Arbeiterinnen während dieser Zeit?) im Nest. Sobald die Größe der Eierstöcke wieder abnimmt, werden die Tiere zu Nahrungssammlerinnen.

Beobachtungen zeigten, daß die einzelne Ameise bestrebt ist, bei ihrer jeweiligen Tätigkeit zu bleiben. Schon damit gewinnt sie gewisse Züge einer eigenen Persönlichkeit. Dieser Eindruck wird noch verstärkt durch die Tatsache, daß auch bei den Ameisen in ähnlicher Weise wie bei der Honigbiene die einzelnen Tiere verschieden geschickt, intelligent und aktiv sind. Aus Experimenten mit Formicarien geht hervor, daß manche Arbeiterinnen Führer- bzw. Organisatorqualitäten besitzen. Sie bewirken in vielen Fällen, daß bestimmte Arbeiten getan werden, indem sie selbst mit dieser Arbeit beginnen und ihre Schwestern zur Mitarbeit anregen. Sie sind es auch, welche die besten Jagdgründe und Nistplätze finden. Wenn sie ihr Volk veranlassen wollen, das alte Nest aufzugeben und an anderer Stelle ein neues zu bauen, schleppen sie nicht nur die Brut, sondern auch so viele der meist hartnäckig im Nest bleibenden Arbeiterinnen zum neuen Nistplatz, bis dort genug Tiere zum Bau des neuen Nestes beisammen sind. Ein erheblicher Teil der Arbeit im Ameisenstaat wird durch diese Führerameisen organisiert. Dabei beruht jedoch die Organisation auf einfachem Tatendrang und entbehrt damit jeglicher Planmäßigkeit.

Die Fähigkeit der Ameisen, Freunde von Feinden zu unterscheiden, beruht wie bei den Bienen auf dem Körperduft. Man nimmt an, daß jede Ameisenart einen artspezifischen Duft besitzt, der allerdings bei einigen Arten nicht sehr deutlich ausgeprägt zu sein scheint. Daneben hat jedes Nest noch seinen eigenen Nestduft. Die Kombination beider Düfte ermöglicht der Ameise die Unterscheidung zwischen Nestangehörigen und Fremdlingen. Am Zustandekommen des Nestduftes sind viele Faktoren beteiligt: das Nestmaterial, der Umfang der Brut, Abfallprodukte, gespeicherte Nahrung und andere. Die Hauptfaktoren scheinen aber Unterschiede der Ernährung zwischen den Nestern zu sein. Die sich im Nest aufhaltenden Ameisen lassen untereinander ständig Nahrung zirkulieren, welcher Drüsenausscheidungen der Königin, der Arbeiterinnen und der Brut anhaften. Die Wirkung dieses Systems besteht darin, daß sämtliche Nahrungsarten und Duftausscheidungen, die es im Nest gibt, alle Nestangehörigen erreichen. Dadurch ist gewährleistet, daß alle Tiere die gleiche Nahrung und den gleichen Körperduft haben. Das System stimmt also mit demjenigen der Honigbiene im Prinzip überein.

Die Verteidigungsmittel der Ameisen sind artweise sehr verschieden. Manche Arten stellen sich sofort tot, wenn sie beunruhigt werden; andere ergreifen die Flucht; wieder andere sehen im Angriff die beste Verteidigung. Einige Unterfamilien besitzen einen Stachel, mit dem sie in den Körper des Gegners Gift injizieren. Die berüchtigste Unterfamilie sind die Ponerinae, die wie erwähnt einen besonders kräftigen Stachel hat. Das Gift der zu ihnen gehörenden Bulldoggameisen ist neuerdings analysiert und als ein Eiweißgift erkannt worden, das dem Wespen- und Bienengift sehr nahe steht. Auch in anderen Unterfamilien gibt es stechende Ameisen. Unter ihnen sind die *Pogonomyrmex*-Arten aus der Unterfamilie Myrmicinae besonders unangenehm. Im Gegensatz zu den Wespen und Bienen, die in der Regel sterben, wenn sie einen Menschen gestochen haben, weil ihr Stachel in der menschlichen Haut hängenbleibt, leben die Ameisen nach Gebrauch ihres Stachels stets weiter und haben nach kurzer Zeit ihren Giftvorrat wieder ergänzt.

Die Mandibeln dienen allen Ameisen als Waffen. Für manche Arten und Kasten sind sie von besonderer Bedeutung, vor allem für die Soldaten sowie zum Beispiel für die sichelzähnigen Amazonenameisen. Einige wenige Arten erzeugen aus Hinterleibsdrüsen eine scharfriechende Ausscheidung, die, sobald sie in den Körper eines Feindes gelangt, diesen abschreckt oder gar tötet. Ein Teil der Arten aus der am höchsten entwickelten Unterfamilie Formicinae hat ihren Stachel verloren und an seiner Stelle in der Spitze des Hinterleibs eine Blase, die mit Ameisensäure gefüllt ist. Die derart ausgerüstete Ameise bohrt ihre spitzen Mandibeln in die Haut des Feindes, biegt dann ihren Hinterleib zu der Bißwunde und spritzt Säure hinein. Häufig spritzt sie auch schon ihre Säure über eine Entfernung von bis zu einem halben Meter dem Feind entgegen. Man hat gefunden, daß bei der in Mitteleuropa sehr häufigen roten Waldameise, *Formica rufa*, die Ameisensäure bis zu 20% des Körpergewichtes ausmachen kann.

Die Ameisen haben die Fähigkeit, sich im Gelände zu orientieren. Sie finden dadurch nach der Nahrungssuche immer wieder zum Nest zurück. Man kann drei Haupt-Orientierungsmethoden unterscheiden, die manchmal einzeln, meist aber in Kombination angewandt werden. Wie erwähnt, lernen die Ameisen ihr Sammel- bzw. Jagdgebiet mit Hilfe ihrer Augen und Erinnerung kennen. Sie verwenden dabei auffallende Geländemarken wie Steine, Bäume, Wege und andere als Orientierungshilfe. Eine junge Nahrungssammlerin wagt sich am Anfang nur in die nähere Umgebung des Nestes und dehnt erst, wenn sie diese kennt, ihr Sammelgebiet schrittweise aus. Manche Ameisen bleiben bis zu einem hohen Grad von dieser Methode der Orientierung abhängig.

Ähnlich wie die Honigbienen benutzen aber auch die Ameisen den Sonnenkompaß und das polarisierte Licht zu ihrer Orientierung. Sie setzen die Richtung ihres Weges in Beziehung zur Richtung der Sonne. Bedeckt man aber eine Ameise, die sich auf dem Heimweg zum Nest befindet, für einige Stunden mit einem dunklen Behälter, läuft sie nach ihrer Freilassung in jenem Winkel zur Sonne weiter, den sie vor ihrer Festsetzung inne hatte. Da die Sonne sich inzwischen um einige Grade weiterbewegte, führt nun der ursprüngliche Winkel aber nicht mehr zum Nest. Die Ameise ist also nicht imstande, unter Einbeziehung der Zeit die Richtung zu korrigieren. Sie hat keinen Zeitsinn.

Die Honigbiene dagegen ist, wie wir früher sahen, mit einem Zeitsinn ausgestattet, der es ihr erlaubt, die Bewegung der Sonne in ihre Orientierung mit einzubeziehen. Neuerdings deuten allerdings einige Beobachtungen darauf hin, daß auch *Formica*-Arbeiterinnen einen Zeitsinn besitzen. Weitere Untersuchungen in dieser Richtung sind sehr erwünscht. Vielleicht bestehen zwischen der Biene und der Ameise weniger Unterschiede, als man ursprünglich dachte.

Das dritte Mittel, das Ameisen zum Finden ihres Weges benutzen, sind Duftspuren, von denen es zweierlei Typen gibt. Den einen Typ, der zum Beispiel bei Armee-Ameisen vorkommt, kann man als Kontakt-Duftspur bezeichnen. Wie früher erwähnt, jagen diese blinden Ameisen in großen Trupps, wobei sie um so mehr Erfolg haben, je besser sie beieinanderbleiben. Während ihrer Wanderung scheiden sie aus Drüsen Duftsekrete ab, mit deren Hilfe sie Kontakt halten und auch ihren Weg zum Lagerplatz ihres Volkes zurückfinden.

Die andere Art von Duftspuren sind „Wegweiser"-Spuren. Sie sind bei einigen weiter fortgeschrittenen Arten in Gebrauch. Hier erzeugen Arbeiterinnen, wenn sie zum Nest zurückkehren, aus Hinterleibsdrüsen eine Duftspur, deren Zweck es ist, andere Arbeiterinnen zu einem ertragreichen Platz hinzuführen. Eine einzelne derartige Duftspur wirkt nur kurze Zeit; aber von vielen Ameisen hintereinander erzeugt, wird sie zur bleibenden Duftstraße. Eine solche Wegweiser-Duftspur wirkt als Signal für viele Ameisen, der Spur zu folgen. Empfinden diese ebenfalls den Weg als lohnend, scheiden auch sie ihren Duft aus, wenn sie den Weg zurückkommen. In jüngerer Zeit sind einige interessante Beobachtungen im Zusammenhang mit derartigen Wegweiser-Duftspuren gemacht worden. E. O. Wilson fand bei einigen Ameisenarten, daß die von einer Arbeiterin erzeugte Duftspur vier Arten von Informationen über die Richtung sowie zwei Arten Informationen über die Entfernung enthält. Dr. Wilson glaubt, daß die Zahl dieser Angaben über Richtung und Entfernung identisch ist mit der Zahl an Informationen, die im Schwänzeltanz der Honigbiene enthalten sind.

Wir sahen, daß Honigbienen, die eine ergiebige Nahrungspflanze entdeckten, mit ihrem Tanz andere Arbeiterinnen zu dieser Pflanze locken, die nach ihrer Rückkehr ebenfalls tanzen, um damit weitere Bienen zum Besuch der Pflanze anzuregen. Es ist interessant, hiermit zu vergleichen, was E. O. Wilson bei Ameisen entdeckte, daß nämlich diejenigen Arbeiterinnen, die durch eine Duftspur zu einem ergiebigen Nahrungsplatz geleitet wurden, ihrerseits die Spur mit ihrem Duft verstärken. Durch diese Duftverstärkung werden weitere Arbeiterinnen zum Belaufen des Duftpfades angeregt, die wiederum die Duftspur verstärken. Wenn jedoch eine Ameise nur wenig Nahrung fand, erzeugt sie auf ihrem Rückweg keine oder nur eine sehr schwache Duftspur. Auch die nach ihr kommenden Tiere verstärken die Duftspur nicht, die daraufhin rasch verschwindet. So wird also bei den Honigbienen und bei den Ameisen die gleiche Art von Mitteilungen auf ganz verschiedene Weise übermittelt.

Die Duftspur-Substanzen, die man bisher untersuchte, erwiesen sich als artspezifisch. Man bezeichnet die arteigenen Duftstoffe der Tiere allgemein als Pheromone. Auch im Inneren des Ameisennestes spielen, wie bereits erwähnt wurde, Pheromone eine große Rolle. Sie werden von Ameise zu Ameise mit der Nahrung weitergegeben. In ähnlicher Weise wie wir das bei der Honigbiene kennenlernten, spielen sie auch bei den Ameisen die wahrscheinlich wichtigste Rolle bei der Organisierung des Staatenlebens.

XXIV

Pheromone in der Welt der Ameisen

Der menschliche Körper erzeugt Hormone, die für die Regulierung aller Körperfunktionen von höchster Bedeutung sind. Ameisen, Honigbienen und Termiten erzeugen Pheromone, die für die Regulierung des Staatenlebens die gleiche Bedeutung wie die Hormone für den menschlichen Körper haben. Als Pheromone bezeichnet man eine chemische Substanz, die von einem Tier ausgeschieden und als Duft- oder Geschmacksstoff von einem anderen Tier derselben Art aufgenommen wird. Es dient als chemischer Sendbote, dessen Botschaft meist eine ganz bestimmte Reaktion des Empfängers auslöst. Die Verwendung von Pheromonen zur Erzeugung von Duftspuren bei Ameisen wurde im vorangegangenen Kapitel behandelt.

Pheromone können auch verwendet werden, um im Ameisennest Alarm auszulösen. Eine erregte Ameise kann eine Alarm-Substanz ausscheiden, die als Geruchs- oder Geschmacksstoff die mit ihr im Freien oder im Nest befindlichen Artgenossen gleichfalls in Alarmstimmung versetzt. Das alarmierende Pheromon wird von Drüsen erzeugt, die an den Mandibeln, am Darmausgang oder an anderen Teilen des Hinterleibs liegen. Diese Alarmsubstanzen sind gewöhnlich im Gegensatz zu den Duftspur-Substanzen nicht artspezifisch. Ein Alarm kann allerdings auch auf andere Weise ausgelöst werden, zum Beispiel durch die alarmierende Ameise selbst oder vielleicht auch durch Töne, die als Erschütterung der Unterlage wahrgenommen werden.

Weiterhin werden von den Larven sowie von der Ameisenkönigin Pheromone ausgeschieden, die der Organisation des Staatswesens dienen. Die Ameisenlarven werden in der Regel sorgsam von ihren älteren Schwestern, den Arbeiterinnen, gefüttert, gereinigt und beschützt. Sobald Gefahr droht, ergreifen die Arbeiterinnen die Eier, Larven und Puppen und versuchen, sie aus der Gefahrenzone zu bringen. Man hat den Eindruck, als würde hier mütterliche Sorge walten. In Wirklichkeit handeln die Tiere aber im eigenen Interesse, denn sie erhalten von den Larven für ihre Fürsorge schmackhafte Drüsenausscheidungen.

Auch die Königin wird nicht etwa deshalb umsorgt und gefüttert, weil das Volk in ihr die Erzeugerin verehrt; vielmehr kettet auch die Königin durch Ausscheidung von Pheromonen ihr Volk an sich. Bei einigen Ameisenarten läßt die Königin etwas von ihren Sekreten auf ein Stück Holz tropfen, an dem sich die Arbeiterinnen ansammeln, es betasten und belecken und dann den Duft im Nest verbreiten.

Das Hauptmittel zur Verbreitung von Pheromonen im Nest ist die Trophallaxis. Die Ameisen tauschen Nahrungsbrei aus ihrem Kropf untereinander aus, der mit den verschiedenen Pheromonen gemischt ist. Der Vorgang der Trophallaxis ist mehr als eine einfache Abgabe von Nahrung an hungrige Nestangehörige, denn die Ameisen reichen und empfangen die Nahrung unabhängig davon, ob sie gesättigt oder hungrig sind. So wie wir Menschen unseren Weg kurz unterbrechen, wenn wir Bekannten begegnen, um ein paar Worte mit ihnen auszutauschen, halten die Ameisen in ihrem Lauf inne und tauschen untereinander einen Tropfen Nahrung aus. Dieser Tropfen enthält allerlei Neuigkeiten: über die Art der eingebrachten Nahrung, über die An- oder Abwesenheit der Königin, die Zahl und den Entwicklungsstand der Brut, die Gäste und Parasiten und anderes mehr.

Die Intensität der Trophallaxis ist nach Ameisenart verschieden. Höher entwickelte Arten haben auch eine höhere Rate des Nahrungsaustausches als weniger weit entwickelte. Mit Hilfe von radioaktiven Stoffen hat man den Weg der Nahrung im Ameisenvolk verfolgen können. So fand man zum Beispiel bei *Pogonomyrmex badius*, einer Ernte-Ameise ziemlich niedriger Entwicklungsstufe, einen sehr eng begrenzten Nahrungsaustausch. Als man in einem Nest mit 90 Tieren der Nahrung einer Arbeiterin ein radioaktives Element beimischte, wurde dieses 11 Tage später erst bei 10 % der Nestangehörigen wiedergefunden. Als man dagegen bei einer höher entwickelten Art in einem 257 Tiere umfassenden Nest die Nahrung einer einzelnen Arbeiterin mit radioaktivem Jod versetzte, war dieses Element nach 4 Stunden bereits an 40 % und nach 30 Stunden an 90 % der Nestangehörigen weitergegeben.

Lange glaubte man, daß bei den primitivsten Ameisen der Unterfamilie Ponerinae keinerlei Nahrungsaustausch stattfindet. Neuere Untersuchungen mit radioaktiven Elementen (Isotopen) haben diese Meinung aber widerlegt. Wir können nach den bis heute vorliegenden schon recht zahlreichen Untersuchungen sagen, daß alle Ameisenarten ihre Nahrung und Pheromone in unterschiedlichem Maße austauschen. Bei den Ponerinen ist dieser Austausch allerdings sehr gering. Eine um so wichtigere Rolle spielt er aber im Staatenleben der höher entwickelten Arten.

Als am höchsten entwickelte Unterfamilie der Ameisen werden die Formicinae betrachtet. Ihre wichtigste Gattung *Formica* enthält Arten, die riesige „Staatenbünde", d. h. Verbindungen zahlreicher Nester, eingehen. Man hält sie auch für die intelligentesten, mit dem besten Lernvermögen ausgestatteten Ameisen. Als man hier radioaktive Nahrung in eines der Nester einführte, wurde sie nach einigen Tagen in allen übrigen Nestern bis zu einer Entfernung von 200 Metern vom Ausgangspunkt registriert.

Aus diesen und ähnlichen Untersuchungen geht hervor, daß die Weitergabe von Nahrung und Pheromonen das Bindemittel darstellt, das die Ameisen in ihrem Staat zusammenhält. Weder auf Liebe noch Pflicht, sondern auf Geruch und Geschmack ist der Ameisenstaat aufgebaut.

Von dem bei der Honigbiene Bekannten ausgehend, beginnt man jetzt auch zu verstehen, daß die Pheromone im Reproduktionszyklus der Ameise eine wesentliche Rolle spielen. Die Forschungen beschäftigen sich zur Zeit mit diesen Problemen, die allerdings bei Ameisen infolge der Kasten-Gliederung noch weitaus schwieriger zu lösen sind als bei der Honigbiene.

Im allgemeinen entstehen männliche Ameisen aus unbefruchteten Eiern, die von der Königin oder gelegentlich auch von Arbeiterinnen abgelegt werden. Hierin stimmen die Ameisen mit den Honigbienen sowie den staatenbildenden Wespen überein. Weibliche Ameisen, also Königinnen und Arbeiterinnen, entstehen ebenso wie die weiblichen Honigbienen aus befruchteten Eiern, die gewöhnlich nur von der befruchteten Königin produziert werden können. Wir sahen jedoch, daß weibliche Honigbienen auch gelegentlich aus den unbefruchteten Eiern von Arbeiterinnen hervorgehen, und daß diese ungewöhnliche Erscheinung bei einigen Rassen der Honigbiene häufiger vorkommt als bei anderen. Auch bei Ameisen hat man jetzt etwas Ähnliches gefunden: bei verschiedenen Gattungen legten Arbeiterinnen Eier ab, die sich zum Teil zu Weibchen entwickeln. Im allgemeinen gilt aber auch bei den Ameisen, daß aus unbefruchteten Eiern Männchen und aus befruchteten – von der Königin abgelegten – Eiern Weibchen entstehen.

Bei der Honigbiene hält die Anwesenheit der Königin die Arbeiterinnen davon ab, Eier zu erzeugen. Das wird im allgemeinen auch für die

Ameisen als Regel betrachtet; doch gibt es hiervon Ausnahmen. Man kennt einige Gattungen, deren Arbeiterinnen Eier ablegen, von denen sich ein Teil entwickelt, der andere Teil dagegen aufgegessen wird, und zwar werden die Larven mit diesem Teil der Eier gefüttert. Bei einigen Arten der Gattung *Myrmecia*, einer der primitivsten Gattungen der Ponerinae, essen während der nahrungsarmen Jahreszeit die Arbeiterinnen sich gegenseitig die Eier weg, sobald diese abgelegt sind. Für *Pogonomyrmex badius*, die, wie wir sahen, eine sehr niedrige Nahrungsaustausch-Rate hat, nimmt man an, daß die ältere Königin sowie die jungen Larven ausschließlich mit Eiern von Arbeiterinnen ernährt werden. Es gibt aber auch Ameisenarten, für die nachgewiesen ist, daß die Anwesenheit der Königin – wie bei den Bienen – die Erzeugung von Arbeiterinnen-Eiern verhindert, und man nimmt an, daß dies das Normale ist. Experimente, bei denen man eine Ameisenkönigin inmitten ihres Nestes in einem Gazekäfig hielt, zeigten, daß ein körperlicher Kontakt zwischen Königin und Arbeiterinnen vorhanden sein muß, um letztere von der Eiablage abzuhalten. Ihr Duft allein reichte hierfür nicht aus. Es scheint damit der Einfluß der Königin auf die von ihr ausgeschiedenen chemischen Substanzen zu beruhen, die mit der Nahrung im Nest weitergegeben werden.

Wenn eine weibliche Ameise aus einem befruchteten Ei entsteht: was bestimmt darüber, ob sie eine Königin oder eine Arbeiterin wird? Die Antwort hierauf kennen wir noch nicht. Bei den Honigbienen ist der bestimmende Faktor die Nahrungsart, obwohl wir auch hier noch nicht alle Bestandteile der zwei verschiedenen Nahrungsarten kennen. Bei den Ameisen scheint die Sache erheblich komplizierter zu sein, allein schon deshalb, weil es Tausende von recht unterschiedlichen Ameisenarten gibt.

Offensichtlich nimmt eine ganze Reihe von Faktoren Einfluß auf die Kastendifferenzierung der Ameisen. Bei Arten der Gattung *Myrmica* wurde gefunden, daß zu diesem Faktorenkomplex offenbar gehören: Ernährung, Ruhephasen, Einfluß der bedienenden Arbeiterinnen, Temperatur und Pheromone. Diese Gattung lebt in winterkalten Gebieten, wo sie zum Teil als Altlarve eine Diapause, das heißt eine Ruhephase, während des Winters durchmacht. Ähnliche Diapausen kommen jedoch auch außerhalb des Winters vor.

Die Beobachtungen bei *Myrmica* zeigten, daß ältere Larven, die ihre Entwicklung ohne Diapause durchliefen, zu Arbeiterinnen wurden, daß sie dagegen, wenn sie diapausierten, sich entweder zu Königinnen oder zu Arbeiterinnen entwickelten. Aus Larven, die bei Eintritt in die Diapause noch relativ klein waren, gingen jedoch nur Arbeiterinnen hervor.

Setzte man größere Larven nach der Diapause in zwei verschiedenen Nestern aus, deren eines eine Königin enthielt, während das andere ohne Königin war, wurden mehr Königinnen im letzteren Nest als im ersteren erzeugt. Das deutet darauf hin, daß sowohl die Ruhephase als auch die An- bzw. Abwesenheit der Königin-Pheromone bei der Kastendifferenzierung mitspielten.

Ob Ameisenlarven in eine Diapause eintreten oder nicht, hängt von der Temperatur ab. Im Sommer bei höheren und gleichmäßigeren Temperaturen vollenden die Larven ihre Entwicklung oft ohne Diapause. Bei einer südlichen *Formica*-Art legt die Königin im Winter eine geringe Zahl anormal großer Eier, die sich gewöhnlich zu Königinnen entwickeln. Ihre normalen Sommer-Eier dagegen werden zu Arbeiterinnen. Werden aber Sommer-Eier in Nester gebracht, in denen zahlreiche Arbeiterinnen zur Bedienung der Eier zur Verfügung stehen, können sie zu Königinnen werden. Hier spielen also auch die Arbeiterinnen eine Rolle bei der Kastendifferenzierung.

Ein sehr ungewöhnlicher Fall liegt bei *Oecophylla longinoda* vor, deren Arbeiterinnen sehr häufig Eier ablegen. Die Königin erzeugt hier sowohl unbefruchtete Eier, aus denen Männchen entstehen, als auch befruchtete Eier, die zu Arbeiterinnen werden. Letztere erzeugen zwei Eisorten. Die Eier der größeren Tiere werden zu Männchen, die der kleineren zu Weibchen, und zwar entweder zu Königinnen oder Arbeiterinnen. Erstaunlicherweise erzeugt hier also die Königin nie wieder Königinnen, sondern diese gehen aus den Eiern von Arbeiterinnen hervor. Dieser Fall bildet sicher eine Ausnahme, doch zeigt er, wie kompliziert die Kastenbildung bei den Ameisen verlaufen kann.

Selbst wenn wir aber einmal alle Faktoren kennen würden, die darüber entscheiden, ob Eier zu Königinnen oder zu Arbeiterinnen werden, wäre die Frage nach den Ursachen der Differenzierung innerhalb der Arbeiterinnen noch ungeklärt. Wie wir sahen, gliedert sich die Arbeiterinnenkaste oft in Unterkasten, deren wichtigste die Soldaten sind. Hier dürfte die Nahrung einer der Hauptfaktoren sein. Bei der Gattung *Pheidole* fand man, daß mit süßen Säften gefütterte Larven zu Arbeiterinnen wurden, dagegen zusätzliche Fleischgaben Soldaten entstehen ließen. Auch Pheromone sind hierbei mit im Spiele: von zwei Versuchsnestern, das eine mit Soldaten, das andere ohne solche, entstanden aus der Brut im Soldaten-freien Nest zahlreiche Soldaten, im Soldaten enthaltenden Nest dagegen fast vollständig Arbeiterinnen. Hier kann man annehmen, daß das Vorhandensein von Soldaten-Pheromonen in bestimmter Menge die Entwicklung weiterer Soldaten verhindert.

Die oft innerhalb der Arbeiterinnenkaste vorhandene weite Streuung der Körpergröße wird, wie man vermutet, durch die Menge der den Larven verabreichten Nahrung bestimmt: je reichlicher gefüttert wird, um so größere Arbeiterinnen entstehen. Jedoch scheinen Arten der Gattung *Atta* diese Vermutung zu widerlegen. Die *Atta*-Larven essen alle die gleiche Nahrung, den Zuchtpilz, in dessen Geflecht sie sich aufhalten; dennoch entwickeln sie sich zu sehr verschieden großen Arbeiterinnen. Es erscheint unwahrscheinlich, wenn auch nicht unmöglich, daß sie verschieden große Mengen des Pilzes aufnehmen.

Es wurde erwähnt, daß die ersten Arbeiterinnen, die bei der Nestgründung mithelfen, vielfach kleiner als ihre nachfolgenden Schwestern sind. Man hat das mit ihrer schlechten Ernährung während der Larvenzeit – infolge Überbelastung der Königin – erklärt. Nun ergab jedoch ein Experiment, bei dem man die ersten Eier einer Königin in ein bereits voll entwickeltes Nest übertrug und die Larven bei bester und reichlicher Nahrung aufziehen ließ, daß trotzdem kleine Arbeiterinnen daraus hervorgingen. Man versucht, dieses Ergebnis mit einer besonderen Lage der ersten Eier zu erklären, die vielleicht auf einer Schwerpunktsverlagerung infolge mangelhafter Ernährung der Königin beruht. Die abweichende Lage der Eier wäre dann die Ursache der Entstehung kleiner Arbeiterinnen.

Vieles bleibt noch über die Ameisen zu forschen: über ihre Kasten-Determination, ihre Pheromone und überhaupt ihre ganze Lebensweise. Trotz der bisher gewonnenen zahlreichen Erkenntnisse hat die Wissenschaft doch gerade erst damit begonnen, die interessantesten Geheimnisse des Ameisenlebens zu ergründen. Wer die Mühen des Eindringens in die Miniaturwelt der Ameisen nicht scheut, findet hier ein dankbares Studiengebiet.

TEIL 4 · DIE TERMITEN

XXV

Warum der Name „weisse Ameisen“ nicht stimmt

Termiten sind kleine weichhäutige, oft blinde und weitgehend wehrlose Insekten, die nichtsdestoweniger in außerordentlich großer Zahl viele Lebensräume erobert haben. Sie sind von den bisher betrachteten staatenbildenden Insekten sehr verschieden. Während die Wespen, Bienen und Ameisen alle zur hochentwickelten Ordnung Hymenoptera gehören, also näher miteinander verwandt sind, bilden die Termiten eine weit davon entfernte viel primitivere, eigene Ordnung: Isoptera.

Den Ameisen sind die Termiten am ähnlichsten. Wie diese sind sie ausschließlich staatenbildend, besitzen außer Geschlechtstieren und Arbeitern auch eine Soldatenkaste (Abb. 28), bewegen sich mit Ausnahme der geflügelten Geschlechtstiere laufend fort, leben in Holz oder im Erdboden, bauen zum Teil geformte Nester und zeigen in ihrer Ernährung Trophallaxis, Anlage von Nahrungsvorräten und Pilzzucht. Man könnte daher meinen, daß Ameisen und Termiten nahe miteinander verwandt seien. Es bestehen jedoch zwischen beiden zwei fundamentale Unterschiede. Einmal gehören die Termiten nicht wie die Ameisen und Bienen zu den höheren holometabolen Insekten mit vollständiger Verwandlung, sondern als einzige staatenbildende Gruppe zu den niederen hemimetabolen Insekten mit unvollständiger Verwandlung. Sie haben nur drei Entwicklungsphasen: Ei, Nymphe und fertiges Insekt; ein Puppenstadium fehlt. Zum anderen gibt es im Termitenstaat nicht nur in der Fortpflanzungs-Kaste, sondern auch in jeder anderen Kaste Männchen und Weibchen.

Oft werden Termiten mit Ameisen verwechselt. Das zeigt schon der für die Termiten eingebürgerte Vulgärname „weiße Ameisen“. Er beruht darauf, daß die Termiten wie die Ameisen ihre Nester im Boden oder Holz haben, jedoch zum größten Teil statt der gepanzerten und dunkel gefärbten Körperdecke der Ameisen eine dünne weiße Haut besitzen. Bei näherem Hinsehen erkennt man aber sofort einen wesentlichen Unterschied im Körperbau: den Termiten fehlt die für die Ameisen und anderen staatenbildenden Hautflügler typische „Taille“, also die stielförmige Verengung zwischen Brust und Hinterleib (Abb. 28). Auch die Flügel zeigen starke Unterschiede: die Vorderflügel sind bei den Termiten ebenso groß wie die Hinterflügel (Abb. 28), bei den Ameisen dagegen viel größer. Allerdings sind die meisten Termiten und Ameisen, die man zu Gesicht bekommt, ungeflügelt.

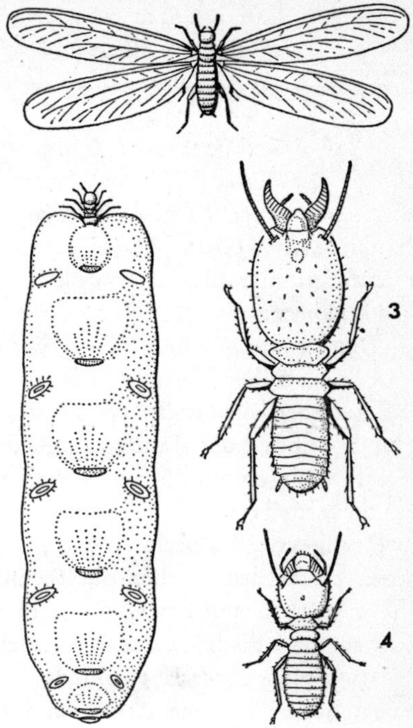

Abb. 28. Einige Kasten der Termiten *(Bellicositermes natalensis Hay)*. 1. junges weibliches Geschlechtstier (Königin) vor dem Flügelabwurf; 2. ältere Königin; ihr Hinterleib ist durch die starke Entwicklung der Eierstöcke unförmig angeschwollen; 3. Soldat; 4. Arbeiter. Etwa natürliche Größe nach Sjöstedt aus Weidner.

Eigentümlicherweise haben die Termiten Holz zu ihrer Hauptnahrung gemacht und sind dadurch für den Menschen sowohl zu Nützlingen als auch Schädlingen geworden, je nachdem ob sie durch den Abbau von abgestorbenem Holz zur Bodenbildung beitragen oder lebendes bzw. verbautes Holz zerstören. Insgesamt betrachtet, überwiegt aber wohl ihr Schaden. Die Zellulose, als dauerhaftester Bestandteil des Holzes, setzt dem chemischen Abbau großen Widerstand entgegen. Die Termiten sind nicht imstande, dieses Material mit ihren eigenen Hilfsmitteln zu zersetzen und zu verdauen, sondern bedienen sich hierbei der Hilfe mikroskopisch kleiner Tiere aus der Gruppe der Einzeller, Protozoa. Diese leben im Darm der holzfressenden Termitenarten und zerlegen die zerkaute Holzsubstanz chemisch so weit, daß ihre Wirte sie verdauen können. Hier liegt also abermals ein Beispiel von Symbiose, dem Zusammenleben zweier verschiedener Organismenarten zu gegenseitigem Vorteil vor: die Protozoen machen den Termiten die Holzsubstanz verdaubar und erhalten von diesen dafür Nahrung und Lebensraum. Manche Termiten, vor allem in den Tropen, verzehren große Mengen abgestorbenen Holzes und führen deren Abbauprodukte dem Boden zu. Sie sorgen mit einer gewaltigen und ununterbrochenen Reinigungsaktion dafür, daß das abgestorbene Holz verschwindet. Wenn sie jedoch dieselbe Arbeit mit verbautem Holz verrichten und Häuser, Ställe, Lichtmasten und anderes zerstören, werden sie zu gefährlichen Schädlingen. Wie wir später sehen werden, gibt es neben den holzfressenden Arten auch zahlreiche Termiten, die sich von Flechten, Pilzen, Gräsern und anderen Pflanzen ernähren.

Die Termiten führen ein verborgenes Leben. Man sieht sie nicht, obwohl sie oft ihre Nester aus fester Erd- oder Kartonmasse in Form auffälliger oberirdischer Bauten anfertigen. Im Inneren dieser Nester herrscht eine ziemlich hohe Luftfeuchtigkeit, die von den weichhäutigen, gegen Trockenheit empfindlichen Termiten benötigt wird. Um sich nicht der schädlichen Trockenheit auszusetzen und zugleich zu einer bevorzugten Nahrung von Ameisen, Vögeln, Reptilien, Säugern und auch des Menschen zu werden, bleiben die Termiten – mit wenigen Ausnahmen – in ihren Nestern und bewegen sich in unterirdischen oder aus Erdmasse gebauten oberirdischen Gängen zu ihren Nahrungsstätten.

Die Spitze ihrer Entwicklung haben die Termiten in den Tropen erreicht, sei es was die Arten- und Individuenzahl, die Mannigfaltigkeit der Nester oder die Anpassungen an die Umwelt betrifft. Auch in den Subtropen gibt es noch zahlreiche Termiten. Zu den gemäßigten Breiten hin werden sie aber immer seltener. So finden wir in Afrika etwa 400 Termitenarten, in den USA noch 50 und in Europa nur noch 5.

Man teilt die Ordnung Isoptera in 6 Familien: 5 lebende und eine fossile, die zusammen etwa 2200 Arten umfassen. Damit gibt es mehr Termitenarten als staatenbildende Bienen oder Wespen, aber weniger als Ameisen. Die primitivste lebende Termitenfamilie ist die der Mastotermitidae, die nur eine einzige lebende Art enthält. Auch die nächsten zwei Familien, Kalotermitidae und Hodotermitidae, sind in ihrem Körperbau noch relativ primitiv, doch haben einige Hodotermitiden-Arten bereits eine ziemlich spezialisierte Lebensweise entwickelt. Die Rhinotermitidae nehmen entwicklungsgeschichtlich eine mittlere Position ein. Körperlich und sozial am höchsten entwickelt sind die Termitidae, die eine Vielfalt der Lebens- und Nestbauweise zeigen. Sie bilden auch die umfangreichste Familie mit annähernd drei Viertel aller Termitenarten.

Die Zahl der Einwohner eines reifen Termitenstaates kann je nach Art von wenigen hundert bis zu einer Million und mehr betragen. Im allgemeinen gehen Entwicklungsstufe und Nestgröße parallel. Eine Ausnahme macht *Mastotermes darwiniensis*, die einzige Art der Familie Mastotermitidae, die als primitivste aller heute lebenden Termiten dennoch sehr große Staaten bildet.

Es überrascht nicht, daß *M. darwiniensis* in Australien lebt, der Heimat so vieler primitiver Tiere. Diese Art verrät noch recht deutlich die Abstammung der Termiten von schabenähnlichen Insekten. Sie legt ihre Eier nicht einzeln ab, sondern kittet sie mit einem Sekret zu einem Eipaket zusammen, das den Eipaketen der Schaben sehr ähnlich ist. Es enthält 16 bis 24 Eier, die zu zwei Reihen zusammengeklebt sind. Weiterhin hat diese australische Termite auch einen den Schaben ähnlichen Flügelbau. Andererseits finden wir in Australien eine primitive Schaben-Art, die ihre Flügel in gleicher Weise wie die Geschlechtsformen der Termiten abbricht. Ja, es sind sogar halbsozial lebende Schaben bekannt, die in Holz leben und sich mit Hilfe von Darm-Protozoen – ganz wie viele Termiten – von Holz ernähren. Man hat festgestellt, daß diese symbiontischen Schaben-Protozoen eng verwandt sind mit den in Termiten lebenden Arten.

Auf Grund dieser Zusammenhänge glaubt man, daß Schaben und Termiten von gemeinsamen holzfressenden, Protozoen enthaltenden Vorfahren abstammen. Schaben gehören zu den am frühesten in der Erdgeschichte auftretenden Insekten. Es wird angenommen, daß sie bereits vor 250 bis 300 Millionen Jahren die Erde bevölkerten. 1937 wurde ein fossiler Termitenflügel-Abdruck im Ural entdeckt, dessen Alter auf 200 Millionen Jahre geschätzt wird. Die zugehörige Termitenart erhielt den Namen *Uralotermes permianum* und wurde zur fossilen Termitenfamilie der Uralotermitidae erhoben, deren einziger Vertreter sie bis heute ist. Insgesamt kennt man zur Zeit etwa 100 fossile Termitenarten. Einige von ihnen gehören zu den Mastotermitidae, jener Familie, die heute nur noch durch eine lebende Art in Australien vertreten ist. Die fossilen Formen zeigen, daß die Familie Mastotermitidae bereits vor 120 bis 190 Millionen Jahren existierte. Aus alledem geht hervor, daß die Termiten die bei weitem älteste Gruppe der staatenbildenden Insekten sind.

Als enge Verwandte der Schaben entwickelten sich die Termiten aus einer niedrig stehenden Insektengruppe, während die Ameisen aus weit höher entwickelten wespenähnlichen Insekten hervorgegangen sind. Trotz dieses gewaltigen entwicklungsgeschichtlichen Unterschieds zeigen aber Termiten und Ameisen eine in vielen Punkten gleichartige Lebensweise. Die Termiten scheinen jedoch auf ihrem heute gezeigten Entwicklungsstand seit vielen Millionen Jahren stehengeblieben zu sein. Sie haben die Lösungen der

Existenzprobleme, die sie einst fanden, beibehalten. Anders die Ameisen. Ihr Entwicklungsgang ist vielseitiger und offensichtlich noch heute im Fluß. Die Ameisen haben die Umweltgegebenheiten besser ausgenutzt und Lebensformen erworben wie zum Beispiel die Sklavenhaltung, die den Termiten fremd sind.

XXVI

Eine seltsame Ernährung

Der Körper der Termiten zeigt die für alle Insekten charakteristische Gliederung in Kopf, Brust und Hinterleib. Unter anderem tragen der Kopf 1 Paar Antennen und die Brust 3 Paar Beine. Abgesehen von einigen Ausnahmen, die wir später betrachten, ist die Chitinhülle der Arbeiter-, Nymphen- und Soldatenkaste dünn und gewöhnlich hell gefärbt. Die Soldaten können aber einen dunkleren, vergrößerten und stärker chitinisierten Kopf besitzen, der besondere Waffen trägt: entweder große Mandibeln oder Stirndrüsen, die einer langen Nase gleichen. Diese drei Formen: Arbeiter, Nymphen und Soldaten sind gewöhnlich blind oder haben nur noch Spuren von Augen. Die Geschlechtstiere dagegen besitzen Augen, ein dickeres und dunkler gefärbtes Außenskelett sowie 2 Paar Flügel. Die zwischen den Kasten bestehenden starken körperlichen Unterschiede entsprechen den verschiedenen Pflichten. Die Arbeiter, Nymphen und Soldaten sind an das Nest gebundene Tiere, die in ständiger Dunkelheit leben und daher weder Augen noch eine Färbung benötigen. Da sie sich im ständig feuchten Nestklima aufhalten, brauchen sie auch keinen schützenden Chitinpanzer. Die Geschlechtstiere müssen hingegen das Nest verlassen und sind daher so eingerichtet, daß sie Trockenheit und Licht aushalten können. Auch besitzen sie Flügel und Augen, um ihre Aufgaben beim Hochzeitsflug und bei der Suche nach einem für die Staatsneugründung geeigneten Platz erfüllen zu können.

Da die meisten Termiten blind sind, haben für sie die Sinne des Geruchs, Geschmacks und der Berührung eine große Bedeutung. Die Fühler dienen ebenso wie viele über den Körper verstreute Sinnesporen und -haare als Tastorgane. Termiten sind auch sehr erschütterungsempfindlich. Das Vorhandensein des Geschmacks- und wahrscheinlich auch des Geruchssinnes geht schon daraus hervor, daß manche Termiten bestimmte Holzarten bevorzugen oder von der Nahrungsaufnahme abgehalten werden können, wenn man das Holz mit bestimmten Chemikalien behandelt. Die Tatsache, daß Termiten große Mengen Holz vertilgen, ohne dabei die Außenwand des Holzes zu zerstören, hat zu der Theorie geführt, daß sie auch ein Sinnesorgan zur Registrierung der Druck- und Spannungskräfte des Holzes besitzen.

Nicht selten sieht man Termiten-Arbeiter ihren Kopf auf den Boden und die Soldaten den ihren gegen Dach und Boden der Holzgänge schlagen. Es scheint sich hierbei um Alarmzeichen zu handeln, die den anderen Nestbewohnern eine Gefahr, wie zum Beispiel eine Erschütterung des Nestes, das Eintreten von Licht oder das Eindringen anderer Termiten, anzeigen sollen. Die Nestbewohner nehmen diese Erschütterungen mit Sinnesorganen an ihren Beinen auf und schlagen oft ihrerseits mit dem Kopf an die Wand, um das Erschütterungssignal in neuer Stärke weiterzuleiten.

Termiten reagieren sehr empfindlich auf Feuchtigkeitsschwankungen innerhalb ihres Nestes. Eine hohe Luftfeuchtigkeit ist von großer Bedeutung insbesondere für alle Arbeiter, Nymphen und Soldaten, die nur ein dünnes Außenskelett haben. Das von der Außenwelt abgeschlossene Leben in Hohlräumen erlaubt es den Termiten, die Luftfeuchtigkeit auf annähernd 100% zu halten. Nicht mehr benötigte Nestteile werden durch Wände abgetrennt, um die hohe Luftfeuchtigkeit im Nest besser bewahren zu können. Die Feuchtigkeit stammt entweder aus der die Nestkammer umgebenden Holz- bzw. Erdschicht oder aus dem als Nahrung dienenden Holz und anderen Nahrungsstoffen oder aber aus dem Körper der Termiten, der es durch physiologische Prozesse freimacht. Die einzelnen Termitenarten unterscheiden sich in ihren Feuchtigkeitsansprüchen. Obgleich einige Arten in sehr trockenem Holz, andere Arten sogar als Wüstenbewohner zu leben vermögen, halten auch sie in ihren Nestern eine relativ hohe Luftfeuchtigkeit aufrecht. Dadurch, daß die Nester von der Außenwelt abgeschlossen sind, ist es für die Termiten auch leichter möglich, die Temperatur zu regulieren. Bei einigen Nesttypen sind spezielle Einrichtungen zur Ventilation und Kühlung geschaffen, wie wir noch sehen werden. Andere Arten wechseln ihren Aufenthaltsort bei Änderung der Temperatur. So geht zum Beispiel eine in Trockengebieten lebende Art während der kühleren Stunden auf Nahrungssuche und verzehrt Pflanzenteile im Schutz selbstgebauter oberirdischer Erdgänge; während der heißen Tageszeit dagegen verläßt sie die Gänge und zieht sich in die kühleren Nestteile im Boden zurück.

Ihre Mandibeln benutzen die Termiten als sehr leistungskräftige und vielseitige Werkzeuge. Sie dienen dazu, das Baumaterial, die Jungen (Nymphen) und die Nahrung zu transportieren; sie können als Angriffs- und Verteidigungswaffen sowie zum Schaufeln von Erde, Aushöhlen von Holz und Zerkleinern der Nahrung eingesetzt werden. Sie sind imstande, ebenso zart die Eier anzufassen wie kraftvoll in das Holz hineinzuhauen. Es ist sogar vorgekommen, daß Termiten mit ihren Mandibeln Untergrundkabel durchgebissen haben.

Diese kräftigen Mandibeln bilden das erste Glied einer Reihe von Anpassungen, die viele Termiten erworben haben, um gesundes festes Holz zu ihrer Nahrung zu machen. Die abgemeißelten Holzstücke gelangen in den Ernährungskanal, der aus drei Abschnitten besteht. Der erste Abschnitt, der Vorderdarm, umfaßt den Kropf und endet mit dem Proventrikel, einem muskulösen Organ, das den Transport der Nahrung zum zweiten Abschnitt, dem Mitteldarm, reguliert. Der dritte und letzte Abschnitt ist der Enddarm. Im Kropf werden die Holzbissen zunächst gespeichert und geknetet, bevor sie ihren Weg zum Proventrikel antreten. In diesem werden sie durch Wandverdickungen so fein zerrieben, daß nur noch feinste Holzsplitter die Proventrikelöffnung zum Mitteldarm passieren. Hier treten zu der Nahrungsmasse Sekrete hinzu. Der Enddarm ist der Ort, in dem der Hauptteil der Verdauung stattfindet, denn in ihm lebt die große Masse der Protozoen, deren Zersetzung die Holzmasse erst verdauungsfähig macht. Der Enddarm ist daher oft sehr groß und lang; bei einer Termitenart wog er annähernd ein Drittel des Gewichtes des ganzen Tieres. In der wäßrigen Masse des Enddarms schwimmen die Protozoen, umschließen die winzigen Holzstücke und spalten mit ihren Enzymen die Zellulose. Aus dem entstandenen aufgeschlossenen Holzbrei entnimmt sich der Termitenkörper die Nährstoffe, die er benötigt. Von den tausenden Protozoen im Darm einer Termite sind die meisten Symbionten. Ein kleiner Teil besteht aus anderen Arten, die man als Kommensalen bezeichnet. Sie haben keine Verdienste um den Verdauungsprozeß, sondern leben vom Kot der Termiten. Es gibt im Termitenkörper aber auch Protozoen-, Pilz- und Bakterienarten, die als Parasiten von der Körpersubstanz ihres Wirtes zehren. Einige Pilze und Bakterien leben sogar als Parasiten im Körper der Protozoen.

Wie wichtig die symbiontischen Protozoen für die Termiten sind, wird sichtbar, wenn man sie abtötet. Das ist dadurch möglich, daß man eine Termite eine gewisse Zeit in fast reinem Sauerstoff unter ziemlich hohem Druck hält. Die Termite selbst übersteht diese Prozedur ohne Schaden, während ihre Symbionten absterben. Ohne ihre symbiontischen Darmbewohner verhungert diese Termite, obwohl sie weiterhin Holz verzehrt. Wenn sie sich aber von anderen Nestbewohnern wieder Protozoen „besorgt“, bleibt sie am Leben. Eine solche Übertragung der Protozoen von Tier zu Tier ist bei Termiten ein normaler Vorgang. Auf diese Weise sind diese winzigen Lebewesen seit Jahrmillionen innerhalb der Termiten von Generation zu Generation weitergegeben worden und haben sich in der langen Zeit so eng an ihre Wirte angepaßt, daß sie spezifische Merkmale erhielten, die sie von allen anderen Protozoen unterscheiden. Sie bilden heute eigentlich bereits eine eigene Ordnung. Zu dieser Symbionten-Ordnung gehört nur noch eine einzige andere Protozoen-Gruppe: die Darmbewohner der holzfressenden Schaben!

Die Zusammensetzung der Protozoen-Fauna im Darm, also das Artenspektrum, ist bei den holzfressenden Termiten von Art zu Art bemerkenswert verschieden und konstant. Der Termitenforscher kann sie daher zur Unterscheidung der Termitenarten verwenden.

Nur ungefähr ein Viertel aller Termitenarten besitzt allerdings symbiontische Darm-Protozoen. Lediglich die primitiveren Arten fressen festes Holz und benötigen zu seiner Verdauung symbiontische Hilfe. Die höher entwickelten Termiten der umfangreichsten Familie Termitidae sind nicht mehr von Protozoen abhängig; ihre Nahrung besteht aus anderen, nicht soviel Zellulose enthaltenden Stoffen.

Die aus dem Ei schlüpfende Termitenlarve, die Nymphe, gleicht in allen Grundzügen der Körpergestalt dem erwachsenen Tier. Damit steht sie im Gegensatz zu den anderen staatenbildenden Insekten, deren Larven madenförmig sind und keinerlei Ähnlichkeit mit den erwachsenen Tieren aufweisen. Während die höher entwickelten Staatenbildner, also Wespen, Bienen und Ameisen, zwischen der Larve und dem fertigen Insekt ein Puppenstadium einschieben, gehen die Termiten-Nymphen ohne wesentliche Veränderung der Gestalt direkt in das erwachsene Stadium über. Die Nymphe kann dabei jedoch nicht wie etwa das Junge eines Säugetiers stufenlos wachsen, weil es von Zeit zu Zeit im Vorgang der Häutung seinen starren Chitinpanzer sprengen und abstreifen muß. Vor der Häutung bildet die Nymphe unter der zu engen alten Haut eine dünne und größere, in Falten gelegte neue Haut aus. Nach der Häutung kann die Nymphe sich daher ausdehnen, jedoch nur kurze Zeit, dann ist die neue Haut an der Luft starr geworden und das Wachstum erneut – bis zur nächsten Häutung – unterbrochen. Die abgestreifte alte Haut wird gewöhnlich von den anderen Termiten aufgegessen.

Die jungen Nymphen werden vor ihrer ersten Häutung von den Angehörigen des Nestes mit flüssiger Nahrung gefüttert. Während sie heranwachsen, gehen sie allmählich zu eigener Ernährung über. Die Anzahl der Häutungen und damit die Dauer der Nymphen-Entwicklung hängt von den Bedingungen im Nest sowie davon ab, zu welcher Kaste sie sich entwickeln sollen. Manche Nymphen werden nie zu Adulten, also erwachsenen Termiten, sondern bleiben in ihrer Entwicklung stehen, weil es das Wohl des Staates erfordert. Andere können gerade im Gegenteil eine beschleunigte Entwicklung durchlaufen und das Adultenstadium eher als normal erreichen, allerdings nur als Zwergformen. Wieder andere beginnen ihre Entwicklung in Richtung auf eine bestimmte Kaste hin, verändern sie dann aber plötzlich auf Grund einer im Staat auftretenden Notwendigkeit und werden zu Angehörigen einer anderen Kaste. Die Kompliziertheit all dieser Erscheinungen wird noch dadurch vergrößert, daß in jeder der drei Kasten: Geschlechtstiere, Soldaten und Arbeiter, sich männliche und weibliche Formen entwickeln.

Die Termiten zeigen eine der seltsamsten Ernährungsarten unter den Tieren. Nicht genug, daß die Nahrung vieler Termiten aus Holzsplittern besteht, ist auch die Art der Fütterung sehr seltsam. Die Arbeiter und älteren Nymphen sind oft allein verantwortlich für die Fütterung des Königs und der Königin, der jungen Nymphen und der Soldaten. Diese Fütterung kann auf zweierlei Weise erfolgen: von Mund zu Mund (oral) oder von After zu Mund (anal). Die aus dem After aufgenommene Nahrung ist halbflüssig und bereits anverdaut, das heißt von symbiontischen Protozoen durchsetzt. Sie unterscheidet sich in ihrer Beschaffenheit von den gleichfalls den Darm verlassenden Abfallprodukten, die trockener sind und oft die Form fester Kotpartikel haben.

Alle im Wachstum befindlichen Tiere erhalten von den älteren fütternden Termiten zugleich mit der Nahrung die für ihre Ernährung notwendigen symbiontischen Protozoen. Das ist notwendig, weil die Nymphen während jeder Häutung ihren Darminhalt abstoßen und dabei die Protozoen vernichten. Die Wände des Vorder- und Hinterdarms sind von ihrer Entwicklung her Einstülpungen der Haut und werden daher zusammen mit der Körperoberfläche im Vorgang der Häutung erneuert. Die Protozoen leben ausschließlich im Hinterdarm, dessen Inhalt mit der alten Darmwand ausgeschieden wird. Daher muß der Protozoen-Besatz des Darmes nach jeder Häutung erneuert werden, und dies geschieht mit der Fütterung anverdauter, von Protozoen durchsetzter Nahrung.

XXVII

Entwicklung und Kastenbildung bei Termiten

Termiten meiden die freie Luft; sie suchen den körperlichen Kontakt mit ihren Artangehörigen und ballen sich in engen Tunnels und Kammern zusammen. Das gilt eine Zeitlang auch für die geflügelten Geschlechtsformen, die Alates, die aber eines Tages unter dem Einfluß bestimmter Bedingungen ihr Verhalten plötzlich ändern und aufgeregt an der Nestwand nach einem Ausgang suchen. Von ihrer Unruhe angesteckt, öffnen die Arbeiter das sonst abgeschlossene Nest. Die Alates drängen hinaus und fliegen davon, um sich zu paaren und danach neue Staaten zu gründen.

Die geflügelten männlichen und weiblichen Geschlechtsformen werden in fertig aufgebauten („reifen“) Staaten erzeugt, zu einer Zeit, wo für den Schwärmflug günstige Bedingungen herrschen. Letztere hängen – wie bei den Ameisen – in erster Linie mit dem Niederschlag, der Temperatur, den Lichtverhältnissen und der Jahreszeit zusammen. In den Tropen finden die Flüge oft während oder unmittelbar nach der Regenzeit statt. Manche Arten fliegen während des ganzen Tages, andere nur nachmittags, abends oder gar nachts. Die primitiveren Termiten zeigen manchmal eine über Wochen oder Monate ausgedehnte Flugzeit, bei der einzelne Alates bei verschiedenen Gelegenheiten das Nest verlassen. Bei den höher entwickelten Arten schwärmen die Alates innerhalb einer ziemlich eng begrenzten Zeitspanne, die – auf bestimmten Witterungsbedingungen beruhend – mit dem Schwärmen aus benachbarten Nestern der gleichen Art synchronisiert ist. Auf diese Weise ist Gelegenheit zur Kreuzung von Tieren verschiedener Nester gegeben. Auch wird in Anbetracht, daß fliegende und nestgründende Termiten eine leichte Beute vieler räuberischer Tiere bilden, mit der Einengung der Flugzeit die Wahrscheinlichkeit für das Geschlechtstier, zu erfolgreicher Staatenbildung zu gelangen, vergrößert.

Das Verhalten der Arbeiter im Hinblick auf den Flug der Alates ist artverschieden. Holzbewohnende Termiten schneiden Öffnungen durch die Holzwand; erdbewohnende Arten bauen oft lange Tunnels oder erdbedeckte oberirdische Gänge, die an einer für den Abflug günstigen Stelle enden. Einige hochentwickelte Arten konstruieren sogar besondere Abflugvorrichtungen. Die für die Alates geschaffenen Nestausgänge werden von

Soldaten bewacht. Von mehreren Nestern kommen zur Schwärmzeit oft soviel geflügelte Termiten zusammen, daß sie – vom Licht angelockt – sich in riesigen Mengen an Lampen oder Hauswänden ansammeln. Sobald die Alates das Nest verlassen haben, schließen die Arbeiter umgehend die Flugöffnungen und kehren zu ihren Pflichten im Nest zurück.

Die geflügelten Männchen und Weibchen fliegen gewöhnlich nicht sehr weit, es sei denn, daß sie von Luftströmungen fortgetragen werden. Die besten Flieger befinden sich unter den primitiveren Arten. Während der Ameisenflug ein Hochzeitsflug ist, der unmittelbar zur Paarung der Geschlechter führt, ist der Termitenflug ein Verbreitungsflug, bei dem sich zwar die Geschlechter finden, jedoch erst nach Errichtung des Nestes paaren.

Die Geschlechtstiere brechen ihre Flügel nach der Landung an vorgebildeten Nahtstellen nahe der Flügelbasis ab. Bei den höher entwickelten Arten geht das sehr leicht. Primitivere Formen müssen sich aber oft stark mühen, durch Aneinanderreiben oder Drücken gegen Pflanzen, Steine oder anderes ihre Flügel abzubrechen, weil die Bruchstellen nur schwach vorgebildet sind. Unmittelbar vor oder nach dem Flügelabwurf finden sich je ein Männchen und Weibchen zusammen.

Beim Vorgang der Geschlechterfindung zeigt das Weibchen ein auffälliges Verhalten: es führt bestimmte Bewegungen mit erhobener Hinterleibsspitze aus. Hierdurch sowie wohl auch durch weibliche Duftstoffe wird das Männchen angelockt und folgt nunmehr dem Weibchen bei der Suche nach einer geeigneten Niststelle.

Bei einigen tiefer stehenden Termiten werden die Flügel erst abgeworfen, wenn die Paare sich gefunden haben und in einer gemeinsam hergestellten Nesthöhle befinden. Von einer Termite wird berichtet, daß das geflügelte Weibchen nach der Landung das bereits entflügelte Männchen auf seinen Rücken nimmt und mit ihm auf Nistplatzsuche geht. Bei einer anderen Art sucht nur eines der beiden Geschlechter nach Abwurf der Flügel einen Nistplatz und gräbt dort eine kleine Höhle. Sodann hält es seine Hinterleibsspitze aus der Nestöffnung und lockt – wohl durch einen Duftstoff – das fehlende Geschlecht herbei. Es muß dabei oft recht lange, bis zu mehreren Wochen, warten. Die soeben genannten Fälle sind jedoch Ausnahmen. Die normale Reihenfolge der Tätigkeiten lautet: Flug, Flügelabwurf, Geschlechterfindung, Nistplatzsuche, Nestbau und Kopulation.

Nach dem Flügelabwurf gewinnen die Geschlechtstiere einen für die Termiten charakteristischen Sinn zurück: sie fliehen das Licht und suchen die Dunkelheit. Jedes Paar wählt auf dem Erdboden oder am Holz eine Niststelle aus, gräbt dort eine kleine geschlossene Höhle und kopuliert darin. Die Kopulation wird während des Lebens des Königs und der Königin von Zeit zu Zeit wiederholt. Hierin kommt ein auffälliger Unterschied zwischen den Hymenopteren und Isopteren zum Ausdruck: das Männchen der Termiten ist nicht wie dasjenige der Wespen, Bienen, Hummeln und Ameisen zu einem frühen Tod verdammt. Es lebt vielmehr als König an der Seite der Königin und begattet diese von Zeit zu Zeit.

Die Staatenbildung geht bei den niedrigeren Termiten nur langsam voran. Bei einer Art der Gattung *Reticulitermes* fand man, daß die Königin innerhalb der ersten 40 Tage nach der Kopulation keine Eier legte. Nach 150 Tagen waren erst ein Dutzend Eier abgelegt, und 50 Tage dauerte es, bis aus dem Ei die Nymphe schlüpfte. König und Königin ernähren sich bei diesen primitiveren Arten von dem Material, nämlich Holz, das ihnen das Nest bietet. Sie sind daher nicht darauf angewiesen, so schnell wie möglich Nachkommen als Nahrungsversorger zu erzeugen. Die höher stehenden Termiten dagegen nisten oft im Boden, der ihnen nicht genügend Nahrung bietet. Für sie ist eine schnelle Erzeugung von Arbeitern wichtig. Wie die Ameisenkönigin hat auch die Königin der Termiten einen Nah-

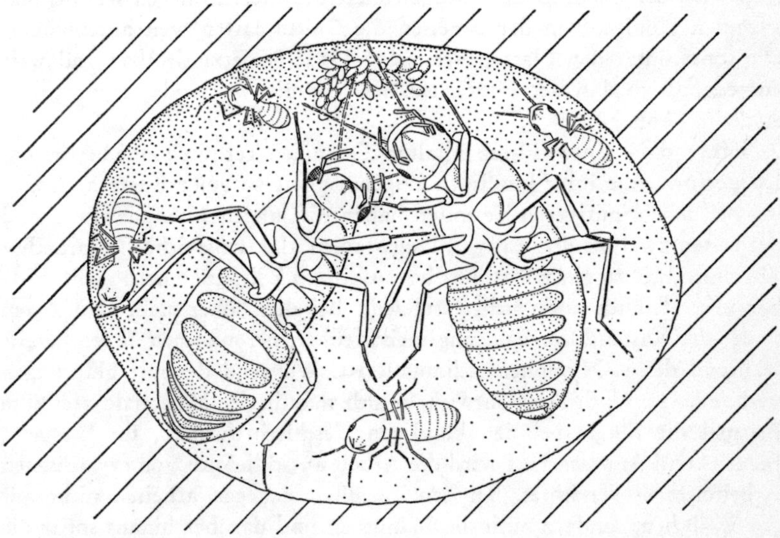

Abb. 29. Junges Nest bei Termiten, von unten betrachtet. Die Königin und der König haben eine Erdhöhlung gebaut und darin kopuliert. Nun pflegen sie die Eier und füttern die ersten Larven mit den in ihrem Körper gespeicherten Nahrungsvorräten. Nach HARMS aus HESSE-DOFLEIN, verändert.

rungsvorrat in ihrem Körper gespeichert, von dem sie sich selbst und ihre erste Brut ernährt. Kopulation, Eiablage und Entwicklung verlaufen hier in viel kürzerer Zeit als bei den niedrigeren Arten. Das königliche Paar sorgt für die erste Brut und füttert die Larven, bis diese sich selbst ernähren können (Abb. 29). Danach übernehmen die Jungen die Haushaltspflichten, füttern ihre Eltern und ermöglichen ihnen, sich nunmehr ganz ihrer Fortpflanzungsaufgabe zu widmen. Damit tritt der Termitenstaat in seine Reifephase.

Sobald das Staatswesen funktioniert, kann die Eiproduktion der Königin riesige Ausmaße erreichen. In einem Fall wurde beobachtet, daß die Königin 86400 Eier an einem Tag ablegte! Im Zusammenhang damit schwillt ihr Hinterleib mehr oder weniger stark an. Bei einigen Arten, die man als physogastrisch bezeichnet, ist die Anschwellung außerordentlich stark. Die größten derartigen Königinnen findet man bei der afrikanischen Gattung *Macrotermes.* Hier kann der Hinterleib der Königin 7$^1/_2$ cm lang, 3 cm breit und 2$^1/_2$ cm hoch werden. Ihr Gemahl ist dagegen kaum mehr als insgesamt 1 cm lang und weniger als $^1/_2$ cm breit. In den Körper einer solchen Königin würden etwa 160 Könige oder 2400 Arbeiter hineinpassen. Bei einem so stark ausgeweiteten Hinterleib liegen wie bei den lebenden Honigtöpfen der Ameisen die Chitinplatten weit auseinander. Die sonst unter den Platten versteckte Haut ist jetzt sichtbar und weit ausgedehnt, so daß der Hinterleib der Königin weiß oder cremefarben erscheint (Abb. 28).

Während der Entwicklung erhalten die jungen Termiten eine bestimmte Körperform, die ihrer künftigen Zugehörigkeit zu einer Kaste angepaßt ist. Bei den primitiveren Termiten haben die jungen Nymphen während der ersten zwei bis drei Entwicklungsstadien alle die gleiche Gestalt. Ihre Zugehörigkeit zu einer Kaste ist bis zu diesem Zeitpunkt noch nicht sichtbar und oft auch noch nicht festgelegt. Bei den höher stehenden Arten findet die Kastendifferenzierung meist früher, bei manchen Arten bereits während des 1. Nymphenstadiums, statt. Während des mit Häutungen verbundenen Wachstums entwickeln sich mancherlei Merkmale wie zum Beispiel die Flügel bei den künftigen Geschlechtsformen. Im Wespen-, Bienen- und Ameisenstaat wird die Arbeit ausschließlich von erwachsenen Arbeiterinnen verrichtet. Bei den Termiten dagegen arbeiten nicht nur die Weibchen, sondern auch die Männchen und darüber hinaus sogar die Kinder. Vom dritten Stadium ab beteiligen sich bei den primitiveren Termitenarten die Nymphen an der Erfüllung der Nestpflichten wie Brutpflege, Nestbau sowie Fütterung des Königspaares, der Soldaten und der jüngsten Nymphen.

Bei vielen fortgeschritteneren Termitenarten gibt es jedoch eine ausgeprägte Arbeiter-Kaste, die aus flügellosen, in der Erscheinungsform den Nymphen ähnlichen Tieren besteht. Sie können ihre Entwicklung bereits nach der 2. oder 3. Häutung abschließen, wenn es die Verhältnisse erfordern, insbesondere wenn sie in der Phase des Nestaufbaues dringend benötigt werden. Unter günstigeren Bedingungen häuten sich die Nymphen öfter und ergeben größere Arbeiter. Aber auch diese echten Arbeiter bilden keine einheitliche Kaste; wir können unter ihnen drei verschiedene Formen unterscheiden, die sich durch bestimmte Körperstrukturen und verschiedene Größe auszeichnen. Alle drei Formen haben ihr Endstadium erreicht und können sich nicht mehr in andere Kasten verwandeln.

Die am Anfang des Systems stehenden Termiten aus den Familien der Mastotermitidae und Kalotermitidae bringen keine Arbeiterkaste hervor. Bei ihnen werden alle Arbeiten von den Nymphen verrichtet. Diese setzen nur zum Teil, unter bestimmten Bedingungen, ihre Entwicklung fort und werden zu Soldaten oder Geschlechtstieren. Die anderen Nymphen bleiben auf ihrer Entwicklungsstufe stehen, weil das Wohl des Staates dies erfordert. Derartige Termiten, die im Gegensatz zu den echten Arbeitern anderer Arten ihre Entwicklung fortsetzen können, trotzdem aber zum großen Teil auf einem Zwischenstadium stehenbleiben, werden als Pseudergaten oder unechte Arbeiter bezeichnet. Sie sind sowohl Arbeitskräfte als zugleich Reserven, die zu Soldaten oder Geschlechtstieren werden können, wenn dies für den Staat notwendig ist.

Eine besonders eigenartige Termitenkaste bilden die Soldaten. Man hält sie für eine ältere Entwicklungsform als die Arbeiter. Während es zahlreiche Termitengattungen ohne Arbeiterkaste gibt, kennt man nur eine einzige Gattung, der die Soldaten fehlen. Es wird angenommen, daß auch sie ursprünglich Soldaten hatte, diese aber dann verlor. Die Soldaten haben die Aufgabe, den Staat zu verteidigen. Die Termiten-Arbeiter und Nymphen sind ziemlich hilflos. Ihr Körper ist weich und ohne Stachelapparat; ihre Mandibeln sind zwar zur Arbeit recht gut, als Waffe aber schlecht geeignet. Entsprechend ihrer Verteidigungs-Aufgabe ist der Kopf der Arbeiter umgestaltet. Man kann danach zwei Typen von Soldaten unterscheiden.

Der erste Typ ist durch große scharfe Mandibeln gekennzeichnet, die Bestandteil eines vergrößerten, stark chitinisierten und pigmentierten Kopfes sind (Abb. 30, 1). Die Mandibeln haben je nach Art verschiedene Gestalt; teils sind sie schwer und beilförmig, teils schlank und spießförmig oder auch gedreht. Wenn in der Nestwand ein Loch entsteht, sind sofort die Soldaten zur Stelle und übernehmen den Schutz des Nestes, bis die

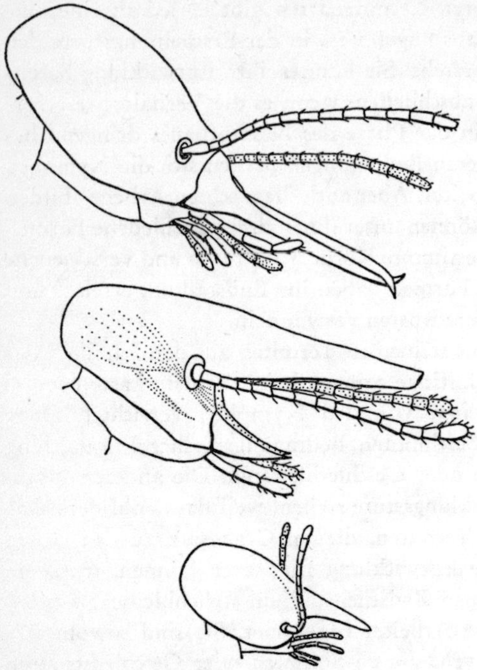

Abb. 30. Verschiedene Soldaten-Typen. Oben: Kiefer-Soldat von *Amitermes* (Mittel- und Südamerika): große Kiefer, kleine Stirndrüse; Mitte: Kiefer-Nasutus von *Anoplotermes* (Argentinien): mittlere Kiefer und große nasenförmige Stirndrüse (dieser Soldaten-Typ wurde im Freien noch nicht beobachtet, sondern trat bei Laborzuchten auf); unten: Nasutus von *Nasutitermes* (Südamerika): keine Kiefer, lange nasenförmige Stirndrüse. Nach GOETSCH.

Arbeiter den Schaden behoben haben. Wie bei den Ameisen gibt es auch Termitenarten, deren Soldaten einen stöpselartigen Kopf besitzen, der gerade in die Öffnung des Lauftunnels hineinpaßt und diesen bei Gefahr abschließt.

Der zweite Typ der Soldaten bedient sich nicht mechanischer, sondern chemischer Waffen bei der Kriegsführung. Er besitzt stark entwickelte Stirndrüsen, die eine Flüssigkeit erzeugen. Ein Feind, der damit in Berührung kommt, wird durch die Wirkung des Chemikals kampfunfähig gemacht oder abgeschreckt. Die Drüsenöffnung in der Mitte des Kopfes wird als Fontanelle bezeichnet. Bei einigen Arten liegt sie oberhalb der Mundöffnung und scheidet ein klebriges Sekret ab, in das sich der Feind verfängt. Andere Arten besitzen eine Rinne, in der die Drüsenabscheidung zur Mundöffnung hinabläuft, von wo aus sie gegen den Feind gespritzt wird. Der eigenartigste Fall findet sich bei Soldaten, deren Kopf in eine lange sich verschmälernde Nase ausläuft, an deren Spitze die Drüsenöffnung mündet. Aus dieser Öffnung fließt das Sekret in Form dünner klebriger Fäden, in denen sich der Feind verfängt. Man bezeichnet diese Soldaten treffend als „Nasutes", was aus dem Lateinischen übersetzt soviel wie „Naslinge" bedeutet. Ihre Mandibeln sind weitgehend zurückgebildet (Abb. 30, 2 und 3). Eine amerikanische Termitengattung enthält einige Arten, die in ihrem Nest zwei Formen Soldaten haben. Die größere Form besitzt große schwere Mandibeln, eine kurze Stirnrinne und an der Unterlippe eine Furche, aus der giftiges Sekret fließt. Die kleinere Soldatenform hat kleine leichte Mandibeln, eine lange Stirnrinne und eine Furche über der Mundöffnung zur Herableitung der Giftsubstanz.

Wahrscheinlich werden die meisten oder gar alle Soldaten von den Arbeitern und Nymphen gefüttert. Ihre großen Mandibeln oder noch längeren „Nasen“ machen sie zu eigener Nahrungsaufnahme unfähig. Das erinnert uns an die Amazonen-Ameisen mit ihren unförmigen Mandibeln. Die Vergrößerung des Kopfes bei den Soldaten ist kein Zeichen für eine größere Intelligenz. Bei dem einen Typ ist der große Kopf angefüllt mit Muskeln zur Betätigung der mächtigen Mandibeln; beim anderen Typ beherbergt er die großen Stirndrüsen. In einigen Fällen reichen diese Drüsen sogar weit nach hinten in das Abdomen hinein.

Hat ein Termitenstaat eine gewisse Größe und Stabilität erreicht, vollendet ein Teil der Nymphen – zu bestimmten Zeiten im Jahr – seine Entwicklung zu Alates, die schließlich den Staat verlassen, um neue Staaten zu gründen. Die einzelne Termite kann mehrere Jahre alt werden. Das geht daraus hervor, daß bei den höher stehenden Termitenarten die Entwicklungszeit vom Ei bis zum geflügelten Tier fast ein Jahr dauert. Bei einigen primitiveren Arten vergehen darüber sogar zwei Jahre.

Je nach Termitenart und Notwendigkeit können sich in manchen Nestern zusätzliche Geschlechtsformen entwickeln. Die primären Geschlechtstiere, die Königin und der König, bleiben als einzige Nachkommenerzeuger oft viele Jahre tätig. Wenn einem von ihnen oder allen beiden etwas zustößt, ist der Staat jedoch nicht verloren: das Volk erzeugt

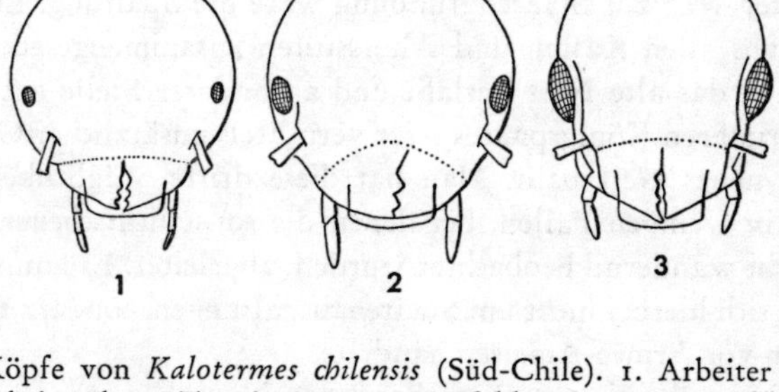

Abb. 31. Köpfe von *Kalotermes chilensis* (Süd-Chile). 1. Arbeiter mit kleinen Augen, die bei anderen Termitenarten sogar fehlen; 2. Ersatzgeschlechtstier mit mittelgroßen Augen; 3. Geschlechtstier mit großen Augen. Nach Goetsch.

in diesem Fall sekundäre Geschlechtstiere, Männchen oder Weibchen oder beide Geschlechter, je nach Bedarf. Sie entwickeln sich aus kurzflügeligen Nymphen. Diese zusätzlichen Geschlechtstiere haben, wenn sie fertig sind, weder die für die primären Formen typischen langen Flügel, noch deren wohlentwickelte Komplexaugen und auch nicht ihre dunkle Pigmentierung. Jedoch sind ihre Augen immerhin größer als die der Arbeiter (Abb. 31). Bei einigen Arten wurde beobachtet, daß die sekundäre Königin mehr Eier produzierte als die primäre. Obgleich der primäre König in bezug auf die ursprüngliche Königin monogam ist, kann er nach deren Tod polygam werden und zahlreiche Sekundär-Königinnen begatten. Sogar tertiäre Fortpflanzungsformen wurden in einigen Fällen festgestellt. Sie entstehen aus ungeflügelten Nymphen. Gelegentlich kommt es auch zur Entwicklung eines zusätzlichen Geschlechtstieres aus einer Nymphe, die dabei war, zu einem Soldaten heranzuwachsen. In diesem Fall erhält die daraus entstehende Königin oder der König einen soldatenähnlichen Kopf. Bei der am weitesten forgeschrittenen Familie Termitidae entwickeln sich die zusätzlichen Geschlechtstiere gewöhnlich aus kurzflügeligen Nymphen. In dieser Familie erfolgt die Kastendifferenzierung der Nymphe auf einem sehr frühen Entwicklungsstand.

Jene Termitenarten, welche im Holz oder im Boden leben und ihre Individuenzahl sowie ihr Nest stark vergrößern, können Gruppen von Arbeitern, Soldaten und Nymphen erzeugen, die nur noch einen begrenzten Kontakt mit dem Königspaar und dem Hauptteil des Volkes aufweisen. In solchen entfernteren Nestteilen entwickeln sich oft aus Nymphen sekundäre Geschlechtsformen, welche die Führung dieses abgezweigten Staates übernehmen. Wir haben hier eine zweite Form der Staatengründung vor uns, die als „Knospung“ bekannt ist. Derartige sekundäre Könige und Königinnen als Regenten von Knospungs-Staaten sind unter den primitiven Termiten-Familien häufiger als unter den höher stehenden.

Ein dritter Weg zur Staatengründung wäre die Spaltung. Er läge vor, wenn eine aus allen Kasten und Altersstufen zusammengesetzte Gruppe von Termiten das alte Nest verläßt und an anderer Stelle entweder mit Hilfe des primären Königspaares oder vermittels zusätzlicher Geschlechtsformen ein neues Nest baut. Man hat diese dritte Möglichkeit aus den bisher relativ wenigen Fällen, bei denen die sonst lichtscheuen Termiten bei Tageslicht wandernd beobachtet wurden, abgeleitet. Es kann aber auch sein, daß es sich hierbei nicht um Staatenabspaltungen, sondern um Fluchtbewegungen vor Armee-Ameisen handelte.

Die in einem Termitenstaat vorhandenen Nymphen werden in solchen Zahlenverhältnissen zu verschiedenen Kasten determiniert, wie sie benötigt werden. Ein Teil der Nymphen kann auf einem bestimmten Entwicklungsstand stehenbleiben, um sich dann später zu Arbeitern, Soldaten, Alaten oder zusätzlichen Geschlechtstieren umzuwandeln. Ein anderer Teil kann für immer als Pseudergaten auf einem frühen Entwicklungsstand verharren. Auch eine Rückentwicklung von Nymphen ist beobachtet worden: die bereits mit Flügelanlagen versehenen Tiere verloren diese Anlagen während der nächsten Häutung. Ein derartiges „Offenbleiben" der Nymphen für verschiedene Entwicklungen findet man in der Hauptsache bei den primitiveren Termiten. Angehörige der Familie Termitidae dagegen neigen, wie bereits erwähnt, dazu, ihre Nymphen schon auf sehr frühem Entwicklungsstand zu Kasten zu differenzieren. Eine zur Alate sich entwickelnde Nymphe ist oft schon nach der ersten Häutung auf ihr Ziel festgelegt und hat keine Möglichkeit mehr, sich zu einer anderen Kaste zu verwandeln.

Man glaubt, daß Pheromone bei der Kastendifferenzierung der Termiten eine wesentliche Rolle spielen, obgleich sich hieraus äußerst komplizierte Probleme ergeben. Ohne Zweifel ist jedoch die Trophallaxis, die gegenseitige Fütterung, für das Staatenleben der Termiten von großer Bedeutung. König und Königin, Soldaten und jüngste Nymphen werden von den Arbeitern gefüttert und diese lassen unter sich die Nahrung zirkulieren. Es gibt im Nest eine ständige Bewegung der Nahrung von Mund zu Mund sowie von After zu Mund. Weiterhin ist die gegenseitige Reinigung ein wichtiges Kommunikationsmittel. Eine Termite beleckt und putzt die andere. Besondere Pflege erhält dabei die Königin. Sie ist ständig von zahlreichen Termiten umgeben, die sie belecken und reinigen und dabei wahrscheinlich schmackhafte Körperausscheidungen von ihr aufnehmen. Nach alledem sind im Termitenstaat die besten Voraussetzungen für eine Regelung der Kasten-Differenzierung mit Hilfe von Pheromonen gegeben.

Die Anwesenheit eines Paares primärer Geschlechtstiere im Nest verhindert die Entwicklung sekundärer Fortpflanzungsformen. Als man in einem Experiment ein Termitennest durch eine Wand teilte und die Königin so in der Wand festhielt, daß ihr Kopf in die eine Nesthälfte und ihr Abdomen in die andere Hälfte ragte, wurde die Erzeugung sekundärer Geschlechtstiere nur in dem Nestteil, in welchem sich das Abdomen der Königin befand, verhindert, jedoch nur dann, wenn dieser Teil auch einen König enthielt. Hieraus schließt man, daß Pheromone, welche die Bildung sekundärer Geschlechtstiere verhindern, den Darmkanal der Königin durchlaufen und zusammen mit der von der Königin erzeugten Darmnahrung von den Nymphen oder Arbeitern verzehrt werden. Diese Pheromone verbreiten sich dann durch gegenseitige Fütterung weiter. Durch ein zweites Experiment wird diese Annahme bekräftigt. Als man in der Trennwand anstatt der Königin eine Nymphe festhielt, deren Kopf in den Nestteil mit Königin und deren Abdomen in den Nestteil ohne Königin ragten, wurde auch jetzt im Nestteil ohne Königin die Erzeugung sekundärer Geschlechtstiere verhindert, offensichtlich durch Pheromone, welche die gefangene Nymphe auf dem Weg über die Nahrungszirkulation von der Königin erhielt und über ihren After in den Königin-losen Nestteil weitergab. Auch in diesem Fall klappte das Experiment nur, wenn sich ein König bei der Königin befand. Die Entstehung sekundärer Geschlechtstiere wird somit offenbar nur dann verhindert, wenn die Pheromone von König und Königin zusammenwirken.

Auch die Erzeugung von Soldaten scheint bei Anwesenheit anderer Soldaten verhindert zu sein. In manchen Fällen kann ein junges Nest erst einen einzigen Soldaten haben. Dann wird so lange kein weiterer Soldat gebildet wie das Nest nicht wächst. Entfernt man aber den einzigen Soldaten aus dem Nest, wird gewöhnlich sofort ein anderer erzeugt. Die Entwicklung von Soldaten beruht auf dem Zahlenverhältnis von Soldaten zu Nichtsoldaten. Sobald Nichtsoldaten erzeugt werden, wächst auch die Zahl der Soldaten unter Einhaltung eines bestimmten Prozentsatzes. Man nimmt an, daß sich ein Soldat aus jeder noch häutungsfähigen Nymphe entwickeln kann. Diese wird zunächst zu einer Soldaten-Nymphe und mit der letzten Häutung zum Soldaten.

Bei Versuchen mit einer der primitiveren Termitenarten fand man, daß eine Nymphe zunächst 4 Entwicklungsmöglichkeiten aufwies: Nach 5 bis 8 Häutungen eine Pseudergate (unechter Arbeiter) zu bleiben, ein sekundäres Geschlechtstier zu werden, ein Vor-Soldatenstadium zu erreichen, sich gar nicht zu differenzieren, das heißt im 1. Nymphenstadium zu verbleiben. Für den letzteren Fall ergaben sich wiederum 4 Möglichkeiten der Entwicklung: zum Vorstadium des Soldaten, zum sekundären Geschlechtstier, zur Pseudergate, zum 2. Nymphenstadium. Das letztere konnte nun wiederum alle 4 für das 1. Nymphenstadium genannten Entwicklungen durchlaufen oder 5. zu einer Alaten (zu einem primären Geschlechtstier) werden. Sobald die Nymphen zu Soldaten, echten Arbeitern und Geschlechtstieren geworden waren, blieben sie unverändert. Zumindest bei dieser näher untersuchten Art scheint die Anwesenheit der Endformen, also von Soldaten, echten Arbeitern und Geschlechtstieren, eine Entwicklungssperre in dieser Richtung auszulösen. Durch Verlust von Endformen wird die Sperre beseitigt, und die Pseudergaten können sich in verschiedener Richtung weiterentwickeln.

Die Wirkung der Pheromone bei der Kastendifferenzierung beschränkt sich sicher nicht auf die bisher nachgewiesenen Teilvorgänge. Man nimmt vielmehr an, daß sie ganz allgemein die primären Faktoren bei der Regulierung des Kastensystems der Termiten sind. Es gibt allerdings bisher nur wenige Untersuchungen in dieser Richtung. Bei den höher entwickelten Termiten sind die hiermit zusammenhängenden Probleme am schwierigsten. Gerade bei ihnen werden künftige Untersuchungen noch viele interessante Entdeckungen bringen.

Allein schon die bisherigen Studien an Soldaten zeigen, wie komplex das Kasten-Problem bei den Termiten ist. Viele Arten besitzen Soldaten verschiedener Größe. Das mag in manchen Fällen auf die unterschiedliche Länge der Entwicklungszeit zurückzuführen sein, da die Bildung von Soldaten von zwei oder gar drei verschiedenen Nymphenstadien ausgeht. Bei einigen Arten treten aber, wie wir sahen, die Soldaten in zwei verschiedenen Körperformen auf. Eine Termitenart mit verschieden großen Arbeitern zeigte eine Kopplung der Körpergröße mit dem Geschlecht: die kleineren Arbeiter waren Männchen, die größeren Weibchen, wobei jedoch innerhalb beider Gruppen wieder Größenunterschiede in Abhängigkeit von der verschieden langen Entwicklung der einzelnen Tiere bestanden. Bei anderen Arten fand man verschiedene Kombinationen von Größe, Geschlecht und Gestaltsmerkmalen.

In der Gattung *Zootermopsis* wurden in einer Reihe von Experimenten Soldaten verschiedener Größe in Abhängigkeit von der Entwicklungszeit erzeugt. Dabei entstanden offenbar mehr Soldaten als benötigt, denn die übrigen Termiten regulierten ihre Anzahl, indem sie einen Teil der Soldaten — und zwar nur die kleinsten — auffraßen.

Die Kastendifferenzierung unter den Termiten ist ein noch weitgehend unbearbeitetes Feld der Forschung. Wir sind noch weit von der Beantwortung aller dieser Fragen entfernt. Was wir sicher wissen ist, daß die Termiten sehr erfolgreiche Staatswesen entwickelt haben, deren Stärke darauf beruht, daß der Einzelne nicht nur für das Gesamtwohl arbeitet, sondern sogar seine Körpergestalt und -funktionen im Hinblick auf die jeweiligen Bedürfnisse vom Staat gewissermaßen zudiktiert bekommt. Das ist eine zwar wirksame, uns Menschen aber abstoßend erscheinende Lösung des Existenzproblems.

XXVIII

Von Erdmantelpflanzen und Kompasstermiten

Für viele Termiten sind Heim und Nahrung ein und dasselbe. Andere essen außerhalb ihres Nestes, und wieder andere bauen ihr Nest aus Kot, also aus dem, was von ihrer Nahrung überbleibt. Man kann die Termiten hinsichtlich des Nestortes in Erd- und Holzbewohner gliedern. Auch nach der Ernährung ist eine Einteilung der Termiten möglich und ebenso nach der Form ihrer Nester, die vielerlei Typen unterscheiden läßt.

Zahlreiche Termitenarten, deren Nahrung aus Holz besteht, wohnen zugleich in diesem Holz und zeigen keinerlei Beziehung zum Boden. Es sind die Gruppen der Feuchtholz-, Trockenholz- und Holzstaub-Termiten. Holzbewohner finden sich unter den primitivsten Termiten. Sie zeigen keine bestimmte Nestform, sondern leben in den unregelmäßig geformten Hohlräumen, die sie bei der Nahrungsgewinnung im Holz erzeugen. König und Königin suchen gemeinsam nach dem Flug eine geeignete Stelle am Holz, höhlen eine kleine Kammer aus, kopulieren darin und beginnen mit der Erzeugung von Nachkommen. Nach Verlauf einiger Jahre kann ein solcher Termitenstaat einige hundert bis tausend Bewohner haben, die eine ihrem Appetit entsprechende Höhle im Holz bewohnen. Von diesem Staat können sich durch Knospung weitere Staaten abtrennen. Alle holzbewohnenden Termiten sind von den in ihrem Darm lebenden symbiontischen Protozoen abhängig, die ihnen das Holz verdauungsfähig machen. Oft sieht man an den Wänden der Holzhöhle Pilze wachsen. Das könnte bedeuten, daß die Termiten das Holz in bereits mürber – vom Pilz angegriffener – Form aufnehmen. Man hält es auch für möglich, daß der Pilz selbst einen Teil der Termitennahrung bildet.

Feuchtholz-Termiten verlangen relativ hohe Feuchtigkeit und werden daher gewöhnlich in faulendem Holz gefunden. Termitengruppen, welche trockneres und festes Holz als Lebensraum bevorzugen, werden Trockenholz-Termiten genannt. Man findet sie in abgestorbenen Bäumen oder Baumteilen, in Pfählen oder Bauholz. Die extremsten Arten der Holzbewohner sind die Holzstaub-Termiten. Sie benötigen kein Holz, das mit dem Erdboden in Verbindung steht. Ihren Lebensraum bildet das ausgetrocknete Holz wie es unter anderem im Innern von Häusern als Balken oder Möbel vorhanden ist. Ihre Kotkrümel, die man in den Höhlen oder auch außerhalb auf dem Fußboden findet, sind klein und extrem trocken. Sie sehen wie Holzstaub aus und führten daher zu dem Namen dieser Termitengruppe. Ihre Soldaten besitzen „Stöpselköpfe", mit denen sie ihre zum Teil außen am Holz entlanglaufenden überdeckten Gänge verschließen.

Eine andere große Gruppe von Termiten ernährt sich gleichfalls von Holz, lebt aber im Erdboden. Man bezeichnet sie daher als unterirdische Termiten. Der Kontakt mit dem Boden gewährleistet ihnen eine hohe Feuchtigkeit. Die unterirdischen Termiten besitzen wie alle Holzesser symbiontische Darmprotozoen, welche die Zellulose des Holzes chemisch spalten. Zu dieser Termitengruppe gehören einige der unangenehmsten Arten, die als Holzzerstörer oft große Schäden anrichten.

Der König und die Königin der unterirdischen Termiten gründen ihren Staat entweder direkt im Boden oder in feuchtem Holz, das sich im Boden befindet. Mit zunehmender Entwicklung des Staates höhlen die Bewohner Gänge im Holz aus oder bauen solche im Boden, um von dort aus anderes Holz anzugreifen. Stoßen sie dabei auf ein Hindernis, etwa eine Zementbarriere, die ihnen den Weg zum Holz versperrt, bauen sie Erdgänge über das Hindernis, in denen sie, geschützt vor Feinden und trockener Luft, zu ihrer Nahrung gelangen. Die völlig geschlossenen Gänge bestehen aus Sandkörnern, Erdkrümeln oder Holzspänen, die mit Speichel zusammengeklebt und an der Unterlage befestigt sind. Während der Bauarbeiten an einem solchen Tunnel stehen an der Mündung Soldaten Wache.

Eine recht gut bekannte Vertreterin der unterirdischen Termiten ist *Reticulitermes hesperus*. Ihre Staaten werden in kleinen Hohlräumen in der Erde oder in Holz, das mit der Erde in Verbindung steht, begründet. Kurz nachdem das Königspaar sich in diesen Hohlraum eingeschlossen hat, legt die Königin im ersten Schub einzeln und mit mehrtägigen Pausen weniger als ein Dutzend Eier ab. Diese werden von der Königin und dem König gereinigt und betreut und ergeben nach 30 bis 100 Tagen die jungen Nymphen. Die Nymphen werden von ihren Eltern entweder oral oder anal gefüttert oder verzehren auch einen Teil von deren Kotausscheidungen. Das Anfangswachstum des Staates ist sehr langsam, doch werden allmählich Arbeiter und Soldaten in ansteigender Zahl gebildet. Als Abschluß des Aufbaues des Termitenstaates werden Alates erzeugt, doch vergehen bis dahin mindestens 3 Jahre. Die einzelnen Termiten sind sehr langlebig und erreichen wahrscheinlich ein Alter von 3 bis 4 Jahren. Das Königspaar lebt noch länger. Das allmähliche Anwachsen der Bevölkerung, verbunden mit der Fähigkeit der Königin, immer mehr Eier pro Tag abzulegen, läßt schließlich einen großen Staat mit mehreren hunderttausend Bewohnern entstehen. Wenn irgendeine Katastrophe eintritt, werden die primären Geschlechtstiere durch Sekundärformen ersetzt. Wahrscheinlich entstehen sekundäre Geschlechtstiere auch in den Außenbezirken des Nestes, wenn dieses einen zu großen Umfang erlangt hat. Solche Zusatzköniginnen sind sehr produktiv. Es wird berichtet, daß eine Sekundärkönigin dieser Termitenart an einem Tag ebenso viele Eier ablegte wie die Primärkönigin innerhalb der ersten zwei Jahre des Staatenwachstums.

Einige Faktoren spielen bei dieser so starken Entwicklung von *R. hesperus* zweifellos eine wesentliche Rolle. Zunächst gibt es bei dieser Termitenart keinerlei Nahrungsmangel. Dann ist ihr Nest kein ausgedehntes, anfälliges Gebilde, sondern besteht hauptsächlich aus Tunnels im Holz oder Erdboden, in denen die Tiere gut geschützt sind und leicht zu immer neuer Nahrung gelangen. Die Königin hat keine extreme Körpergröße und kann sich zusammen mit dem König ohne Mühe von einem Tunnel zum anderen begeben, wenn die Temperatur- oder andere Verhältnisse das erfordern. Da das Nest im Kontakt mit dem Erdboden steht, ist genügende Feuchtigkeit gewährleistet. König und Königin sind sehr langlebig und können im Notfall rasch von gleichwertigen oder gar leistungsfähigeren Sekundär-Geschlechtstieren ersetzt werden. Auch die Arbeiter haben eine für Insekten ungewöhnlich lange Lebensdauer. So hat also *R. hesperus* ein besonders gutes Lebensrezept entwickelt.

Es wurde über Termiten berichtet, deren Nahrung aus Holz besteht und die zu dessen Verdauung der Unterstützung bestimmter Protozoen bedürfen. Nunmehr wollen wir einige andere Ernährungsformen betrachten. Es gibt zwar auch Termitenarten, die kein Holz verzehren und trotzdem in ihrem Darm Protozoen haben, jedoch handelt es sich bei letzteren um Parasiten und nicht um Symbionten. Die meisten Termitenarten leben nicht mit Protozoen in Symbiose. Sie essen Pflanzenmaterial, das nur wenig Zellulose enthält oder Nahrungsstoffe, in denen die Zellulose bereits zerlegt ist. Zur Nahrung dieser höher entwickelten Termiten gehören unter anderem Algen, Pilze, Flechten, grüne Pflanzenteile, faulendes und verwittertes Holz, Laubstreu sowie Humus.

Eine interessante Termitengruppe hat sich an das Leben in der Wüste angepaßt. Die für sie lebensnotwendige Feuchtigkeit erhalten sie dadurch, daß sie ihre Nester tief im Boden anlegen. Sie bauen Röhren auf der Erdoberfläche und umhüllen kleine Pflanzen völlig oder große Pflanzen teilweise mit einem Erdmantel, in dessen Schutz sie das Pflanzenmaterial verzehren. Man sieht in Wüstengegenden nicht selten derartige Pflanzen, die aus Erde geformt zu sein scheinen, so genau sind ihre Stengel und Blätter von Erde überzogen. Bricht man den Erdmantel auf, findet man häufig keine Spur von der Pflanze mehr; die Termiten haben sie aufgegessen. Größeren Pflanzen wie zum Beispiel den Ocotillo- und Saguaro-Kakteen fehlen oft die äußeren Gewebeschichten. In manchen Fällen stirbt die befallene Vegetation ab. Da die Termiten keine symbiontischen Protozoen besitzen, sind sie entweder imstande, das Pflanzenmaterial zu verdauen oder bedienen sich, wie man glaubt, der Hilfe von Pilzen, die innerhalb der Erdmäntel auf den Pflanzen wachsen, deren Gewebe mit ihren Myzelien durchwuchern und es teilweise chemisch abbauen, so daß die Termiten es verdauen können. Auch die Pilze selbst werden wahrscheinlich als Nahrung verwendet.

Einige Termitenarten bleiben nicht, wie sonst üblich, im schützenden Nest, sondern wandern im hellen Tageslicht auf der Erdoberfläche umher und suchen nach Nahrung. Dies sind die Erntetermiten der Familie Hodotermitidae. Im Gegensatz zu den meisten anderen Termiten ist ihr Körper dunkelrot pigmentiert. Auch haben sie einen dickeren Chitinpanzer und sind nicht blind, sondern besitzen funktionierende Komplexaugen. Die Erntetermiten bewegen sich hintereinander in langer Reihe, wie dies auch manche Ameisen tun. Sie kehren mit kleinen Stücken Gras zurück, die sie in ihrem unterirdischen Nest speichern. Möglicherweise besiedeln Bakterien im Innern des feucht-warmen Nestes die Grasvorräte und zersetzen sie teilweise. Diese Erntetermiten gehören zwar ihrem Körperbau nach zu den primitiveren Gruppen, doch haben sie eine sehr spezialisierte Lebensweise erworben. Auch in der Unterfamilie Nasutitermitinae der hoch entwickelten Familie Termitidae haben einige Arten diese Lebensweise entwickelt. Ihre Gras- oder Blattsammler werden von einer Sicherheitstruppe von Soldaten begleitet.

Von einigen anderen Arten der Termitidae wird berichtet, daß sie nachts auf der Erdoberfläche nach Flechten und Algen suchen. Sie rollen das Material zu kleinen Kugeln zusammen, die sie ins Nest tragen und dort speichern. Es scheint bei ihnen eine Arbeitsteilung zwischen kleineren und größeren Arbeitern zu geben. Auch sie werden von Soldaten begleitet.

Der in der obersten Bodenschicht enthaltene Humus bildet die Hauptnahrungsquelle einer anderen Termitengruppe. Ihre Arbeiter nehmen große Bodenmengen zu sich, extrahieren die Humusstoffe und scheiden die übrigen Bodensubstanzen aus, die noch als Baumaterial Verwendung finden.

Zu den auffallendsten Termiten gehören die Pilze züchtenden Arten. Einige von ihnen stellen in verschiedenen Gebieten Afrikas imponierende Erdbauten her und bilden ungewöhnlich große Staaten mit oft ebenso ungewöhnlich großen Königinnen. Man wird hier an die Ameisen der

Gattung *Atta* erinnert, die ebenfalls Pilze züchten, sehr große Staaten bilden, große Königinnen haben und ihr Nest unterirdisch anlegen.

Die pilzzüchtenden Termiten gehören alle der Unterfamilie Macrotermitinae innerhalb der Familie Termitidae an. Manche Arten bewohnen nur unterirdische Nester; andere erweitern diese durch oberirdische Erdbauten. Die Arbeiter sammeln verschiedene Pflanzenmaterialien wie Gras und Blätter sowie trockenes Holz, die ihnen zur Nahrung dienen, obwohl ein Teil davon wahrscheinlich den Termitenkörper ungenutzt verläßt. Der Kot sowie andere Stoffe wie zerkautes Holz und Erde werden zu einem Nährboden hergerichtet, auf dem in zahlreichen Nestkammern ein Pilz gezüchtet wird. Form und Größe dieser unterirdischen Pilzgärten variieren je nach Termitenart. Ihr Umfang schwankt zwischen dem einer Walnuß und eines Menschenkopfes; zum Teil haben sie die Gestalt von Korallen oder Schwämmen. Wie bei den pilzzüchtenden Ameisen erzeugen auch die Zuchtpilze der Termiten keine Fruchtkörper, sondern bestehen aus einem Hyphengeflecht mit Anschwellungen, von denen die Termiten sich ernähren. Es scheint jedoch, daß diese Pilznahrung auf die jungen Termitenformen beschränkt ist. In dieser Hinsicht zeigen die Termiten eine geringere Abhängigkeit von ihrem Zuchtpilz als die *Atta*-Ameisen, deren gesamte Bevölkerung sich von dem Pilz ernährt.

Kehren wir nun von der Nahrung zum Nest zurück. Man findet die einfachsten Termitennester bei den Holztermiten, die in den Hohlräumen leben, welche sie selbst aus dem Holz herausgegessen haben. Jedoch sind auch diese Nester bei näherer Betrachtung gar nicht so einfach gebaut, denn die Termiten höhlen das Holz so kunstvoll aus, daß eine von Querwänden gestützte dünne Außenwand erhalten bleibt. Nur vorübergehend werden durch diese Hülle Ausgänge hergestellt, durch welche die Geflügelten das Nest verlassen oder die Kotbrocken aus dem Nest entfernt werden.

Etwas weiter fortgeschrittene Termiten leben in Erdhohlräumen, von denen aus Tunnels zu den Nahrungsstätten führen. Einige Arten bauen regelrecht gemauerte unterirdische Nester aus Materialien wie Erde, Speichel, Pflanzenteile und Kotpartikeln, die dabei in verschiedenartigen Anteilen und Kombinationen verwendet werden. In manchen Fällen gehören zu einem Staat mehrere solcher festgebauten unterirdischen Nester, die ein System von Gängen miteinander verbindet. Andere Arten konstruieren Untergrundnester, die von einem Luftraum umgeben sind. Zum Teil führen aus solchen Nestern Öffnungen in den Luftraum, deren Zweck offensichtlich darin besteht, einen Luftaustausch zwischen Nest und Luftmantel zu ermöglichen.

Die Tropen sind durch seltsame und auffällige Termitennester, die Termitarien, gekennzeichnet, die in Bäumen oder an der Erdoberfläche gebaut werden. Die primären Geschlechtstiere jener Termiten, welche solche Nester bauen, gründen das Nest stets im Erdboden. Vielleicht hat es in früheren Erdzeiten Termiten gegeben, die auch das Gründungsnest oberirdisch anlegten. Heute werden alle Baumnester vom Boden aus gewissermaßen „vorgetrieben" und zwar mit Hilfe von erdbedeckten Gängen, die am Stamm hinaufziehen. Wenn das Baumnest fertig ist, bleibt es in ständiger Verbindung mit dem im Boden befindlichen Teil des Nestes, der meist durch einen Erdhügel gekennzeichnet ist.

Einige Termitenarten bauen ihr Nest in ähnlicher Weise wie ein Teil der Ameisen aus Karton. Die Termiten gewinnen diese papierähnliche Masse aus einem Gemisch von Kot, unverdauten Holzsplittern, Erde und Speichel. Sie konstruieren daraus große runde Nester, die sie an Pfählen oder Bäumen anheften. Ein solches Nest kann einen Durchmesser von mehr als einem Meter haben. Öffnet man es, so sieht man, daß es entweder wie ein Schwamm aus einer Kartonmasse mit unzähligen kleinen Gängen besteht oder aus größeren flachen Kammern aufgebaut ist, die durch Gänge miteinander verbunden sind. In diesen Gängen und Kammern wogen Tausende von Termiten hin und her. Überdachte Laufgänge führen zum Erdboden sowie zu den Nahrungsstellen. Kartonnester können auch unterirdisch gebaut werden. In diesem Fall wird dem Baumaterial mehr Erde beigemischt.

Ganz besonders auffällig sind die bis zu 10 Meter hohen Nestbauten, die manche Termitenarten auf der Erdoberfläche errichten. Selbst wenn ein solches Bauwerk nur 1 oder 2 Meter hoch ist, bleibt es verblüffend genug, wenn man bedenkt, daß es sich bei ihren Erbauern um kleine blinde Insekten handelt. Je nach Termitenart sowie Boden- und Wetterbedingungen sind diese Bauten rund und abgeflacht oder schmal und turmartig. Es gibt auch Termitarien, die in mehreren Türmen enden.

Jene Termiten, deren Nahrung aus Humus besteht und welche große Mengen Erde essen, um daraus die Humusteilchen zu gewinnen, besitzen in ihren reichlichen Kotausscheidungen ein sehr gutes Baumaterial. Sie bauen mit ihm ein Nest, das aus Kammern zusammengesetzt ist und eine harte Außenwand besitzt. Es kann entweder völlig unter der Erdoberfläche liegen oder als meist niedriger Hügel über sie herausragen. Einige Termitengruppen verzehren keine Erde, bauen aber trotzdem Erdhügel, indem sie Sand und Erde vom unterirdischen Nest nach oben tragen und dort mit verschiedenen Körperausscheidungen zusammenleimen. Die bekanntesten Hügel dieser Art bauen die afrikanischen Pilzzüchter-Termiten. Ihre Nester haben verschiedene Größe. Die umfangreichsten können etwa 5 Meter hoch sein und einen ebensolchen Durchmesser aufweisen. Von ihrer Spitze laufen an den Seiten zahlreiche Rippen nach unten. In der Nähe des Mittelpunktes des Baues liegt die Hauptlebenszone. Hier befindet sich auch die Kammer des Königspaares. Die Königin ist zu dieser Zeit schon so groß, daß sie die Kammer nicht mehr durch die engen Zugänge verlassen kann. Ringsherum liegen in vielen Kammern verteilt die Pilzgärten (Abb. 32). Auffallend sind je ein großer Hohlraum ober- und unterhalb der zentralen Lebenszone, von denen sogleich noch die Rede sein wird. Der ganze Bau kann etwa 1 Million Termiten beherbergen. Seine Außenschicht ist sehr dicht und hart und bietet einen vorzüglichen Schutz.

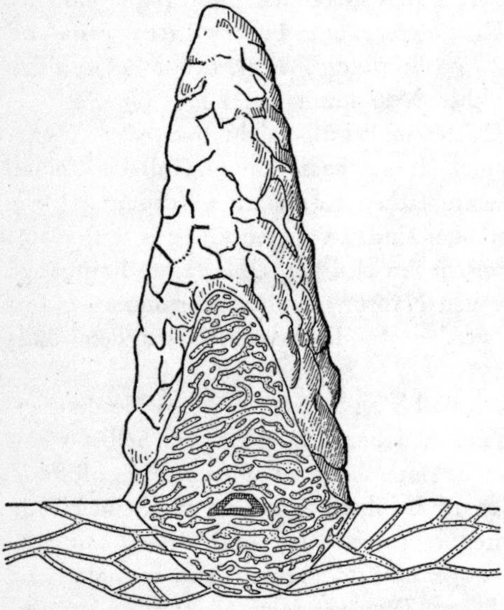

Abb. 32. Nestbau einer Pilze züchtenden Termitenart (*Cornitermes similis*, Südamerika), teilweise im Schnitt. Man sieht in Höhe der Erdoberfläche die Zentralkammer mit der Zelle der Königin, umgeben von der Hauptlebenszone mit den zahlreichen Pilzkammern. Die großen Hohlräume ober- und unterhalb der zentralen Lebenszone sind im Schnitt nicht enthalten, ebenso nicht die zur Randzone des oberirdischen Nestteiles ziehenden Luftgänge. Nach Goetsch.

Für ein so großes Nest mit so vielen Bewohnern ist irgendeine Form des Luftwechsels notwendig und auch verwirklicht. Die Körper der Termiten wie auch die wachsenden Pilze erzeugen durch ihren Stoffwechsel Warmluft, die in den über der Zentralzone liegenden Hohlraum steigt. Von dort strömt sie durch eine Serie von Gängen auswärts in die dicke Randzone hinein. Der Druck der konstant nachfließenden Warmluft verursacht eine dauernde Luftbewegung. In der Randzone verzweigen sich die Gänge in immer engere Röhren, die schließlich unmittelbar unter den dünnen Wänden der auf der Nestoberfläche nach unten ziehenden Rippen verlaufen. Während die Luft nach unten strömt, gibt sie Kohlendioxyd durch die dünne Erdkruste an die Außenluft ab und nimmt dafür Sauerstoff auf. Die gereinigte und abgekühlte Luft strömt von da aus ins Nest zurück in den unterhalb der Zentralzone gelegenen Hohlraum und von dort wieder in die zentrale Lebenszone, wo der Luftzyklus von neuem beginnt.

In Australien, dem Erdteil mit den ungewöhnlichsten Tierformen, lebt eine Termitenart, die eines der merkwürdigsten Insektenerzeugnisse her-

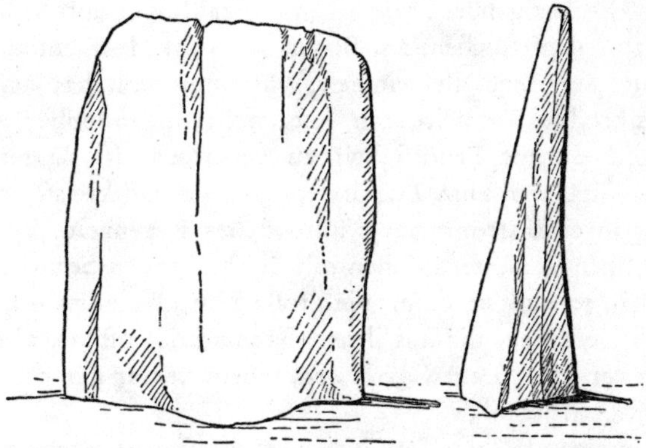

Abb. 33. Oberirdischer Teil des Nestbaues der Kompaßtermite *(Anitermes meridionalis,* Australien). Links: Breitseite von Osten bzw. Westen; rechts: Schmalseite von Süden bzw. Norden. Nach HESSE-DOFLEIN.

vorbringt. *Anitermes meridionalis,* die Kompaßtermite, baut Erdhügel, die annähernd 4 Meter hoch und 3 Meter lang sein können, aber nur eine Breite von etwa 1 Meter haben. Sie sind keilförmig und ihre waagerechte Achse liegt stets in Nord-Süd-Richtung. Offensichtlich dient diese Anordnung der Temperaturkontrolle: die Mittagshitze trifft nur den schmalen Grat des Baues, dagegen die schwächere Morgen- und Abendsonne seine Breitseiten (Abb. 33). Diese gigantischen Konstruktionen beherbergen keine Pilzgärten; Australien ist ohne Pilzzüchter-Termiten.

Struktur und Material eines Nestes sowie die Baumethode sind artspezifisch jedoch bis zu einem gewissen Grad von den örtlichen Verhältnissen abhängig. Auch die Lage des Nestes wird von den Umweltverhältnissen beeinflußt. Eine Art, die gewöhnlich ein Kartonnest in Baumkronen baut, kann es unter besonderen Bedingungen mit gleichem Material und in gleicher Form im Boden herstellen.

Innerhalb der Grenzen ihrer Möglichkeiten haben verschiedene Termitengruppen sich eine große Anzahl von Baumaterial-Arten geschaffen. Einige dieser Materialien trocknen zu zementartiger Härte und können nur noch mit Dynamit aufgesprengt werden. Andere Termiten mörteln Sandkörner mit Hilfe von Erde und Speichel zu einer nicht ganz so festen Masse zusammen. Als weitere Baustoffe werden verwendet: erdhaltiger Kot, Mischungen aus Erde, Speichel und flüssigen Darmausscheidungen oder Kombinationen von Holz, Speichel und Kot. Nicht nur zum Nestbau, sondern auch für andere Konstruktionen werden diese Materialien verwendet. Hierher gehören vor allem die zahllosen unterirdischen Tunnels sowie die oberirdischen, am Boden oder am Holz entlangziehenden überdachten Laufgänge. Bei einigen Wüstentermiten hat man sehr tief gehende senkrechte Tunnelröhren festgestellt, die offenbar dem Zweck dienen, das Nest mit Feuchtigkeit zu versorgen. In Bäumen nistende Termiten konstruieren zum Teil dreieckige oder halbkreisförmige Dächer zum Schutz ihrer Kartonnester während der Regenzeit. Auch auf dem Erdboden stehende Nester können mit überstehenden Schutzkappen versehen werden, so daß sie dann wie große Hutpilze aussehen. Schließlich gibt es auch Termiten, die aus ihrem Baumaterial offene, also nicht mit einem Dach versehene Laufwege bauen, indem sie nur deren Boden gewissermaßen „asphaltieren".

Wir sehen also, daß die Termiten nicht nur Holzverzehrer und Holzbewohner sind, sondern daß viele Gruppen eine andere Lebensweise entwickelt haben. Pflanzenmaterialien aller Art, von der Zellulose bis zu den Pilzen dienen ihnen zur Nahrung. Selbst Fleisch verzehren sie in Form toter oder sterbender Nestangehöriger bzw. abgestorbener Darmprotozoen. Wir können die Ernährungsgewohnheiten der Termiten nicht unter dem Blickwinkel unserer menschlichen Gewohnheiten betrachten. Termiten essen Holz, – entnehmen Nahrung aus dem Mund oder dem After des Nachbarn, – verzehren Pilze, die an Nestwänden oder auf Kotbeeten wachsen und nehmen Körperausscheidungen durch Belecken der Nymphen, Arbeiter, Soldaten und Geschlechtstiere zu sich. Und von dieser Nahrung oder ihren Rückständen wird oft ein Teil als Baumaterial verwendet. Die komplizierten Staatswesen der Termiten basieren also auf einem höchst sparsamen Nahrungshaushalt.

Epilog: Allerlei Beziehungen

Weder Wespen, Bienen, Ameisen und Termiten noch der Mensch leben für sich allein. Sie alle stehen vielmehr in mannigfaltigen Beziehungen zu anderen Lebewesen. Und gerade dadurch, daß diese Insekten ebenso wie der Mensch soziale Gemeinschaften bilden, in denen sehr viele Individuen zusammen leben und sich in verschiedener Weise betätigen, beeinflussen sie andere Lebewesen in besonderem Maß und werden zugleich selbst von diesen in besonderem Maß beeinflußt. Dafür gibt es unzählige Beispiele.

Zahlreiche staatenbildende Insekten werden von Parasiten aus ihrer engeren oder weiteren Verwandtschaft ausgenutzt. Wir erwähnten die Kuckucks-Arten der Wespen und Hummeln, die in die Nester verwandter Arten eindringen und ihre Eier hineinlegen, um ihre Brut von den Arbeiterinnen der Wirtsart aufziehen zu lassen. Unter den Termiten sind nur sehr wenige schmarotzende Arten bekannt, deren parasitische Lebensweise erst in jüngerer Zeit entdeckt wurde. Wir beschäftigten uns mit den verschiedenen Typen des Parasitismus bei den Ameisen, die als sehr flexible und anpassungsfähige Insekten die parasitische Lebensweise besonders vielfältig entwickelt haben.

Die Nester der staatenbildenden Insekten bieten zahlreichen fremden Tierarten Lebensraum. Gerade so wie in den Siedlungen des Menschen trotz aller Abwehrmaßnahmen sich allerlei Tiere einnisten, von den Fliegen und Schaben bis zu den Mäusen und Ratten, werden auch die Nester der staatenbildenden Insekten von einer mannigfachen Schar unerwünschter Tiere heimgesucht. Und gerade so wie der Mensch mit Tieren, die ihm angenehm sind, zusammenlebt wie zum Beispiel mit Hunden und Katzen, tun das im Prinzip auch die staatenbildenden Insekten. Alle diese „Untermieter", ob sie nun erwünscht oder unerwünscht sind, erhalten von ihren Wirten Nahrung und Wärme sowie Schutz vor Wetter und Feinden. So wohl gefällt ihnen diese Lebensweise, daß bis heute schon einige tausend Tierarten bekannt sind, die allein mit den Ameisen zusammenleben. Man bezeichnet sie als „Myrmekophilen" was soviel wie „Ameisenfreunde" heißt. Eine kleinere Zahl Einmieter ist aus Termitennestern bekannt; sie heißen entsprechend „Termitophilen". Noch weniger fremde Tierarten leben bei Wespen und Bienen. Die Skala dieser Mitbewohner reicht von Arten, die von ihren Wirten verfolgt werden, über solche, denen die Wirte ignorierend oder tolerierend gegenüberstehen bis hin zu jenen, welche mit ihren Wirten in Symbiose leben. Nur die Ameisen und Termiten haben „Gäste“ im eigentlichen Sinne, also solche Mitbewohner, deren Anwesenheit sie wünschen.

Die Nester der Honigbienen können zahlreiche Tierarten enthalten, die von Abfällen leben oder Honig bzw. Wachs stehlen. Die bekannteste Art ist die Wachsmotte, deren weiblicher Falter in den Bienenstock eindringt und darin seine Eier ablegt. Die aus den Eiern schlüpfenden Raupen sind Wachsesser, die sich im Schutze von Gespinströhren durch die Waben hindurchnagen. Auf ihrem Weg verzehren sie auch alle anderen Stoffe, die sie vorfinden. Hinter sich lassen sie verschmutzte Gespinste, Kot, zerstörte Waben und bei starkem Befall sogar einen zerstörten Bienenstock.

Ein Einmietling ganz anderer Art ist die sogenannte Bienenlaus. Dieses Insekt ist in Wirklichkeit eine Fliege, die in Anpassung an ihre parasitische Lebensweise ihre Flügel verlor. Sie setzt sich im Haarpelz der Biene, vornehmlich der Königin, fest und ernährt sich davon, daß sie bei der Fütterung der Königin bzw. beim Nahrungsaustausch von Biene zu Biene ihrer Wirtin einen Teil von deren Nahrung vom Munde wegschnappt. Die Fliege kann sich sogar dadurch Nahrung verschaffen, daß sie die Mundgliedmaßen der Biene streichelt, die daraufhin in der Annahme, eine andere Biene wünsche Nahrung, etwas aus ihrem Kropfinhalt auswürgt.

Die Ameisen mit ihren vielfältigen Lebensarten und Lebensgewohnheiten bieten anderen kleinen Tieren besonders günstige Heim- und Nahrungsstätten; sie beherbergen einige der interessantesten Mitbewohner der staatenbildenden Insekten. Die Ernährung der Myrmekophilen ist sehr vielseitig. Einige Arten sind einfach Abfallvertilger. Zahlreiche andere nehmen sich von der Ameisennahrung einen Teil. Hierzu zählt eine Reihe kleiner Milben, die am Körper der Ameisen leben. Wie die Bienenlaus veranlassen auch sie ihren Wirt zur Herausgabe von Kropfnahrung oder stehlen sich solche beim Nahrungsaustausch. Eine große Gruppe Myrmekophilen ernährt sich von den Ameisen selbst oder von ihren Eiern, Larven und Puppen. Andere, darunter eine winzige flügellose Grillenart, lecken Sekrete von den Körpern ihrer Wirte, die damit offenbar einverstanden sind. Eine kleine flügellose Schabe, *Attaphila fungicola*, lebt nur in Nestern der Blattschneiderameise *Atta texana* und zwar als Abfallsammlerin. Sie folgt den Duftspuren ihrer Wirte, wahrscheinlich um auf diese Weise in neue Nester zu gelangen. Man hat diese kleine Schabenart auch schon beobachtet, wie sie, am Körper junger Königinnen angeklammert, deren Hochzeitsflug mitmachte, um auf diese Weise gleich bei der Nestgründung anwesend zu sein. Wieder andere Einmietlinge ernähren sich von Überresten, welche die Ameisen aus ihren Backen-(Infrabuccal-)Taschen ausscheiden, vom Kot ihrer Wirte, von Material aus den Reinigungsvorrichtungen der Ameisen und sogar von Ameisenausscheidungen, die sich an den Nestwänden niederschlugen. Und schließlich erhalten einige wirkliche Gäste ihre Nahrung dadurch, daß sie von den Ameisen gefüttert werden. Wenig, wenn überhaupt etwas, ist für die Myrmekophilen im Ameisennest als Nahrung unbrauchbar.

Die erwünschten oder unerwünschten Mitbewohner der Ameisen haben vielfach in Anpassung an diese Lebensweise besondere Körpermerkmale entwickelt. Einige sind in ihrer ganzen Gestalt ameisenähnlich geworden und verfahren somit nach dem Prinzip der Mimikry, der Vortäuschung einer anderen Tierart durch Ähnlichkeit mit dieser. Nicht nur Insekten, sondern auch einige Spinnenarten, die mit Ameisen zusammenleben, sind ameisenähnlich geworden. Nun haben Spinnen 4 Paar Beine und keine Fühler, Ameisen dagegen 3 Paar Beine und 1 Paar Fühler. Um diesen Unterschied äußerlich zu beseitigen, verlängerten diese Spinnen ihre Vorderbeine und bewegen sie fühlerähnlich hin und her, so daß es aussieht, als hätten auch sie 1 Paar Fühler und 3 Paar Beine. Eine andere Einmietergruppe hat ihren Körper so umgestaltet, daß sie den Ameisen leicht entwischt. Manche von ihnen sind so klein, daß sie sich leicht vor den großen Ameisen in Sicherheit bringen können. Andere haben eine harte schützende Körperdecke oder sind mit einem Abwehr-„Spray" ausgerüstet.

Die am stärksten angepaßten und zugleich interessantesten Mitbewohner sind die echten Myrmekophilen oder Ameisengäste. Es sind zum größten Teil Käfer, deren Körper Büschel von goldenen Haaren, sogenannte Trichome, trägt. An ihnen sammeln sich Tröpfchen von Drüsenausscheidungen, die von den Ameisen sehr begehrt sind. Seit wir gesehen haben, daß die Ameisen-Arbeiterinnen von ihren noch in Entwicklung befindlichen Schwestern, den Larven, Sekrete empfangen, nach denen sie ganz gierig sind, wundert uns nicht, daß diese Vorliebe sie auch veranlaßt, sich schmackhafte Sekrete von anderen Insekten zu holen. Auch das „Melken" der Blattläuse liegt ja auf der gleichen Ebene. Zu welchen Verirrungen diese Vorliebe der Ameisen aber führen kann, ist am Beispiel von *Formica sanguinea* zu sehen, die mit einer Käferart aus der Gattung *Lomechusa* zusammenlebt. Zwischen ihren Büschelhaaren scheiden die Käfer ein Sekret aus, das von den Ameisen begierig aufgeleckt wird. Die Käfer erhalten dafür von den Ameisen Kropfnahrung. So weit handelt es sich um einen fairen Handel. Nun werden aber auch die Käferlarven von den

Ameisen mit gefüttert, wohl im Hinblick darauf, daß aus ihnen die erwünschten Käfer heranwachsen. Diese Larven verzehren jedoch nebenbei einen erheblichen Teil der Ameisenbrut. Der Verlust an Kropfnahrung durch Fütterung der Käfer und deren Larven in Verbindung mit dem Verlust eines Teiles ihrer Brut kann zu einer starken Schwächung des Ameisenstaates führen, dessen Angehörige die Folgen ihrer Gier nicht erkennen. Derartige Beispiele von Ausbeutung des Wirtes durch seinen Gast sind unter Ameisen nicht selten oder anders gesprochen: die Ameisen bewirten viele Gäste, die zum Dank dafür die Kinder ihrer Wirte verspeisen.

Nach der weitgehenden Übereinstimmung der Lebensweise von Ameisen und Termiten ist es nicht überraschend, daß auch die Termiten eine große Zahl von Abfallsammlern, Dieben und Gästen in ihren Bauten beherbergen. Wie bei den Ameisen sind es auch hier die höher entwickelten Arten, welche die meisten und formenreichsten Einmieter haben, unter denen sich wiederum viele mit auffälligen Anpassungen an ihre spezielle Lebensweise befinden.

Auch die Termiten beherbergen echte Gäste, die besondere, von ihren Wirten begehrte Körpersekrete ausscheiden. Es handelt sich um Fliegen-, Schmetterlings- und vor allem Käferarten. Ein ungewöhnliches Merkmal eines Teils dieser erwünschten Insektenarten ist die große Ausdehnung ihres Hinterleibes. Möglicherweise wird dieses Merkmal dadurch verursacht, daß die Gäste die gleiche Nahrung wie die Königin erhalten, deren Hinterleib ja auch oft stark vergrößert ist.

Viele der oft merkwürdigen Beziehungen zwischen Ameisen und Termiten einerseits sowie ihren Einmietern andererseits existieren sicher schon seit Millionen von Jahren. Die Gäste konnten sich während dieser langen Zeit körperlich und verhaltensmäßig eng an ihre Wirte anpassen. Ihre Bindung an die Ameisen und Termiten ist heute so eng, daß sie ohne ihre Wirte nicht mehr leben könnten. Umgekehrt benötigen auch die Wirte in einigen Fällen das Zusammenleben. Die Beziehungen zwischen beiden Teilen sind heute vielfach so fest, daß beim Auswandern der Wirtsbevölkerung die Einmieter mitwandern, sei es selbständig oder dadurch, daß sie sich von ihren Wirten mittragen lassen. Eine ähnliche Situation findet sich auch beim Menschen, wenn er zum Beispiel beim Umzug seine Hunde mitnimmt und wenn diese Hunde, allerdings mit Hilfe des Menschen, sich im Laufe der Zeit körperlich und verhaltensmäßig weit von ihrem Urzustand entfernt haben.

Die Beziehungen der staatenbildenden Insekten zu anderen Lebewesen sind äußerst vielfältig. Ein eigenes Buch ließe sich hierüber schreiben. So haben Termiten eine Reihe von Einmietern, denen es nur um den Raum, also die Schutzwirkung des Nestes geht und die daher einen Teil des Nestes für sich in Anspruch nehmen, ohne das Termitenvolk zu gefährden. Hierher gehören Ameisen sowie stachellose Bienen, die ihre Quartiere in Teilen von Kartonnestern der Termiten aufschlagen und dort getrennt von den Termiten leben. Auch Vögel können sich in Baumnestern von Termiten eine Nestmulde aushöhlen und darin brüten.

Viele Insekten profitieren von staatenbildenden Insekten dadurch, daß sie diesen ähnlich sehen. Eine davon ist eine Raubfliegenart. Sie hat einen plumpen, pelzig behaarten Körper, behaarte Beine und ein Farbmuster, das ganz dem der Hummel ähnelt. In Experimenten mieden Kröten, die schon einmal von einer Hummel gestochen worden waren, diese Raubfliegen. Offensichtlich war hierfür deren hummelartiges Aussehen die Ursache, denn andere Fliegen werden von Kröten gern verzehrt. Damit nicht genug: man beobachtete, daß diese sehr großen Raubfliegen recht häufig Hummeln erbeuteten. Man geht wohl nicht fehl in der Annahme, daß die Hummeln die Raubfliege infolge deren hummelartigen Aussehens nicht als Feind erkennen und ihr daher besonders leicht zum Opfer fallen. Die Nachahmung von Hummeln brächte daher der Raubfliege doppelten Vorteil: sie schützt sie vor Kröten und erleichtert ihr zugleich die Jagd auf Hummeln.

Andere Fliegen ahmen Wespen oder Bienen nach. Wahrscheinlich war es eine der Honigbiene ähnlich sehende Fliegenart, die vor einigen Jahrhunderten zu der irrigen Ansicht führte, Honigbienen würden aus den Kadavern von Ochsen entstehen. Derartige Fliegen entwickeln sich zum Teil in faulenden organischen Substanzen. Daher können tatsächlich bienenähnliche Fliegen aus Kadavern entstehen, natürlich nicht aus dem Kadaver selbst, sondern aus darin abgelegten Eiern.

Die staatenbildenden Insekten fallen vielen insektenessenden Tierarten zum Opfer und bilden damit ein wichtiges Glied im Haushalt der Natur. Ameisen sind die größten Feinde der Termiten und zum Teil auch die größten Feinde anderer Ameisen. Armee-Ameisen überfallen Wespenstaaten und verzehren deren Bruten. Umgekehrt gibt es eine solitäre Wespenart, welche Ernteameisen erbeutet und in ihrem unterirdischen Nest speichert.

Zahlreiche größere Tiere haben sich auf die Ernährung mit Ameisen und Termiten spezialisiert, unter ihnen die Ameisenigel Australiens, die zu den seltsamsten Tierformen der Erde gehören, sowie die tropischen und subtropischen Erdferkel, Gürteltiere, Schuppentiere und Ameisenbären. Die in Afrika und Südasien beheimateten Schuppentiere sind mit großen dachziegelförmig angeordneten Schutzplatten bedeckt und haben einen rüsselartig verlängerten Kopf. Mit ihren kräftigen Krallen reißen sie die Ameisen- und Termitennester auf und essen die Insassen, die an ihrer langen, dünnen und klebrigen Zunge haften bleiben. Diese Säugetiere haben außer ihrem gepanzerten Körper schwere Augenlider sowie Nasen- und Ohrlöcher-Verschlüsse als Schutz gegen die auf ihnen herumlaufenden Ameisen und Termiten.

Auch Amphibien und Reptilien verzehren vielfach große Mengen an Ameisen und Termiten. Es gibt afrikanische Eidechsen, die den Treiberameisen folgen, einen Mundvoll von ihnen schnappen und sich dann schnell zurückziehen, um ihren Fang zu verzehren. Eine der nordamerikanischen Hornechsen wurde beobachtet, wie sie im Verlauf einer Stunde 91 große *Pogonomyrmex*-Ameisen vertilgte. Den Echsen scheint der Stachel der Ameisen nichts auszumachen; sie fangen die Ameise mit ihrer blitzartig herausschnellenden Zunge und schlucken sie ebenso schnell herunter. Auch Frösche und Kröten verzehren erhebliche Mengen an Termiten und Ameisen.

Im geflügelten oberirdischen Stadium werden die Termiten natürlich besonders leicht erbeutet; doch gibt es Reptilien, die sie auch unterirdisch verzehren. So wurde in Mexiko eine kleine blinde Schlangenart in Termitennestern entdeckt, die sich dort von Termiten ernährte. In Gefangenschaft verschmähte sie Ameisenpuppen, ergriff aber sofort Termiten, die man in ihren Behälter setzte. Sie ergriff dabei die Termiten stets von hinten, auch wenn sie selbst dabei ihre Stellung ändern mußte. Sobald sie ihre Beute in der richtigen Lage hatte, ergriff sie diese und zog sie langsam in den Mund. Anschließend spie sie die Termite wieder aus, deren leeres Abdomen zeigte, daß sein Inhalt von der Schlange ausgequetscht worden war.

So wehrhaft im allgemeinen die staatenbildenden Insekten sind, so gibt es doch genug andere Insektenarten, deren Beute sie werden. Besonders gut bekannt ist die Larve unserer einheimischen libellenähnlichen Ameisenjungfer, die man als Ameisenlöwe bezeichnet. Sie fängt Ameisen und andere kleine Insekten mit Hilfe eines im trockenen Sand gebauten, oft mehrere Zentimeter tiefen Trichters, an dessen Grund sie – im Sand versteckt – auf Beute lauert. Oft rutschen Ameisen in diese Trichter und bemühen sich vergeblich, die rieselnden Wände hinaufzugelangen. Das Rieseln der Sandkörner zeigt dem Ameisenlöwen die Beute an. Er schleudert vom Grunde des Trichters kleine Sandfontänen in Richtung auf die Ameise, die dadurch auf den Trichterboden fällt und von den Zangen des Ameisenlöwen ergriffen wird.

Von besonders großer Bedeutung als Vertilger staatenbildender Insekten sind die Vögel. Ameisen machen einen hohen Prozentsatz der Nahrung mancher Vogelarten aus, und auch die geflügelten Formen der Termiten werden in großer Menge von Vögeln weggefangen. Viele insektenessende Vögel verzehren bei uns im Frühjahr die als erste Insekten erscheinenden Honigbienen. Eine im Mittelmeergebiet häufige, in Deutschland nur noch seltene Vogelart ist der farbenprächtige Bienenfresser, dessen Nahrung zum größten Teil aus Wespen, Bienen und Hummeln besteht.

Es gibt aber auch andere Beziehungen zwischen Vögeln und staatenbildenden Insekten als das Räuber-Beute-Verhältnis. Manche Vogelarten folgen regelmäßig den Zügen der Armee-Ameisen, gewöhnlich aber nicht, um Ameisen zu essen, sondern um andere Insekten zu fangen, die vor den Ameisen fliegend flüchten. Eine ganz eigenartige Beziehung besteht in Afrika zwischen drei Partnern: Honigbienen – einer Vogelart, die als „afrikanischer Honiganzeiger“ bekannt ist – sowie dem Menschen bzw. einem Säugetier, dem Honigdachs. Hat der zu den Rakenvögeln zählende „Honiganzeiger“ ein Nest wilder Honigbienen entdeckt, begibt er sich auf die Suche nach einem Menschen oder einem Honigdachs, die ihm beide als Honigliebhaber bekannt sind. Sobald er einen von beiden sichtet, beginnt der Vogel laut zu rufen und in Richtung auf das Bienennest zu fliegen. Nach einem Stück Wegs hält er an, ruft wieder und wartet. Die Eingeborenen wie auch die Honigdachse wissen, was dieser Ruf bedeutet und folgen ihm, bis sie das Bienennest gefunden haben. Sie holen das Bienennest aus seiner Höhle, rauben ihm den Honig und lassen die Überreste: Waben, Brut und Teile vom Honig unter dem Baum liegen, an denen sich nun der Vogel gütlich tut. Er läßt somit andere Lebewesen seine Nahrung aus einem Versteck holen, an das er selbst nicht herankommt. Man nimmt an, daß der „Honiganzeiger“ nicht nur die Brut, sondern auch mit Hilfe bestimmter Darmbakterien das Wachs verzehrt. Bei der Eingeborenen-Bevölkerung Afrikas ranken sich um diesen seltsamen Vogel abergläubische Vorstellungen. Einer dieser zufolge soll ein Mensch, der einem Ruf des Vogels nicht folgte, beim nächsten Mal von diesem zu einem Löwen oder einer Giftschlange gelockt werden.

Der Mensch hat in früheren Zeiten staatenbildende Insekten in erheblichem Umfang gegessen, und auch heute sind sie noch nicht ganz aus seinem Speisezettel gestrichen. Sie spielten auch eine Rolle in der Medizin, der Folklore und im Gerichtswesen, wo sie viele Jahrhunderte lang als Foltermittel Verwendung fanden. Als menschliche Nahrung wurden oft verwendet: Honigameisen – große schwärmende Ameisenköniginnen, roh oder gekocht, ganz oder in Teilen – Zuckerkuchen mit Ameisen (Formicinen) – Ameisen, mit Roggen geröstet, unter Zusatz von Branntwein sowie zerstoßene Ameisen mit Curry oder solche, mit Wasser versetzt, als Getränk. In einigen Gebieten der Erde werden heute noch die großen weiblichen Termiten während der Flugzeit gefangen und gegessen. Selbst die erdige Substanz der Nester von einigen afrikanischen Termiten soll angeblich noch von Eingeborenen verzehrt werden. Auf medizinischem Gebiet wird das Essen von Termitenköniginnen mancherorts als Mittel zur Kräftigung alter Menschen angesehen – Speisen aus Ameisen wurden gegen Skorbut angewandt – zum Zusammenklammern von Wundrändern ließ man Ameisen sich in die Haut verbeißen und trennte ihren Leib von den Köpfen – und Ameisen bzw. ihre Säure wurden dem Badewasser als Mittel gegen Gicht und Rheuma zugesetzt. Von primitiven Völkern wurden Ameisen benutzt, um Feinde oder untreue Frauen zu martern. Auch gebrauchte man sie dort für Geschlechtsreife- und Mutprobe-Rituale. Für Leser, die das alles seltsam finden, sei hinzugefügt, daß die neueste Art, Ameisen zu essen, darin besteht, daß man auf Cocktail-Parties Ameisen mit Schokolade-Überzug serviert!

Alle diese kuriosen Verwendungen staatenbildender Insekten sind zwar interessant, spiegeln jedoch nicht die wirkliche Bedeutung dieser Insekten für den Menschen wider. Die Bienen sind für Pflanze, Tier und Mensch als Blütenbestäuber von höchster Bedeutung. Wenn die Landwirte und Obstzüchter heute die Kulturpflanzen mit Insektengiften besprühen, töten sie damit nicht nur schädliche Insekten, sondern vermindern unter anderem auch die wichtigsten Bestäuber ihrer Pflanzen, die Bienen und Hummeln. Weiterhin haben die Bienen seit der Steinzeit für den Menschen sehr große Bedeutung als Erzeuger von Honig und Wachs. Wespen und Ameisen tragen wesentlich zur Vernichtung schädlicher Insekten bei. In zahlreichen Ländern, darunter auch in Deutschland, sind mehrere Ameisenarten gesetzlich geschützt, werden künstlich verbreitet und bilden im Programm zur biologischen Bekämpfung von Forstschädlingen ein wichtiges Glied. Wahrscheinlich sind die Ameisen auch, insgesamt betrachtet, für die Bodendurchlüftung wichtiger als die Regenwürmer. Denn Ameisen sind viel weiter verbreitet als Regenwürmer, und ihre Tätigkeit im Boden ist auf Grund ihrer großen Individuenzahl und ihrer nicht minder großen Aktivität sehr intensiv. Es wurde erwähnt, daß den Termiten vor allem in den Tropen eine sehr wesentliche Bedeutung für den Naturhaushalt zukommt. Sie gehören zu den relativ wenigen Lebewesen, die imstande sind, das Holz in seine chemischen Bestandteile zu zerlegen und sie damit dem großen Zyklus der Entstehung und Vernichtung organischer Materie wieder zuzuführen. Doch sind staatenbildende Insekten für den Menschen auch in negativem Sinne von Bedeutung. Der Hausbesitzer, dessen Gebäude von Termiten zerstört wird – der Farmer, dessen Ackerboden übersät ist von den harten Hügeln der Feuerameisen – der Plantagenbesitzer, der seine Bäume und Sträucher von Blattschneider-Ameisen kahlgegessen findet, oder auch jeder Mensch, der mit Wespen und Hornissen in Berührung kommt, – sie alle werden begreiflicher Weise in diesen Tieren ihre Feinde sehen. Und doch sind nun einmal alle staatenbildenden Insekten, klein an Gestalt, aber sehr groß an Zahl, ein notwendiger Bestandteil des Lebens auf unserem Planeten.

Vielleicht liegt gerade in den Beziehungen der staatenbildenden Insekten zueinander, zu verwandten Arten und zu Organismen ganz anderer Lebensweise ihr größter Wert für den Menschen. Die Menschheit ist so mächtig, daß sie in schon so vielen Fällen Beziehungen zwischen sich und ihrer Umwelt zerstörte, noch bevor sie diese Beziehungen erkannte oder die Folgen ihrer Aktion überschaute oder das Bewußtsein entwickelte, das sie von ähnlichen Aktionen künftig fernhält. Sie setzt ihre umweltzerstörende Tätigkeit auch heute noch fort. Vielleicht können die kleinen Welten der staatenbildenden Insekten dazu helfen, dem Menschen die Augen zu öffnen und in ihm das Verständnis zu wecken für die Wechselbeziehungen und gegenseitigen Abhängigkeiten, die Komplexität und die Wunder der lebenden Welt!

Weiterführende Bücher (nach 1950)

Insektenkunde

WEBER, H.: Grundriß der Insektenkunde. 4. Aufl. Jena: Fischer 1966.

EIDMANN, E.: Lehrbuch der Entomologie. 2. Aufl. von F. KÜHLHORN. Hamburg und Berlin: Paul Parey 1970.

Staatenbildende Insekten

GOETSCH, W.: Vergleichende Biologie der Insekten-Staaten. 2. Aufl. Leipzig 1953.

RICHARDS, O. W.: The social insects. London: Macdonald 1953.

BRIAN, M. V.: Social insect populations. London: Academic Press 1965.

Wespen und Hornissen

SEDLAG, U.: Hautflügler I: Grabwespen, Wespen, Bienen u. a. Die Neue Brehm-Bücherei, Heft 47. Wittenberg: Ziemsen 1953.

SCHREMMER, F.: Wespen und Hornissen. Die Neue Brehm-Bücherei, Heft 298. Wittenberg: Ziemsen 1962.

KEMPER, H. u. DÖHRING, E.: Die sozialen Faltenwespen Mitteleuropas. Berlin und Hamburg: Paul Parey 1967.

Bienen und Hummeln

HÜSING, O.: Die Honigbiene. Die Neue Brehm-Bücherei, Heft 31. Wittenberg: Ziemsen 1951.

FREE, J. B. u. BUTLER, C. G.: Bumblebees. London: Collins 1959.

BÜDEL, A. u. HEROLD, E. (Herausgeber): Biene und Bienenzucht. München: Ehrenwirt 1960.

FRISCH, K. VON: Aus dem Leben der Bienen. Verständliche Wissenschaft Bd. 1. 7. Aufl. Heidelberg: Springer 1964.

FRISCH, K. VON: Tanzsprache und Orientierung der Bienen. Heidelberg: Springer 1965.

CHAUVIN, R. (Herausgeber): Traité de Biologie de L'abeille. 5 Bände. Paris: Masson & Cie 1968.

Ameisen

SCHEERPELTZ, O.: Ameisen. Die Neue Brehm-Bücherei, Heft 32. Wittenberg: Ziemsen 1951.

GOETSCH, W.: Die Staaten der Ameisen. 2. Aufl. Heidelberg 1953.

GÖSSWALD, K.: Unsere Ameisen. Teile I u. II. Stuttgart: Kosmos-Gesellschaft 1954/55.

OTTO, D.: Die roten Waldameisen. Die Neue Brehm-Bücherei, Heft 293. Wittenberg: Ziemsen 1962.

Termiten

SCHMIDT, H.: Die Termiten. Leipzig: Geest & Portig 1955.

HARRIS, V.: Termites. Their recognition and control. London: Longmans 1961.